适应与均衡：

高等职业院校大学生就业制度研究

韩春光　著

中国财经出版传媒集团
中国财政经济出版社

图书在版编目（CIP）数据

适应与均衡：高等职业院校大学生就业制度研究／韩春光著．--北京：中国财政经济出版社，2023.2

ISBN 978－7－5223－1859－2

Ⅰ.①适…　Ⅱ.①韩…　Ⅲ.①大学生－就业－高等职业教育－研究　Ⅳ.①G717.38

中国国家版本馆 CIP 数据核字（2023）第 018536 号

责任编辑：叶　彤　　　　责任校对：胡永立

封面设计：兰卡绘世　　　责任印制：党　辉

中国财政经济出版社 出版

URL：http：//www.cfeph.cn

E－mail：cfeph@cfeph.cn

社址：北京市海淀区阜成路甲 28 号　邮政编码：100142

营销中心电话：010－88191522

天猫网店：中国财政经济出版社旗舰店

网址：https：//zgczjjcbs.tmall.com

北京财经印刷厂印刷　各地新华书店经销

成品尺寸：170mm×240mm　16 开　17.25 印张　228 000 字

2023 年 2 月第 1 版　2023 年 2 月北京第 1 次印刷

定价：88.00 元

ISBN 978－7－5223－1859－2

（图书出现印装问题，本社负责调换，电话：010－88190548）

本社质量投诉电话：010－88190744

打击盗版举报热线：010－88191661　QQ：2242791300

前 言

就业是民生之本，是社会和谐的基石。就业制度作为国家宏观调控工具和实现就业的重要保障，在劳动力市场中发挥了基础性配置作用。世界各国均高度重视就业工作，并制定了多种就业促进政策，对我国就业制度建设具有借鉴价值。党的十九大明确提出，要坚持就业优先战略和积极就业政策，实现更高质量和更充分就业。党的二十大报告进一步强调了实施就业优先战略，强化就业优先政策，健全就业公共服务体系，加强困难群体就业帮扶，消除就业歧视，使人人通过勤奋劳动实现自身发展的机会。

我国已建成世界规模最大的职业教育体系，高等职业教育坚持以就业为导向，为适龄青年提供了进入高等职业院校学习并掌握技术技能的机会，高等职业院校学生成为支撑中小企业、发展区域经济、助推产业升级的主力军。在中央各项促进大学生就业制度中，高等职业院校大学生就业制度是一项重要内容。《国家职业教育改革实施方案》明确了职业教育在培养技能人才、服务就业、改善民生方面日益发挥着重要作用。新修订的《职业教育法》强调实施政府统筹、分级管理、地方为主、行业指导、校企合作、社会参与的组织机制，倡导劳动光荣、技能宝贵，提高技术技能人才的地位和待遇，为高质量发展职业教育，促进就业创业，创造人才平等就业的制度环境，提供了法律依据。然而，在我国构建现代职业教育体系过程中，高等职业院校大学生就业制度仍面临一些问题，主要表现为就业制度与教育制度不相契合、学历资格证书与职业资格证书相互分离，影响了学生就业率、就业质量和全面发展，制约着职业教育的办学质量和经济社会的稳定运行。到 21 世纪中叶，中国要完成从职业教育大国迈向职业教育强国的根本性转变，职业教育人才培养重心由中等职业教育向高等职业教育转变，高等职业院校大学生就业制度建设成为亟待探讨的理论和实践问题。

基于高等职业教育人才培养和劳动力市场需求等制度环境的变化，本书以制度观视角融合了制度变迁观和组织制度观，认为高等职业院校大学生就业制度的核心是就业制度对高等职业院校大学生就业的影响，探究就业制度建设促进学生就业和职业发展的策略。

本书主要包括以下内容：第一，通过阐述制度变迁理论和组织制度理论、制度要素研究、理论应用的适切性，确定高等职业院校大学生就业制度要素及其关系，包括就业正式制度、就业非正式制度及实施机制、就业制度逻辑关系。第二，开展高等职业院校大学生就业制度的理论研究。将高等职业院校大学生就业制度置于国家依法治教方略背景下分析，梳理了改革开放以来我国高等职业院校大学生就业制度变迁过程，探讨了高等职业院校大学生就业正式制度、非正式制度和实施机制对学生就业的影响，深入剖析了在政府、教育和市场方面的就业制度逻辑。第三，开展了北京高等职业院校大学生就业制度的案例研究，阐述地区视域下北京高等职业院校大学生就业制度发展历程，分别探讨就业正式制度与人才培养的有效衔接，论证就业非正式制度对学生职业能力和职业素养的影响，通过实施行政计划、指导服务和监督服务机制，发挥北京高等职业院校大学生就业制度的激励、约束和保障的作用。

本书提出了高等职业院校大学生就业制度的建设策略。第一，构建以满足就业和职业发展需求的就业正式制度，通过制度创新加快制定专项就业法律法规；实行增量改革，建立国家资历框架制度；实行存量改革，健全就业保障制度，保障全体学生就业权益。第二，倡导以契合经济社会和人的发展的就业非正式制度，支持技能人才、培养学生职业精神和规划职业生涯。第三，实现以供需均衡为目标的就业制度实施机制。通过政府主导、校企指导、社会参与的协同治理机制建设，实现供需均衡，促进高等职业教育与劳动力市场协调发展。

作者

2022 年 11 月

目　录

第一章 绪 论

第一节 研究背景与问题提出

一、研究背景

就业是最大的民生。联合国教科文组织（UNESCO）一直致力于指导世界各国职业教育改革和发展，提出了许多促进就业的制度理念。1999 年，联合国教科文组织（UNESCO）召开第二届国际技术与职业教育大会，提倡重视职业教育在终身教育和终身学习体系的作用，加强职业教育与产业部门通力协作，与工作世界建立关系等。①2012 年，第三届国际技术与职业教育大会，提出了通过资质框架体系，支持学习成果的积累、承认和转移。2015 年，联合国教科文组织（UNESCO）在反思世界教育后指出，21 世纪第一个十年，为应对全球跨专业流动工作者和学习者数量大幅攀升的状况，② 全球约 140 个国家都制定了国家资质框架（NQF），承认和认证通过多种学习途径获得知识和能力。面对 21 世纪的新的就业形势，世界各国如何加强教育与就业的纽带？让教育更加契合青年学生的生活以及就业前景？

① 刘来泉. 世界技术与职业教育纵览——来自联合国教科文组织的报告［M］. 北京：高等教育出版社，2002：56－67.

② 联合国教科文组织编. 反思教育：向“全球共同利益”的理念转变？［M］. 联合国教科文组织总部中文科，译. 北京：教育科学出版社，2017：54－55.

联合国教科文组织提出的解决办法是创造工作机会，加强国家制定就业政策的责任。①

德国、美国和日本等发达国家高度重视就业问题，通过职业教育体制改革，制定就业制度，构建职业资历框架，促进学生就业。20世纪60年代开始，德国通过《就业促进法》（1969）、《就业支持法》（1994）和职业资格框架（2013）等教育法律法规，成功实行以双元制为特色的职业教育体系，相互配套的校企合作就业制度有效整合了教育系统人才培养与劳动力市场，尤其是职业资格框架将职业教育制度与就业制度紧密结合，逐步形成了就业促进制度体系，引起各国纷纷仿效，如美国制定了《学校到工作过渡多途径法案》（1994）、日本制定了《派遣法》（1996）。20世纪70、80年代，发达国家高等教育进入大众化阶段（高等教育入学率达到15%～50%），② 其中，高等职业教育的发展占了很大的比重，如美国的社区学院，在校生数1982年比1946年增长了29.5倍，日本第一级高等教育专科生比本科生上升了35%。③ 但是学生走出校门面对的不是丰厚收入，而是找不到工作的困境。④ 出现高层次教育程度学生替代、挤占低层次教育程度学生就业岗位的现象，⑤ 毕业学生失业成为世界教育危机的重要特征，原因主要是教育体制和就业体制之间不契合，政策的转变以及就业市场某些环节的垄断等。⑥ 20世纪90年代至今，各国掀起了新一轮的职业教育制度与就业制度的改革，美国在职前教育过渡到工作（STW）理念影响下，实施

---

① 联合国教科文组织编．反思教育：向“全球共同利益”的理念转变？[M]．联合国教科文组织总部中文科，译．北京：教育科学出版社，2017：53.

② Trow，M. Problems in the transition from elite to mass higher education. Policies for higher education. The General Report of the Conference on Future Structures of Postsecondary Education [R]. 1974.

③ 郝克明．教育·社会·未来：郝克明教育文集[M]．广州：广东教育出版社，2008：55.

④ 顾明远．顾明远文集——比较教育导论比较教育研究（第五卷）[M]．北京：北京师范大学出版社，2019：542.

⑤ 闵维方，丁小浩，李文利．专科与本科毕业生在劳动力市场上的比较优势[M]．北京：教育科学出版社，2006：19.

⑥ [法] 劳伦斯·罗兰—伯格．走出西方的社会学——中国镜像中的欧洲[M]．胡瑜，译．北京：社会科学文献出版社，2014：28－29.

从学校到生涯（STC）的改革，着眼于学生的职业生涯发展。澳大利亚TAFE学院倡导为生活和工作学习的大职教观，构建国家资历框架。英国实施了现代学徒制改革，采用职业院校教育与企业合作培训学徒的方式。这些国家的改革都将职业教育与就业制度紧密结合，关注个人的职业发展需求，提升了人才培养质量。

我国政府历来重视就业问题，党的十九大明确提出，要坚持就业优先战略和积极就业政策，实现更高质量和更充分就业。党的二十大报告强调了实施就业优先战略，强化就业优先政策，健全就业公共服务体系，加强困难群体就业帮扶，消除就业歧视，使人人通过勤奋劳动实现自身发展的机会，体现了党的执政为民和以人民为中心的发展理念。

职业教育是为了使受教育者具备从事某种职业或者职业发展所需要的职业道德、科学文化与专业知识、技术技能等综合素质而实施的教育活动。[①] 作为教育类型，职业教育为21世纪初叶中国以建设小康社会为目标的现代化进程提供了有效支撑，也奠定了中国从职业教育大国迈向职业教育强国的物质基础。高等职业教育是职业教育的重要组成部分，高等职业院校大学生是技术技能人才队伍的中坚力量，高质量就业是高等职业教育发展的关键，为此，我国政府陆续出台了多项促进学生就业的政策。其中，2006年，教育部发布的《关于全面提高高等职业教育教学质量的若干意见》，明确将毕业生就业质量与就业率、“双证书”获取率与获取质量、职业素质养成作为衡量高等职业院校绩效的主要指标。[②] 2009年，教育部发布《关于加快高等职业教育改革促进高等职业院校毕业生就业的通知》，针对学生专业与岗位不相匹配，造成

---

① 教育部．中华人民共和国职业教育法修订草案（征求意见稿）［EB/OL］．（2019－12－05）［2019－12－10］．http：//www.gov.cn/xinwen/2019－12/08/content_5459462.htm.

② 教育部．关于全面提高高等职业教育教学质量的若干意见［Z］．教高〔2006〕16号．2006－11－16.

人力资源配置低效和浪费现象，[①] 强调为高等职业院校提供就业的专业调整备案服务，指出工学结合紧密程度也是高等职业院校学生就业质量影响因素之一。随着我国经济发展进入新常态，就业结构与经济结构、产业发展需求不相匹配的结构性就业问题更加凸显。2014 年，国务院发布《关于加快发展现代职业教育的决定》，明确现代职业教育要以促进就业为导向，对个体发展与需求指明了发展路径。[②] 2019 年，国务院颁布《国家职业教育改革实施方案》，[③] 决定建立国务院职业教育工作联席会议制度，健全职业教育框架制度，开展 1 + X 证书试点，完善技能人才保障政策。2020 年，在新冠肺炎疫情的冲击下，由于产业链条不畅通，部分行业需求下降和调整，推动就业的常规措施被阻断，给学生求职带来很大挑战。为此，教育部发布了《关于应对新冠肺炎疫情做好 2020 届全国普通高等学校毕业生就业创业工作的通知》，[④] 联合人力资源和社会保障部、国家发展改革委等 6 部门出台近 40 项惠及毕业学生就业政策，应对疫情影响，强化稳就业保就业政策，鼓励学生到特定地区、行业、机构和岗位开展服务，满足社会性就业需求。2021 年，中共中央和国务院办公厅联合印发《关于推动现代职业教育高质量发展的意见》明确提出，加快修订职业教育法和制定国家资历框架；强调职业院校学生在就业、落户、晋升等方面与普通学校学生享受同等待遇，职业院校为建设技能型社会，弘扬工匠精神，培养更多技术技能人才、能工巧匠、大国工匠。[⑤]

---

① 教育部．关于加快高等职业教育改革促进高等职业院校毕业生就业的通知［Z］．教高〔2009〕3 号．2009 – 02 – 26．

② 国务院．关于加快发展现代职业教育的决定［Z］．国发〔2014〕19 号．2014 – 06 – 22．

③ 国务院．关于印发国家职业教育改革实施方案的通知［Z］．国发〔2019〕4 号．2019 – 01 – 24．

④ 教育部．关于应对新冠肺炎疫情做好 2020 届全国普通高等学校毕业生就业创业工作的通知［Z］．教学厅函〔2020〕2 号．2020 – 02 – 28．

⑤ 中共中央办公厅、国务院办公厅．关于推动现代职业教育高质量发展的意见［Z］．2021 – 10 – 12．

二、问题提出

高等职业教育坚持以就业为导向，推动规模扩张和跨越性发展，高等职业院校数、在校生数和毕业生人数持续增长，其规模已占普通高等教育的一半左右，为适龄青年提供了进入高校学习并掌握就业技能的机会。[①] 截至 2021 年，全国高职院校有 1518 所，占普通高等学校的 50%，在校生 1603.03 万人，毕业生 398.40 万人。[②] 同时，出现毕业学生就业难与劳动力市场技工荒并存的就业问题，与就业政策、就业保障、户籍等就业制度安排有着重要的关联。[③] 在建设技能型社会的时代背景下，高等职业院校大学生就业制度面临新的挑战。

第一，经济体制、经济结构和经济转型对高等职业院校大学生就业制度提出新要求。经济发展水平决定高等职业教育发展的规模、速度、结构和质量，[④] 影响就业制度变迁和就业结果。首先，就业制度变迁受经济体制改革的影响。"十三五"期间，我国实施制造强国战略和人工智能发展规划，支持战略性新兴产业，加快推动现代服务业发展，这些领域一线新增从业人员 70% 来自职业院校。"十四五"规划进一步深入实施制造强国战略，发展壮大战略性新兴产业和促进服务业繁荣发展，随着制造过程的智能化、工作内容复杂化，懂技术、会操作的高素质技能人才成为高等职业院校培养的新目标，[⑤] 这些无疑都对高等职业教育人才培养质量、就业制度供给和劳动力市场提出新的要求。其次，在

---

① 高职教育已成高等教育半壁江山［EB/OL］.（2016－06－29）［2020－06－10］. http://www.moe.gov.cn/jyb_xwfb/s5147/201606/t20160629_270038.html.

② 教育部. 2021 年教育统计数据［EB/OL］.（2023－01－15）［2023－01－16］. http://www.moe.gov.cn/jyb_sjzl/moe_560/2021/quanguo/202301/t20230104_1038067.hml.

③ 曾湘泉等. 变革中的就业环境与中国大学生就业［J］. 经济研究，2004（6）：87－95.

④ 王全旺. 区域高等职业教育与劳动力市场适切性研究［M］. 北京：人民日报出版社，2015：46－47.

⑤ 李伟，石伟平. 智能制造背景下高职人才培养目标新探：基于技术哲学的视角［J］. 教育与职业，2017（21）：5－9.

就业结果方面，就业结构和经济转型方式受到经济结构、产业结构的制约。20 世纪 90 年代，在以信息技术为先导的新技术革命推动下，我国产业持续优化，产业转移不断强化，新型业态出现，促使劳动力要素以第一、第二、第三产业顺序流动，从劳动密集型、资本密集型、技术或知识密集型产业递进，以工业主导向服务业主导的转型显著，改变了劳动力市场需求结构，要求就业制度做出相应的调整改变。

第二，高等职业教育快速发展给就业制度变迁提出新契机。1999 年，我国出台了扩招政策，高等职业教育规模快速发展，[①] 毕业学生总量的急剧增加必然会造成就业岗位的相对不足，出现就业难与用工荒的结构性矛盾，凸显了高等职业院校人才培养、就业制度供给与劳动力市场需求之间不相匹配，用人的劳动制度与育人的教育制度分离，职业资格证书与学历资格证书脱离，[②③] 具体表现在专业设置与社会需求不相匹配。为了实现职教大国向职教强国的目标，建立满足人民群众需要和经济发展需求的现代职业教育体系，[④] 2014 年，国务院发布了《关于加快发展现代职业教育的决定》及其建设规划，明确现代职业教育要以促进就业为导向，对个体发展与需求指明各种发展路径。[⑤] 教育部《关于深化职业教育教学改革全面提高人才培养质量的若干意见》（2015）指出，坚持立德树人，提高学生职业技能和培养职业精神高度融合，关注学生职业生涯和可持续发展，[⑥] 为适应高等职业教育的快速发展需要建立与之相适应的新的就业制度。

---

① 黄尧．职业教育可持续发展战略研究［M］．北京：高等教育出版社，2011：75.

② 姜大源．关于建立“国家职业教育局”的建议［J］．中国职业技术教育，2013（31）：92－93.

③ 石伟平，匡瑛．职业教育［M］．北京：科学出版社，2018：48.

④ 中共中央，国务院．中国中长期教育改革和发展规划纲要（2010～2020 年）［Z］．中发〔2010〕12 号．2010－07－08.

⑤ 国务院．关于加快发展现代职业教育的决定［Z］．国发〔2014〕19 号．2014－06－22.

⑥ 教育部．关于深化职业教育教学改革全面提高人才培养质量的若干意见［Z］．教职成〔2015〕6 号．2015－07－29.

第三，新型价值观和就业新观念对就业制度提出新挑战。中国的文化理念铸造了中国的传统教育，其特点是重视育人，提倡读书救国，教育兴国，但也滋生了“学而优则仕”，忽视技术技能的思想，① 社会上对高等职业教育的传统偏见、观念歧视和价值否定依然延续至今，② 改革开放后，新的价值观和就业理念对传统就业文化理念和风俗习惯发起了挑战。首先，现代职业教育要以促进就业为导向，对个体发展与需求指明了各种发展路径，旨在实现更高质量和更充分就业，诠释了教育是国计，也是民生的重要思想和执政理念。③ 在职业价值观方面，随着社会主义市场经济的建立，个人主体地位确立使个人价值与社会价值结合方式发生变化，在劳动力市场呈现就业形态多元化和职业价值观多元化。一方面，升学出国、灵活就业、自主创业等多种就业方式出现，职业实现途径个性化和多样化；另一方面，学生的职业价值观更加重视个人能力，自身发展，关心工作薪酬待遇，职业价值取向功利化和现实化。尤其是近年来，我国政府支持发展新就业形态，依托互联网等现代信息科技手段组织劳动者就业，体现了灵活就业的发展趋势，④ 学生职业选择更趋多元，新的就业理念和多样化的就业形式需要新的就业制度确立与实施。

因此，到21世纪中叶，中国要完成从职业教育大国迈向职业教育强国的根本性转变。职业教育人才培养重心由中等职业教育向高等职业教育转变，高等职业院校大学生就业制度建设成为迫切需要探讨的理论和实践问题。

---

① 顾明远．中国教育文化的基础［M］．太原：山西教育出版社，2018：105－115.

② 张健．审视中国职业教育制度建设的扛鼎力作［J］．中国职业技术教育，2016（12）：89－91.

③ 方伟．明确工作方向与基本遵循推动实现更高质量就业［J］．中国高等教育，2014（21）：50－53.

④ 莫荣．中国就业发展报告（2019）［M］．北京：社会科学文献出版社，2019：68.

第二节 理论与实践意义

就业制度是解决就业矛盾和问题不可或缺的重要手段。本研究旨在对高等职业院校大学生就业制度进行研究，既是学生就业理论的丰富和发展的需要，也是解决就业实践中问题和矛盾的现实需要。

一、理论意义

第一，从制度经济学的视角对高等职业院校大学生就业制度进行研究，有利于就业理论体系的建设。本研究通过借鉴制度变迁理论，将正式制度和非正式制度及其实施机制三个关键要素合理运用到高等职业院校大学生就业制度中，构建了高等职业院校大学生就业制度理论框架，提出了高等职业院校大学生就业制度变迁模式，在一定程度上有利于丰富高等职业院校大学生就业理论研究。

第二，高等职业院校大学生就业制度设计与实施涉及诸多学科领域，有助于开展跨学科研究。本研究运用教育学、经济学、社会学多学科理论研究高等职业院校大学生就业制度，使多学科理论相互联系，相互融合，拓展了高等职业教育中就业制度的研究思路，体现了跨学科研究在职业教育研究中的理论价值。

二、现实意义

制度问题，包括制度的本质、起源、变迁等理论机制研究，不仅是社会理论中最具活力的前沿领域，对于社会转型的国家，也具有深远的现实意义。[①]

---

① 邓晓峰．基于企业家行为的制度演化研究［M］．北京：经济科学出版社，2010：2.

第一，从国家层面，完善高等职业院校大学生就业制度是政府实施宏观调控的内在要求和实现社会稳定的重要保障。就业是安国之策，各级政府制定就业政策法规，引导和调控高等职业院校人才培养与劳动力市场协调发展，合理配置人力资源，实现高质量和更充分就业，为我国经济社会发展提供了质量保证和智力支持。就业制度的优化必然为高等职业院校大学生融入社会，共享发展成果，促进社会稳定提供制度保障。

第二，从教育层面，完善高等职业院校大学生就业制度有助于推动高等职业院校形成人才培养与就业联动机制，促进高等职业教育健康持续发展。毕业生就业是衡量学校教育教学质量和人才培养成果的重要指标，通过对就业率、就业匹配、就业质量等毕业生就业情况的调查监测，将毕业生的工作偏好、用人单位的选择偏好、人职匹配度等劳动力市场要素可以反馈到高等职业院校教育教学，从而加强就业教育，提升高等职业院校的就业指导服务能力，以满足用人单位和学生动态需求，构建就业与培养之间联动机制，促进高等职业教育健康持续发展。

第三，从企业层面，研究高等职业院校大学生就业制度有助于企业人力资源开发和利用。高等职业院校大学生就业制度的目标之一就是要满足各行各业的用人需求，使其招聘到胜任工作岗位的员工。高等职业院校培养的人才能否适销对路，人才使用是否供需匹配，[①] 通过完善的就业制度得到及时的反映。

第四，从学生层面，研究高等职业院校大学生就业制度有助于推动学生高质量就业。就业事关每个个体的生存发展，就业制度是实现更充分和更高质量就业的重要保障，通过深入研究就业制度，探讨就业难的症结所在，有利于化解高技能人才用人荒与高等职业院校大学生就业难的结构性矛盾，为提升毕业生就业成功率和就业质量具有重要的现实意义。

---

① 黄尧．职业教育学——原理与应用［M］．北京：高等教育出版社，2009：560.

第三节　国内外相关研究综述

就业是重要的经济问题，也是各个学科探讨的学术问题。就业制度是影响就业的关键因素，是教育学研究的主题。

一、国外研究综述

（一）国外高等职业院校大学生就业制度研究

1. 就业正式制度研究

20 世纪 50 年代，国际劳工组织（ILO）开始关注包括大学生在内的青年（15 ~ 24 岁）就业的政策，就业政策、人力资源开发和劳动力市场政策等主要公约和建议书都囊括了青年就业的议题。1978 ~ 1998 年，国际劳工组织（ILO）通过了关于青年就业问题的五项决议。汉南（Damia · F. Ha · nall）（1996）提出的职前教育过渡到工作（STW）的跨国研究分析框架，[①] 对世界职业教育领域产生了极大的影响，成为很多国家解决就业问题的有效途径和重要措施。世界经济合作与发展组织（OECD）也对美国、日本等 14 个国家的职前教育过渡到工作的途径、问题和改进措施进行了研究。进入 21 世纪，青年人不能获得从事高收入职业和充分参与社会所需的技能知识，已成为世界教育发展的严峻问题。[②] 国际劳工组织（ILO）分别于 2005 年、2009 年、2012 年将包括大学生在内的青年就业作为大会主题重点关注，提出要反思宏观就业政策，加强教育培训与劳动世界的联系，实施积极的劳动力市场政策

---

① Hannan, Damian. F. David Raffe, Emer Smyth. Cross – National Research on School to Work Tansitions: An Analytical Framework [R]. 1996.

② World Education Forum. The Dakar Framework for Action—Education for All: Meeting Our Collective Commitment [R]. 2000.

和制度。[①] 2011 年，世界经济合作与发展组织（OECD）开展了《为了工作而学习》研究项目，目的在于架设学习与工作之桥，并且提出十年创造 6 亿个就业岗位，解决就业难题的有效途径是促进学生从学校到工作的过渡。[②]

（1）国家资历框架研究。21 世纪初，构建资历框架成为各国政府的共识，为不同类别、不同层次学习成果的衔接、融通和互认提供了制度保障。2005 年，德国《职业教育法》规定了双元制要求的企业培训证书、职业学校成绩单和行业从业证书，其中，行业从业证书是学生就业能力最有力的证明。职业资格架构将基础教育、职业教育与高等教育的双元制大学三者融通，互认学分，[③] 有兴趣的年轻人可在职业培训中熟悉各种可能性，做出更合理的选择。2013 年，德国职业资格架构（DQR）将职业教育体系与就业制度紧密结合，逐步形成了就业促进制度体系。澳大利亚国家资格认证框架（AQF）富有特色，将各类别和各层次教育有效衔接，资格证书和学历证书相互融通，职业技术教育学院（TAFE 学院）人才培养培训包采用专门的标准，考虑学生需求、产业变化及劳动力市场，[④] 到 2014 年，已经持续开发了 65 个培训包，覆盖了 1600 种职业资格。[⑤] 2015 年，联合国教科文组织等机构编制了 86 个国家和地区的资格框架概况，对各国职业资格和就业制度的完善指导意义重大。

（2）就业保障制度研究。给学生提供就业保障是各国就业制度的基本功能。德国双元制职业培训是保障经济社会发展拥有专业人才的强

---

① ILO. The Youth Employment Crisis：A Call for Action [R]. 2012.

② OECD. Global Employment Trends [R]. 2011.

③ Dieter Euler/ Eckart Severing，Durchassigkeit zwischen beruflicher undak ademischer Bildung [R]. Politische Forderun gender Initiative，Chance Ausbildung，2015：12 – 16.

④ Higer Education and Employment Services. Higher education：quality and diversity in the 1990's [M]. Canberra：Australian Government Publishing Service，1991：6.

⑤ Smith E，Smith A，Hampson I. How Closely do Australian Training Package Qualifications Reflectthe Skills in Occupations? an Empirical Investigation of Seven Qualifications [J]. International Journal of Training Research，2015，13 (1)：49 – 63.

有力工具。德国政府颁布许多职业教育和促进就业的法律，如《联邦德国职业教育法》（1969）、《就业支持法》（1994）、《职业教育法》（2005）和职业资格架构（2013）。其中，《联邦德国职业教育法》从国家层面上确立职业教育与专业、培训、职业资格的关联，[①] 学校和企业作为双元学习场所的基本架构，将学徒制整合到教育系统中，规范了工作场所培训，[②] 重新确立了行会作为企业培训主要机构的合法地位，[③] 完成了双元制作为完整的培训体系制度化的过程。

美国高等职业院校大学生就业制度体现在颁布的教育法律法规中，其中三部重要法规确立了就业制度框架。《史密斯·休斯法》（1917）规定建立现代学校职业教育制度，政府提供资金支持，在中学教授职业课程，帮助学生做好工作准备，开启了终结性就业教育。[④]《职业教育法》（1963）确立了职业教育平等权，将服务于国家的目标融于个体职业发展中，给年轻人提供兼职的机会，支持其获得收入用于职业培训。[⑤]《学校到工作过渡多途径法案》（1994）强化了职业技术培训、生涯教育和学校到工作过渡（STW）的规定，[⑥] 根据 OCED 调查，美国联邦政府主导了全美的教育培训改革，促进企业参与教育培训，达到学生“做中学”的目标。[⑦] 自 2001 年以后，美国联邦政府鼓励各个州由学校

---

① Sharpe A. Gibson J. The apprenticeship system in Canada：trends and issues［R］. Ottawa：CSLS，2005：28.

② Sharpe A. and Gibson J. The apprenticeship system in Canada：trends and issues［R］. Ottawa：CSLS，2005：28.

③ Deissinger，Thomas，The Evolution of the Morden Vocational Training Systems in England and Germany：a Comparative View［J］. Compare：a Journal of Comparative and International Education，1994，24（1）：17－36.

④ Stone. Ⅲ，J. R and Aliaga，O. Career and Technical Education. Career and pathways，work based－learning：change participation. 1997—1999［R］. National Research Center－for career anaack. . d Technical Education in University of Minnesota，2003.

⑤ Vational Education Act of 1963［C］//James W. Hillesheim，GeorgeD. Merrill. Theory and Practice in the History of American Education：A Book of Reading. University Press of America，Inc.，1980：398.

⑥ United States. One Hundred Third Congress. School－to－Work OpportunitiesAct of 1994［R］. 1994.

⑦ OECD. The Thematic Review of the Transition from Initial Education to Working Life［R］. USA Country Note，1999（6）：23.

到工作过渡（STW）向学校到生涯（STC）发展，更加注重培养学生的核心技能，着眼于学生的未来职业。

日本职业教育就业制度呈现阶段性和多样化特点。随着战后经济发展，分阶段先后制定了职业教育就业法律法规。20 世纪 40 年代，日本制定《职业安定法》（1947）、《就业保障法》（1947）等就业法规，为经济恢复和发展提供就业保障。20 世纪 50、60 年代，日本修订了《职业安定法》，为适应经济结构调整和充分就业，政府与民间的职业培训组织正式建立。70 年代，实施保障男女平等的法规，《职业训练法》将职业教育的实施权由政府转移至企业，政府履行监督职能。[①] 到 80、90 年代以后，修订了《就业派遣法》（1996）、《职业能力开发促进法》（2006），发布了“职业能力提升战略”（2010）、《未来工作 2035：为了人人出彩》（2016）等就业政策。

2. 就业非正式制度研究

依据制度变迁理论，非正式制度涵盖价值观念、风俗习惯、文化传统和意识形态等方面，国外研究者对就业非正式制度研究视角独特、内容丰富、影响深远，其中有凯兴斯泰纳、斯奈登等从就业文化理念，舒伯、马克思等从职业价值观，格兰诺威特等从社会资本角度对就业的影响开展研究。

（1）就业文化理念对就业影响的研究。长期形成的就业文化理念，成为各国发展职业教育的战略参照，推动了教育改革实践，影响着学生的就业和职业发展。19 世纪末，德国完成了工业革命，职业教育之父凯兴斯泰纳（Kerschensteiner）将工作视为职业的教育理念，认为职业教育是人们融入国家社会的途径。[②] 德国双元制的成功，与其沉淀了许多有益于职业教育与就业制度文化传统密切相关，多数家长和青年学生

---

① 日本世界教育史研究会．六国技术教育史［M］．李永连，赵秀琴，李秀英，译．北京：教育科学出版社，1984：21.

② 安妮特·沙万，刘立新．当代德国职业教育研究——论职业培训型教育［M］．上海：上海外国语出版社，2018：21.

在他们结束中学教育后都能够接受职业教育，企业自然提供培训基地。美国的职业教育发展富有实用主义的特点，20世纪初，斯奈登（Snedden）认为美国需要独立的职业教育，只有以实践为导向的课程才能满足学生的职业要求，[①] 促成一批与普通学校相分离的职业学校建立，[②] 支持兼具升学与就业功能的综合中学、社区学院得以产生，并为世界各国仿效，这些都是实用主义的结果。日本企业对新入职职员投入大量的人力物力，提供一流职业技能培训，[③] 加上特有的终身雇佣制，形成了员工对企业忠心耿耿、兢兢业业的工作热忱和休戚与共的企业文化。

用人理念是就业文化理念的重要组成部分。阿罗（Arrow）、斯蒂格利茨（Stiglitz）和斯宾塞（Spence）研究用人单位以学历为信号筛选员工，解释了教育为分类机器和学生就业难的问题。[④] 加里·贝克尔（Garys Becker）比较了高等教育等级之间的收益率差别，认为在条件均等的情况下，雇主会倾向于男性求职者。[⑤] 史迪曼（Slimane）研究技能型人才短缺的状况，指出有的企业通过高薪招聘所需要人才。[⑥]

（2）职业价值观对就业影响的研究。国外对职业价值观的研究始于20世纪20、30年代，代表性学说有职业选择理论、职业发展理论等。舒伯（Super）研究认为职业可以满足劳动活动、人际关系和生活需求，[⑦] 为达到充分的需求满足，就形成了个体的职业价值观。近代社会学奠基人对职业价值观进行了深入的研究，马克思（Karl Marx）提出了青年择

---

① Hyslop - Margison, E. J An Assessment of the Historical Arguments in Vocational Education Reform [R]. Journal of Career and Technieal Education. 2001 (17): 2001.

② 翟海魂，柳靖．规律与镜鉴——发达国家职业教育问题史［M］．北京：北京大学出版社，2019：84.

③ 翟海魂，柳靖．规律与镜鉴——发达国家职业教育问题史［M］．北京：北京大学出版社，2019：216.

④ Spring, Joe L H. The Sorting Machine [M]. New York: David Mckay, 1976.

⑤ Becker. G. Human Capical. 2nd edn [M]. New York: Colombia University Press, 1975.

⑥ Slimane H addadj and Dom inique Besson, How US Steel Companies are A ddressing the Skill Shortages that They Meet [J]. Journal of European Industrial Training. 1998 (22): 301 - 308.

⑦ Super, D. E. A theory of vocational development [J]. Theory & Practice of Vocational Guidance, 1953, 8 (5): 13 - 24.

业的价值观、方针和原则，强调独立、尊严和崇高的基本原则。[①] 涂尔干（Émile Durkheim）以群体职业的视角，构建了全面修复社会秩序的职业观。[②] 马克斯·韦伯（Max Weber）认为以信仰、责任为核心的职业精神是人类职业观的财富。[③] 在职业价值观与求职行为关系研究方面，Bland 认为组织承诺、满意度与职业价值观存在正相关关系。[④] Cantor 研究发现在学徒制中，师傅除了传授学徒行业秘密和特定技能外，也在无形中传授了勤奋、可靠和为工作感到自豪的品格，培养学徒的职业道德、行业礼仪和工作态度等职业素养。[⑤]

（3）社会资本对就业影响的研究。家庭背景、学校以及社会关系等社会资本是个人求职中可利用的重要资源。鲍尔斯与金蒂斯发现家庭背景决定了劳动者是进入主要劳动力市场还是次要劳动力市场。[⑥] 莫彼克（Moerbeek）等人研究认为父母的受教育水平及其职业地位对学生初次就业有正面影响。[⑦] 格兰诺威特（Granovetter）研究社会资本有强弱社会关系，社会网络资源有助于增进用人单位和求职者的相互了解沟通，提升彼此的信任度。[⑧] 科尔曼（Coleman）则认为社会资本是个人拥有的社会结构资源，“代际背景”对教育获得和职业获得产生影响。[⑨]

---

① 马克思，恩格斯. 马克思恩格斯全集［M］. 北京：人民出版社，1995：455－458.

② ［法］埃米尔·涂尔干. 职业伦理与公民道德［M］. 渠东，付德根，译. 上海：上海人民出版社，2006.

③ ［德］马克斯·韦伯. 新教伦理与资本主义精神［M］. 阎克文，译. 上海：世纪出版集团，上海人民出版社，2010.

④ Bland Milton R. Work values and job satisfaction［J］. Journal of Applied Psychology，1969，53（6）：456.

⑤ Cantor J A. Cooperative Apprenticeships：a School－to Work Handbook［M］. Lancaster：Technomic Publishing Company，1997.

⑥ ［美］. 马丁·卡诺. 教育经济学国际百科全书［M］. 闵维芳等，译. 北京：高等教育出版社，2000.

⑦ Moerbeek，Ultee，Flap. That's What Friends are For：Ascribed and Achieved Social Capital in the Occupational Career［C］. The Eur. soc. Network Conf. London：1995.

⑧ Fernandez R M，Castilla E J，Moore P. Social Capital at Work：Networks and Employment at Phone Center［J］. American Journal of Sociology，2000（5）：1288－1356.

⑨ Coleman. J. Social Capital in the creation of human capital［J］. Amecial Journal of Sociology，1988（94）：95－121.

3. 就业制度实施机制研究

就业制度实施机制是就业制度实施的运行或执行机制，本研究从形式和功能的角度考察就业制度内部各要素联系、作用及其运行方式。其中，形式机制包括行政计划机制、指导服务机制和监督服务机制；功能机制包括激励机制、约束机制和保障机制。

（1）形式机制研究。

行政计划机制研究。主要体现在各国政府对职业教育和就业制度的管理权限和职能的发挥，Strreeck 研究德国联邦政府在职业教育与培训中发挥协调、管理和控制作用，地区、雇主和行业部门起辅助的作用。[①] 日本的职业教育在管理体制上，职责明确，步调一致，灵活多样。正如 OECD 评价，日本职业教育的功能变化在于注重发展教育培训部门与劳动市场的联系，校企共同承担教育和培训。在教学上互通有无，实习实践在教学工厂，提高学生的职业技能水平。[②] 莱文（Levin）应用组织变革框架分析美国社区学院使命的变化，[③] 指出联邦政府立法干预职业教育发展，资助社区学院，加强其与产业联系，促进学生做好职业准备。

指导服务机制研究。美国较早开展就业指导研究，呈现人职匹配发展的历史脉络。[④] 1908 年，帕森斯（Parsons）提出人的特质与职业相匹配是职业选择焦点，并且最早设立职业局进行职业辅导。[⑤] 20 世纪 50 年代，舒伯（Super）在职业教育中首次引入发展理念，并将其融入就业指导体系。[⑥] 坎贝尔（Campbell）指出美国就业指导经历了人与职业

---

① Streeck W. Social Institutions and Economic Performance：Studies of Industrial Relations in Advanced Capitalist Econmies [M]. London：1992.

② OECD. The Thematic Review of the Transition from Initial Education to Working Life [J]. Japan Country Note，2000（3）：19 -20.

③ Levin，J. S. The Revised Institution：The Community College Rmission at the end of the Twentieth Century [J]. Community College Review，2000（2）：1 -25.

④ Pope M. A brief history of career counseling in the United States [J]. The career development quarterly，2011，48（3）：194 -211.

⑤ Frank Parsons. Choosing a Vocation [M]. Houghton Mifflin，1909.

⑥ Herr，E. L. Super，slife - span，life - space approachandits out - look for refinement [J]. The Career Development Quarterly，1997（45）：238 -246.

相互匹配到关注个体终身发展的生涯辅导过程。[①] 20世纪90年代，希拉吉和波拉德（Hillag and Pollard）认为，就业指导通过科学工具测试学生的个性素质和职业倾向，明确其就业能力，[②] 关注测量工具应用于就业指导的意义。学校生涯辅导通过数据佐证工作实效，美国《ASCA的全国模式：学校咨辅项目框架》为此提供了指南，并在全国各州编制实施。[③]

监督服务机制研究。研究者关注到了监督服务职能是政府将行政计划管理职权让与的结果。日本世界教育史研究会研究发现，第二次世界大战后文部省对职业教育管理由原来全部直接管理转向辅助模式，20世纪60年代后，企业主要实施职业教育和培训，国家采用提供信息和资金支持等间接方式服务就业，[④] 政府主要履行监督职能。德国政府在职业教育管理中主要发挥协调的作用，琳达·克拉克和克里斯托弗·温奇认为德国职业教育培训成功在于依赖具有法定效力的社会伙伴和公民社会社团模式。[⑤]

（2）功能机制研究。

激励机制研究。主要体现在各国激励学生就业的机制，如德国企业培养学徒的费用多数是企业投资和政府经费补助，招收破产企业的学徒补助和培训残障青年的低息贷款。[⑥] 英国劳动保障部施行青年合同项目，预计将帮助约40万英国青年获得实习、工读、培训和就业，为创

---

① Campbell, C. A.. Sharing the vision: The national standards for school counseling programs [R]. Alexandria, VA: American School Counselor Association, 1997.

② Hillag J Pollard E. Employ abaility: developing a framework for policy analysis [R]. DFEE Research Report, 1998.

③ Martin, I., Carey, J., DeCoster, K. A National Study of the Current Status of State School Counseling Models [J]. Professional School Counseling, 2009, 12 (1): 378.

④ 日本世界教育史研究会．六国技术教育史［M］．李永连，赵秀琴，李秀英，译．北京：教育科学出版社，1984：21.

⑤ 琳达·克拉克，克里斯托弗·温奇．职业教育：国际策略、发展与制度［M］．翟海魂，译．北京：外语教学与研究出版社，2011：14－16.

⑥ European Commission. Apprenticeship supply in the member states of the European Union [R]. Luxembourg: Publications Office of the European Union, 2012.

造实习机会的企业提供补助。①

保障机制研究。Sharpe 和 Gilbson 研究了德国行业高度认可职业资格，以保证完成双元制培训的青年获得优质和稳定的就业机会，被公认为学徒制结果透明度高的成功案例。② 加拿大的青年学徒制中，有帮助失业青年进入劳动力市场，以利于减少失业的保障措施。③

约束机制研究。体现在各国实施的约束或者规避不利于学生就业的机制，英国政府要求签订青年合同项目的人必须完成所选择的工作，如半途而废将停发政府失业救济金或强制从事社区服务等。④ 而且企业不能直接获得职业培训经费，必须与培训机构合作获得国家拨款，开展学徒培训。⑤ 印度规定雇佣 100 名以上员工的公司未经政府许可不得解雇，⑥ 表现了劳动力市场僵化的一面。

（二）就业制度影响就业结果的研究

就业制度是影响就业结果重要因素之一，就业结果指学生毕业后的最终状态，一般通过学生就业比例多少，就业是否匹配和就业质量优劣等指标反映。

1. 就业制度影响就业率的研究

国际劳工组织通常以就业率和失业率评估就业状况，英国实行现代学徒制后，就业率大幅提升，80% 的企业主和 90% 的学徒都对学徒制

---

① Department for Work and Pensions, Youth Contract [EB/OL]. (2012-01-19) [2012-10-12]. http: //www. dwp. gov. uk/youth-contract/key-initiatives/.

② Sharpe A. Gibson J.. The apprenticeship system in Canada: trends and issues [R]. Ottawa: GSLS, 2005: 25.

③ Taylor A. Pathway for Youth to the Labour Market: an Overview of High School Initiatives [R]. Ottawa: Canadian Policy Reserch Network, 2007.

④ Department for Work and Pensions, Youth Contract [EB/OL]. (2012-01-19) [2012-10-12]. http: //www. dwp. gov. uk/youth-contract/key-initiatives/.

⑤ SFA. The Skills Funding Agency's funding rates and formula (Version 2) [Z]. SFA, 2014: 18.

⑥ Ramgopal Agarwala and Zafar Dad K han. Labor Market and Social Insurance Policy in India: A Case of Losing on Both Competitiveness and Caring [R]. The International Bank of Reconstruction and Development, The World Bank, 2001, StockNo. 37168, http: //siteresources. Worldbank. org/ WBI /Resources/wbi37168. pdf.

满意。[1] 约阿西姆（Joachim）研究发现，德国双元制职业教育对降低青年失业率有重要作用，2004 年德国青年失业率（9.7%）远远低于法国（20.7%）等欧洲国家。[2]

2. 就业制度影响就业匹配的研究

哈耶克和科伊斯莱格（Heijke and Koeslag）研究了荷兰本专科学生在各自岗位域的比较优势，指出高职学生侧重于职业培训。[3] Hogarth 和 Wilson 研究发现技能供给如不能及时应对产业的快速变化，就会造成技能短缺问题。[4] Robst 报告从就业匹配程度指标分析了职业教育学生高于其他教育类型的学生。[5]

3. 就业制度影响就业质量的研究

1999 年，国际劳工组织基于体面劳动（Decent Work）的视角反映就业质量状况，主要以收入、稳定性、社会保障等指标反映就业质量。[6] 从 2005 年开始，联合国欧洲经济委员会、欧盟、欧洲基金会等对就业质量指标构建进行了系统研究，美国国家教育统计中心和国家科学基金会开展大学生就业质量调查，从收入、稳定性和满意度三个维度进行评价。[7] 其中，关注收入预期是研究毕业生就业的重要视角。[8] 求职者通过了解工资现状决定是否接受该工作，[9] 比较将来工作的收入和成

---

① DCSF and DIUS. Draft Apprenticeships [Z]. London: DCSF and DIUS, 2008: 1.

② 约阿西姆·明希. 关于德国的职业教育政策及其研究 [J]. 任永秋，于爱民，译. 中国职业技术教育，2004 (24): 14.

③ Heijke, Hans, Koeslag, Mieke. TheLabour – Market Position of University Enal Education and Higher Vocational Education In Econmics And Business Administration: A Comparison [J]. Education Econmics. 1999, 7 (3): 263 –268.

④ Hogarth, T., Wilson, R. Skills Matter: A Synthesis of Research on the Extent, Causes, and Implications of Skill Deficiencies, Institute of Employment Research [R]. University of Warwick, 2001.

⑤ Robst J. Education and job match: The relatedness of college major and work [J]. Economics of Education Review. 2007, 26 (4): 397 –407.

⑥ ILO. Decent work. Report of the Director General [R]. Geneva: 1999.

⑦ United nations. Measuring the quality of employment in the EU – country pilot reports [R]. 2010.

⑧ Funk, Lothar. Strategic Policy to fight Germany's Unemployment Problem [J]. International Journal of Manpower. 2001, 22 (6): 508 –525.

⑨ Lippman SA, JMcCall. The economics of job Search: A Survey [J]. Economic Inquiry, 1976, 14.

本进行教育和就业决策预期。[①] 同样，稳定性需要制度和政策共同作用给予保障，[②] 就业不匹配通常也会导致企业员工更高的流动率。[③] 而过度教育者出现转业概率要显著高于适度教育者，工作稳定性较差。[④] 在就业满意度方面，各国的满意度研究多采用实证的方法，如美国大学与雇主协会（NACE）每年针对毕业生的就业满意度调查[⑤]和"欧洲高等教育与毕业生就业"课题组对毕业生工作满意度调查。[⑥] 有研究表明，职业型大学由于与社会实践联系紧密，毕业生满意度较高。[⑦]

二、国内研究综述

（一）高等职业院校大学生就业制度研究

1986 年，学者刘鉴农建议改革中专技校招生制度、用人制度，改革农村职业中学毕业生出路安排，成为职业教育和就业制度研究的先声。[⑧] 自此以后，越来越多的学者从不同视角研究就业制度，其中，有研究者认为，目前大学生就业困难的非经济因素受到重视。一是国家规定的正式规制及其实施机制对毕业生就业市场的影响，例如户籍制度

① Becker, G. S. The Economic Way of Looking at Life [J]. Journal of Political Economy, 1993, 101 (3): 383-409.

② [美] 彼得·奥尔，桑德林·凯斯．工业化国家的灵活性与稳定性的问题 [J]．中国劳动，王亚栋，译，2005 (8): 37-39.

③ Alba-Ramreza, Blzquezm. Types of job match, overed-ucation and labour mobility in Spain [C]. // Buchel F, Degripa. Mertens. Over education in Europe: Current issues in theory and policy. Cheltenham: Edward Elgar Publishing, 2003: 65-92.

④ Andersson Joona, P., DattaGupta, N., Overeducation am ongImmigrants in Sweden: Incidence, Wage Effects and State-Dependence [R]. IZA Discussion Papers 6695, 2012.

⑤ NACE. Student survey [EB/OL]. (2012-10-12) [2017-05-05]. http://www.naceweb.org/home.Aspx.

⑥ Allen J, Boezerooy P, Weert E D, et al. Higher Education and Graduate Employment in the Netherlands [J]. European Journal of Education, 2000, 35 (2).

⑦ Ulrich Teichler. Higher Education and the World of Work: Conceptual rameworks, Comparative Perspectives, Empirical Findings [M]. Published by: Sense Publishers, 2008.

⑧ 刘晓．近三十年来我国职业教育制度研究的回顾与思考 [J]．职教论坛，2010 (22): 46-50.

等；二是价值信念、关系资本、行为习惯等非正式制度因素对毕业生就业市场的影响；三是制度因素的变化对就业的影响。[①]

1. 就业正式制度研究

（1）国家资历框架的研究。1993 年，我国政府提出大学生毕业获得学历证书和职业资格证书的双证书制度，是我国职业教育的重要标志，也是探索建立我国国家资历框架制度的重要基础。王西坤（1996）通过研究双证书制度的历史变迁，对教育质量评价、入学基础和实践教学体系建立进行探索。[②] 马叔平和邢晖（2008）对职业教育与就业准入制度互动关系进行了研究。[③] 李红卫（2012）通过研究职业学校学生就业准入的“双证书”制度，认为职业教育吸引力制度亟须增强。[④] 姜大源（2015）设想国家资历拥有八级结构，包括教育部、人力资源和社会保障部门颁发的学历教育证书、职业教育等级证书、国家职业资格证书以及国家部门颁发特定的行业或企业、专业性强的职业资格证书、技能证书或培训证书。[⑤] 肖凤翔和邓小华（2017）认为国家资历框架具有“建通道”“促融通”和“降成本”的基本功能。[⑥] 由国家资格的标准体系、认证体系和转换体系组成，孙善学（2019）研究发现 1 + X 就是学校学历教育和社会用人需求要素的对立统一，1 + X 证书制度既是教育制度，也是就业制度。[⑦]

（2）就业保障制度的研究。就业保障是为保障劳动者的合法权益，国家制定法律规章，提供就业机会、创造就业条件的各种措施的总称。就业协议是我国实施双向选择自主择业就业制度后，采取的保障就业主

---

① 桑锦龙．教育转型与专科毕业生就业［M］．北京：社会科学文献出版社，2008：30.

② 王希坤．双证书制度——深化高等职业技术师范教育改革的探索［J］．教育与职业，1999（6）：10－13.

③ 马叔平，邢晖．职业教育与就业准入制度互动关系研究［M］．北京：中央文献出版社，2008.

④ 李红卫．增强职业教育吸引力制度研究［M］．北京：光明日报出版社，2012.

⑤ 姜大源．现代职业教育与国家资格框架构建［J］．中国职业技术，2014（21）：23－34.

⑥ 肖凤翔，邓小华．国家资格框架要素论［J］．教育研究，2017（7）：37－43.

⑦ 孙善学．对 1 + X 证书制度的几点认识［J］．中国职业技术教育，2019（7）：72－76.

体各方权益的有效方式。刘海志（2009）通过与劳动合同的对比，分析就业协议的作用、期限、效力和趋势等。[①] 姜吾梅和余友飞（2011）基于高职院校毕业生就业协议和劳动合同以及权益保障调查，提出强化就业指导、重视实习和完善法律保障的方案。[②] 马瑄（2016）对就业协议中用人单位与毕业生法律关系进行了研究。[③]

户籍制度是最具有中国特色的就业制度。赖德胜（2001、2005）认为劳动力市场分割制度下，由于过高的招聘成本，用人单位无法接收更多的毕业生。[④] 张翼（2010）研究发现，改革开放后，户籍影响减弱，但在扩招政策实施后，户籍加大城乡教育水平及教育资源获得机会的差距。[⑤]

2. 就业非正式制度研究

我国学者从中国文化特点出发，提出文化传统、价值观念、关系资本、行为习惯等非正式制度概念，如黄炎培等从就业文化理念，黄希庭等从职业价值观，赖德胜和孟大虎等从社会资本方面对就业的影响进行研究。

（1）就业文化理念对就业影响的研究。文化传统在不同民族、不同社会有不同表现，融汇与制约教育的各个方面，使教育形成与文化传统相契合的本土特色。[⑥] 近代陶行知的生活即教育、社会即学校和教学做合一的思想；[⑦] 黄炎培强调职业教育对谋生、服务社会及个人发展准

---

① 刘海志．高职院校毕业生签订就业协议书应当注意的法律问题［J］．职教论坛，2009（8）：63－64.

② 姜吾梅，余友飞．高职毕业生就业权益法律保护研究［J］．教育与职业，2011（29）：94－96.

③ 马瑄．高校就业协议中用人单位与毕业生法律关系解构［J］．黑龙江高教研究，2016（8）：97－99.

④ 赖德胜．劳动力市场分割与大学毕业生失业［J］．北京师范大学学报，2001（4）：69－76.

⑤ 张翼．家庭背景影响了人们教育和社会阶层地位的获得［J］．中国社会科学院研究生院学报，2010（7）：82－92.

⑥ 郑金洲．教育文化学［M］．北京：人民教育出版社，2005：375.

⑦ 中央教育科学研究所．陶行知教育文选［M］．北京：教育科学出版社，1981.

备的思想;[①] 孙中山的“三民主义”思想，将民生与人民生活联系起来，为就业是民生之本的理念奠定了基础。具体到毕业生就业研究方面，许申（2011）认为高等职业院校学生与本科生在寻求工作的方式观念上有所区别，在职业待遇、职业强度、职业发展等要求上基本一致。[②] 于施佳等（2017）调查发现，高等职业院校学生以社会认可、工作环境、个人成长的顺序考虑就业。[③]

用人理念和企业文化也是就业文化理念的重要组成部分，如宝洁公司强调学生的素质比专业更重要的用人风格。吴竞通过研究企业人力资源招聘体系提出，企业在改革后获得用人自主权，在考察毕业生知识技能和胜任岗位需求的基础上，可以自主引入高质量人才。[④]

（2）职业价值观对就业影响的研究。近代黄炎培倡导尊重劳动和劳动者的价值观，陶行知崇尚劳动教育和劳动精神，黄希庭认为职业价值观是人们对待职业的态度。[⑤] 职业教育潜移默化地影响学生的职业价值观，如学会共同做事，在人际交往中培养共同的情感、成就的乐趣、平等待人的态度等。[⑥] 金盛华和李雪（2005）从目的性和手段性两个维度研究大学生职业价值观。[⑦] 贾虹和孙若颖（2014）调查发现高等职业院校大学生职业价值观在性别、学科、家庭等方面存在差异。[⑧] 陈蔚（2017）研究发现专业与性别在学生实习期间对价值观影响存在显著差

---

① 中华职业教育社．黄炎培职业教育思想文萃［M］．北京：红旗出版社，2006.

② 许申．高职与一般本科就业差异分析［D］．北京：北京大学，2011.

③ 于施佳，张跃明，胡觉亮．高职学生职业价值观与职业成熟度［J］．职教论坛，2017（8）：30－34.

④ 吴竞．基于胜任力模型的企业人力资源招聘体系建设探析［J］．人才资源开发，2019（3）：76－77.

⑤ 黄希庭，张进辅，李红．当代中国青年价值观与教育［M］．成都：四川教育出版社，1994.

⑥ 王道俊．知识的教育价值及其实现方式问题初探——兼谈对杜威教育思想的某些认识［J］．课程·教材·教法，2011（1）：14－32.

⑦ 金盛华，李雪．大学生职业价值观：手段与目的［J］．心理学报，2005（5）：650－657.

⑧ 贾虹，孙若颖．高职院校学生职业价值观调查研究［J］．教育与职业，2014（5）：101－103.

异，不同的价值观对实习满意度有显著影响。[①]

（3）社会资本对就业影响的研究。赖德胜和孟大虎（2008）研究认为社会资本有助于求职者创造就业机会，降低工作搜寻成本。[②] 阎凤桥和毛丹（2008）指出社会资本对毕业生就业落实率、起薪、工作满意度有正面影响。[③] 杨中超（2017）研究发现教育扩张没有促进代际流动，没有改善教育不平等状况，家庭背景对初职社会经济地位的影响没有弱化。[④] 边燕杰和张顺（2017）认为，社会关系网络在求职者和潜在雇主之间架起了沟通桥梁，便于提高市场资源配置效率，同时在职场中提供了信任机制。[⑤]

3. 就业制度实施机制研究

本研究从形式和功能角度考察就业制度实施机制。其中，形式机制包括行政计划机制、指导服务机制和监督服务机制；功能机制包括激励机制、约束机制和保障机制。

（1）形式机制研究。

行政计划机制研究。体现在政府发布的高等教育政策对就业结果的影响，闵维方和文东茅（2010）研究测算高校扩招 10 万人可导致国民经济各部门新创造就业机会 5300 个。[⑥] 夏仕武（2011）指出，应通过就业政策实施政府管公平、市场求效率、政府与社会携手保障就业弱势

---

① 陈蔚．高职院校学生工作价值观与实习满意度的关系研究——以浙江旅游职业学院为例［J］．教育发展研究，2017（13）：37－41.

② 赖德胜，孟大虎．中国大学生失业问题研究［M］．北京：中国劳动社会保障出版社，2008：5.

③ 阎凤桥，毛丹．影响高校毕业生就业的社会资本因素分析［J］．复旦教育论坛，2008（4）：56－65.

④ 杨中超．教育扩张对代际流动的影响研究［M］．北京：中国社会科学出版社，2017：127－129.

⑤ 边燕杰，张顺．社会网络与劳动力市场［M］．北京：社会科学文献出版社，2017：2－3.

⑥ 闵维方，文东茅．学术的力量——教育研究与政策制定［M］．北京：北京大学出版社，2010：60.

群体的机制。[①] 荣利颖等（2018）研究发现，以2009年为时间节点，扩招政策对本专科大学生的起薪在2009年之前增长缓慢，之后逐渐反弹。[②]

指导服务机制研究。重点关注了学校就业服务在模式、体系等方面的创新。黄炎培先生认为职业指导的价值在于适应社会分工的外在因素需要，由于个体特质存在差异，需要职业指导的支持。[③] 顾雪英（2001）主张建立结业、和谐和发展的就业指导模式。[④] 陈丹（2010）对高等职业院校职业指导课程的需求内容、授课方式和课程模块等做了调查研究。[⑤] 韩丽丽等（2015）提出建立高等职业院校学生创新就业服务体系，需要转变就业观念，开发校友资源，拓宽就业市场，加强就业队伍建设。[⑥]

监督服务机制研究。关注自主择业制度中政府对就业政策和学生就业状况的监测。闵维方和文东茅（2010）认为，我国毕业生就业制度向自主择业制度转变中，大学生就业行为的转变及劳动力市场运行情况成为亟须研究的问题，[⑦] 在该背景条件下，开展学生就业调查，对学生就业政策实施监测。杨晓慧（2011）指出学生就业政策监测是通过在校和离校后跟踪调查，全面反映学生就业率和就业质量，构建动态呈现的危机预警监测体系。[⑧] 沈聪伟（2019）通过对学生就业状况的统计、监测和预警，为政府决策提供依据。[⑨]

---

① 夏仕武．试论中国高校毕业生就业政策的价值变迁［J］．国家教育行政学院学报，2011（1）：48－52.

② 荣利颖，邓峰，郭建如．我国高等教育规模扩张政策的实施效果研究［J］．中国行政管理，2018（12）：78－82.

③ 中华职教社．黄炎培教育文集（第四集）［M］．北京：中国文史出版社，1995：6.

④ 顾雪英．论高校职业指导的递进式目标［J］．教育与职业，2001（12）：7－9.

⑤ 陈丹，何应林，杨金梅．高职院校学生职业指导课程需求调查与分析［J］．职业技术教育，2010（1）：46－50.

⑥ 韩丽丽，高永生，刘勋．破解高职毕业生就业难问题的着力点［J］．教育理论与实践，2015（27）：34－35.

⑦ 闵维方，文东茅．学术的力量——教育研究与政策制定［M］．北京：北京大学出版社，2010：204.

⑧ 杨晓慧．高校毕业生就业状况监测研究［M］．北京：人民出版社，2011：1－2.

⑨ 沈聪伟．高校毕业生就业状况统计及监测研究［M］．北京：北京航空航天出版社，2019：2.

（2）功能机制研究。

激励机制研究。强调了学生就业政策引导鼓励学生到中小企业和基层就业，杨伟国（2004）认为国家政策通过人力资本投资收益补偿机制引导大学生投身艰苦地区发展，标志着大学生就业政策从安置转向激励的革命性变化。① 马莉萍和刘彦林（2015）调查基层就业状况发现，与2005年相比，2011年专科生基层就业比例增加5.2%，高职高专院校学生基层就业比例增加了8%，基层就业政策对毕业生起到一定的激励作用。②

保障机制研究。主要强调学校人才培养制度设计、困难群体学生就业保障及实施效果，项小仙和蒋联海（2005）认为，通过专业设置的适应性、人才培养的应用性、技能培养的有效性，确保学生高就业的实效性。③ 吴松强（2012）指出困难群体学生就业需要实施政府主导、学校服务、家庭助力和自我激励的就业援助机制。④ 祝军和杨平（2015）调查发现，专科生对基层就业意愿和政策保障方面的满意度高于本科生和硕士生。⑤

约束机制研究。研究主要针对违反就业保障政策的罚则及其评价。2004年教育部将灵活就业纳入就业形式后，对就业率造假行为，在评估高校工作时实行一票否决制。翁杰等（2008）认为，就业协调机制是对就业政策“误配”的纠正和自我价值再发现的过程。⑥ 王友航（2011）面对部分学校就业率造假和学生被就业现象，认为单纯对就业

---

① 杨伟国．大学生就业选择与政策激励［J］．中国高教研究，2004（10）：84－86.

② 马莉萍，刘彦林．高校毕业生基层就业——从中央政策到地方政策［J］．北京大学教育评论，2015（4）：31－45.

③ 方永平，项小仙，蒋联海．有效培养技能型人才，确保高职生有高就业率［J］．中国高等教育，2005（2）：14－15.

④ 吴松强．完善高校就业困难群体毕业生的就业援助体系［J］．思想理论教育，2012（4）：63－67.

⑤ 祝军，杨平．大学生基层就业项目：参与意愿与满意度［J］．北京大学教育评论，2015（4）：3－17.

⑥ 翁杰，周必彧，韩翼祥．中国大学毕业生就业稳定性的变迁——基于浙江省的实证研究［J］．中国人口科学，2003（3）：33－42.

率指标的追求，将导致对就业政策的象征性执行。[①]

（二）高等职业院校大学生就业制度影响就业结果的研究

1. 就业制度对就业率影响的研究

1999 年，教育部将就业率作为衡量高校就业优劣的考量指标，桑锦龙（2008）认为初次就业率是目前反映学生就业形势最重要的指标，有效考察就业状况和发展变化。[②] 闵维芳等（2017）研究发现高等职业教育以就业为导向，高等职业院校学生后直接就业率高于本科，选择就业的可能性是本科学生的 2.28 倍。[③]

2. 就业制度对就业匹配影响的研究

曾湘泉和汪雯（2002）研究发现，偏低的技能人才价格导致在中国劳动力市场上了技能人才供求失衡。[④] 丁小浩（2004）调查发现，我国本专科学生在劳动力市场上比较优势弱，高等教育发展关键在于本专科院校定位明晰。[⑤] 闵维方等（2006）验证了扩招后本科岗位域比专科生具有明显的优势，指出高等职业院校学生竞争力必须要有高等职业教育的特色做支撑。[⑥] 苏丽峰和陈建伟（2016）研究发现，我国就业结构偏离度较大；劳动力市场对技术技能型人才需求增加；学历结构升级具有明显的需求拉动等特征。[⑦]

---

① 王友航．从促就业的政策到保就业率的对策——对高校毕业生“被就业”现象的分析［J］．高校教育管理，2011（1）：40－44.

② 桑锦龙．教育转型与专科毕业生就业［M］．北京：社会科学文献出版社，2008：44－50.

③ 闵维芳，岳昌君，丁小浩．高校毕业生就业问题与对策研究［M］．北京：人民大学出版社，2017：322.

④ 曾湘泉，汪雯．入世后中国技术工人面临的问题与对策［J］．经济理论与经济管理，2002（12）：46－50.

⑤ 丁小浩．我国专科与本科毕业生在劳动力市场上的相对位置和比较优势分析［J］．北京大学教育评论，2004（2）：43－49.

⑥ 闵维方，丁小浩，李文利．专科与本科毕业生在劳动力市场上的比较优势［M］．北京：教育科学出版社，2006：19.

⑦ 苏丽峰，陈建伟．产业结构调整背景下高等教育人才供给与配置状况研究［J］．中国人口科学，2016（8）：2－15.

3. 就业制度对就业质量影响的研究

研究聚焦于就业质量评价指标的构建，如武毅英（2009）从微观的角度认为可用就业机会可得性指数、专业满意度、工作质量指数、职业发展系数、就业稳定性指数等度量毕业生的就业质量。① 赖德胜（2011）构建了就业环境、就业能力、就业状况、劳动者报酬、社会保护和劳动关系 6 个维度的就业质量评估指标体系，测算各地区就业质量的总体情况。② 北京市教委开展的北京地区高校毕业生就业质量研究（2012），建立了包括毕业生、用人单位、社会需求 3 个维度及 4 个一级指标和 9 个二级指标的高校就业质量评价指标体系。③

就业起薪、就业稳定性和就业满意度是就业质量评价的重要指标。就业起薪研究方面，研究者认为劳动力市场具有竞争性和流动性，影响劳动力的工资、资源配置的公平和效率。④ 调查研究分析扩招后我国专科毕业生的一次就业率略有下降，而相对收入也有较大程度的下降。⑤ 高职毕业生的起薪存在行业差异。⑥ 应届本专科毕业生起薪整体差异中有 12% 是院校差异造成的。⑦ 就业稳定性研究主要关注了毕业生就业稳定性的影响因素，调查发现人力资本特征、就业特征和组织特征对就业稳定性有显著性影响。⑧ 高等职业院校需健全就业指导体系，加强就业匹配度，提高学生就业的稳定性。⑨ 就业满意度方面，研究者认为除了

---

① 武毅英．转型期的大学生就业问题与对策［M］．广州：广东高等教育出版社，2009：22.

② 赖德胜，孟大虎，李长安等．2011 中国劳动力市场报告——包容性增长背景下的就业质量［M］．北京：北京师范大学出版社，2011：11.

③ 张凤有．高校毕业生就业创业课题成果汇编（2012）［M］．北京：中国财政经济出版社，2014：76.

④ 陈广汗．中国劳动力市场的结构与供求分析［M］．北京：社会科学文献出版社，2016：33.

⑤ 文东茅．我国高校扩招对毕业生就业影响的实证分析［J］．高等教育研究，2005（4）：29－34.

⑥ 陈良焜，杨钋．我国高职毕业生内部就业优势的经济计量分析［J］．北京大学教育评论，2010（10）：85－105.

⑦ 杨素红，杨钋．应届本专科毕业生的起薪院校差异研究［J］．复旦教育论坛，2014，12（2）：67－98.

⑧ 冉云芳，石伟平．高职院校毕业生就业稳定性及其影响因素的实证研究［J］．职教论坛，2014（16）：44－49.

⑨ 唐明．高职毕业生就业稳定性现状及提高对策［J］．职教论坛，2013（23）：93－95.

工资收入影响满意度之外，劳动合同和工作安全、提职涨薪和公平对待等组织支持对毕业生就业满意度也具有影响。① 高学历毕业生的起薪要高于低学历毕业生，但是专科生工作满意度高于本科生。②

三、研究评价

经过文献梳理发现，国内外学者围绕就业制度对就业的影响机制和结果从不同视角进行了深入研究，这些成果为高等职业院校大学生就业制度研究奠定了基础，为进一步开展研究提供了宝贵的经验启示。

（一）现有研究的启示

第一，现有研究明确了教育制度改革与就业制度变迁密切相关。纵观世界职业教育发展历史，如果职业教育制度与就业制度紧密结合，就会促进学生就业，进而推动经济社会发展，如双元制、现代学徒制和国家资历框架，反之则会造成人才培养与劳动力市场需求不匹配，出现就业难和毕业生失业。本研究以此结论为研究背景，借鉴部分研究成果，对高等职业教育改革与就业制度变迁做出深入解析。

第二，现有研究关注了高等职业院校大学生就业制度变迁。国外研究大多从劳动力市场的需求、供给、供需匹配的角度分析就业难状况及其原因，职业价值观和社会资本对就业的影响较早地应用测量工具进行实证研究，在世界影响广泛。国内有学者通过检验就业变量之间是否存在显著性相关，对就业结构性矛盾、就业难给予一定的解释和回应。这些研究视角为进一步深入研究高等职业院校大学生就业制度提供了重要的科学依据。

第三，现有研究认同高等职业院校就业制度对学生就业产生影响的

① 李善乐．哪些因素影响大学毕业生的满意度——基于调查数据的分析［J］．中国青年研究，2017（5）：97－104.

② 李炜，岳昌君．2007年高校毕业生就业影响因素分析［J］．清华大学教育研究，2009（2）：88－95.

观点。国内外学者从制度变迁视角对影响我国本专科学生就业行为进行了研究，认为就业制度作为影响就业的重要因素，对大学生的就业选择和职业发展起到激励或者抑制的作用。通过就业制度的调整和完善，满足大学生就业的需求，保障经济社会稳定运行，这些成果为研究我国高等职业院校大学生就业制度变迁对就业的影响提供了重要参照。

第四，现有研究明确就业制度是由政府、学校和学生、企业、社会机构等不同利益相关者参与下共同实施的。不同利益主体的需求不同，就业制度实施的目的、手段、效果不尽相同，政府主要是就业制度与政策的顶层设计方，高等职业院校作为人才培养方，企业行业满足就业市场需求，构建了政府主导、高校指导、市场引导、社会督导的机制。在现有组织机构共同实施就业制度的基础上，本研究展开高等职业院校大学生就业制度研究。

（二）现有研究的不足

虽然现有研究对制度、就业制度和高等职业院校大学生就业制度有一定的研究，就业制度对就业的影响也已经取得一定成效，但是仍存在某些不足，具体表现在以下三个方面：

第一，现有研究偏重高等院校大学生就业和就业制度研究，对高等职业院校大学生就业和就业制度研究关注度偏低。随着我国经济社会转型和产业结构升级，在建立技能型社会的背景下，面对着产业结构和人力资源的双调整，高等职业院校大学生就业制度的研究有待加强。

第二，现有研究对高等职业院校大学生就业制度变迁研究有待深入。职业教育作为一种类型教育，以促进就业为导向，就业制度对就业具有非常重要的影响，迫切需要研究高等职业院校大学生就业制度与制度变迁的特征，以及就业制度变迁对大学生就业的影响机制。

第三，对我国高等职业院校大学生就业制度变迁总体研究亟须加强。现有研究对比了中外高等职业院校大学生就业制度，但是结合我国国情的总体研究比较滞后。近年来，我国职业教育快速发展，不断出台职业教育和学生就业的新政策，如职业教育的适应性，涉及教育制度与就业制度、人才供给与社会需求相互匹配的问题；制定国家资历框架，关系到学历证书与职业资格证书相互契合的问题，如何保障职业院校毕业生权益，实现充分就业和高质量就业，为技能型社会提供人力资源支撑，都需要高等职业教育制度和就业制度的研究给予积极回应。

第四节 研究内容、方法与创新点

一、研究内容

本研究从高等职业院校大学生培养质量提升角度，聚焦就业制度与教育制度不相契合，学历资格证书与职业资格证书相互分离，就业制度不均衡的问题，探究如何通过就业制度的优化促进学生就业和职业发展。要回答这样相互关联的子问题：第一，高等职业院校大学生就业制度是如何变迁的？第二，高等职业院校大学生就业制度是如何影响就业的？第三，如何完善就业制度才能实现高质量就业和更充分就业？本研究针对以上相互递进的问题，通过梳理高等职业院校大学生就业制度变迁和就业制度影响就业结果的现有研究，构建了高等职业院校大学生就业制度来理论分析框架，包括正式制度、非正式制度及实施机制三个分析要素。考察高等职业院校大学生就业正式制度、非正式制度及实施机制的历史变迁，探讨了三个要素对就业的影响机制，深入剖析就业制度的逻辑。应用案例法和访谈法，分析北京高等职业院校大学生就业正式制度、非正式制度及实施机制模式，提出基于这三个要素的高等职业院校大学生就业制度建设策略，旨在实现毕业生更高质量和更充分就业，推动高等职业教育健康持续发展。

第一章，绪论。第一节阐述本研究的研究背景。第二节明确了研究高等职业院校大学生就业制度的理论意义和实践意义。第三节对国内外的文献进行了梳理和评价。第四节总结了本研究的内容、方法和创新点。

第二章，高等职业院校大学生就业制度理论框架。第一节界定了制度、就业制度和高等职业院校大学生就业制度概念。第二节阐述了制度变迁的内涵、发生机制及方式，对制度变迁理论作为本研究理论基础的适切性进行了诠释，明晰了高等职业院校大学生就业正式制度、非正式制度及实施机制的关键要素及相互关系，构建了高等职业院校大学生就业制度三个要素的研究框架。

第三章，高等职业院校大学生就业正式制度研究。第一节阐述了我国改革开放以来，就业正式制度随着高等职业教育的恢复和发展，经历了以计划分配为主逐渐过渡到以自主择业为主的历史变迁过程。第二节梳理了国家资历框架与就业保障制度对就业的影响。第三节在总结历史经验和直面现实问题的基础上，深入地剖析了就业正式制度逻辑。

第四章，高等职业院校大学生就业非正式制度研究。第一节阐述了我国高等职业院校大学生就业非正式制度以社会需求为导向和以个人需求为导向的历史变迁过程。第二节诠释了就业文化理念、职业价值观和社会资本等就业非正式制度对就业的影响。在此基础上，第三节深入剖析了就业非正式制度逻辑。

第五章，高等职业院校大学生就业制度实施机制研究。第一节阐述了制度实施机制经历了集权管制到分权治理的历史变迁过程。第二节明晰了政府、高等职业院校、行业企业实施形式机制和功能机制对就业的影响。第三节剖析了就业制度实施机制逻辑。

第六章，北京高等职业院校大学生就业制度研究。第一节以北京探索国家资历框架制度和高等职业院校就业保障制度为例，体现人才培养与就业正式制度有效衔接。第二节从就业文化理念、职业价值观和以人为本方面，论证就业非正式制度对学生职业能力和职业素养的影响。第三节明晰了北京高等职业院校大学生就业制度实施行政计划、指导服务和监督服务机制，发挥激励、约束和保障功能。第四节应用北京高等职校大学生就业数据，监测就业制度对就业结果的影响，验证实施机制的效果。

第七章，高等职业院校大学生就业制度建设策略。第一节构建以满足就业和职业发展需求的就业正式制度。第二节倡导以契合经济社会和人的发展的就业非正式制度。第三节实现以供需均衡为目标的就业制度实施机制，构建以政府主导、校企指导、社会督导，各方协同的治理机制。

第八章为结语。

本书的研究结构如图1－1所示：

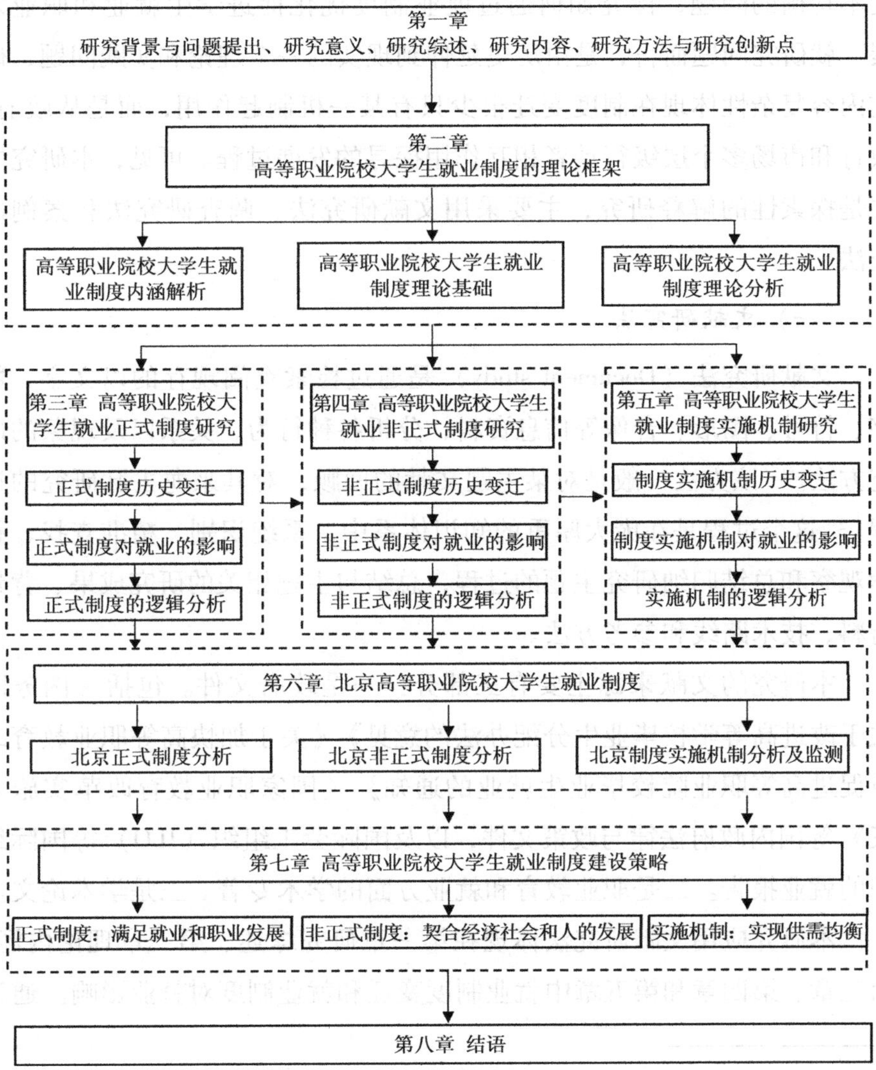

图1－1 专著结构图

二、研究方法

研究方法的选取一般视研究的主要问题而定，本研究聚焦就业制度与教育制度不相契合，学历资格证书与职业资格证书相互分离，就业制度不均衡的问题，探究如何通过就业制度优化促进学生就业和职业发展。就研究问题而言，是由历史延伸到现实的一个理论和实践问题，研究内容复杂性体现在制度变迁很少只有某一机制起作用，而是从政府、教育和市场多个层级行动者相互作用探寻的发展过程。可见，本研究主要是探索性的解释研究，主要采用文献研究法、调查研究法和案例研究法。

（一）文献研究法

文献研究法（Document study）是通过检索查阅现存的以文字、数字、符号、图形、音像等信息资料，分析各种行为、关系以及现象的研究方法。① 该方法一般是对某主题文献的回顾，对其来龙去脉研究的过程。② 这个过程是在庞大厚重的知识体系中，系统识别、精准查找、科学观察和总结归纳研究主题的过程，总结与主题相关的研究成果、背景材料、技术路线和参考方法。

本研究的文献来源主要有三部分：一是政府文件。包括《国务院关于改进高等学校毕业生分配办法的意见》《关于加快高等职业教育改革促进高等职业院校毕业生就业的通知》《国家职业教育改革实施方案》等国内政府法律与政策文件，以及国际劳工组织（ILO）等国际组织的就业报告。二是职业教育和就业方面的学术专著。三是学术论文。

本研究应用文献研究法体现在第一章研究综述、第二章理论内涵、第三章、第四章和第五章中就业制度变迁和就业制度对就业影响。通过

---

① 风笑天．社会学研究方法（第三版）［M］．北京：中国人民大学出版社，2009：233.

② 风笑天．社会学研究方法（第三版）［M］．北京：中国人民大学出版社，2009：58.

检索、梳理和归纳国内外高等职业院校大学生就业制度变迁和影响因素的文献资料，力求全面掌握相关研究的发展脉络及最新动态和学术前沿，为系统研究高等职业院校大学生就业制度奠定基础。

（二）调查研究法

调查研究法（Survey study）是通过有组织地搜集原始材料形成科学认识的研究方法，着重搜集在自然状态下反映现实情况的材料。教育科学领域，通过观察、列表、问卷、访谈、个案及测验等方法，搜集教育资料。本研究主要采用问卷法和访谈法，搜集在自然状态下反映现实情况的材料。[①]

问卷法（Questionnaire method）是研究者针对所感兴趣的主题，提出问题收集标准化的定量资料，是以一份精心设计的问题表格，测量人们的特征、行为和态度等。[②] 其适用的研究问题是关于自我回答的信念或行动，在人们回答问题的答案是用来测量变量时，发挥最强大的功效。[③] 用于开展是否满足研究者的研究结论的各种假设验证，如检验不同研究对象是否存在显著性差别；检验两个变量之间是否存在显著性相关影响，从而探讨一些因果关系，对一些社会现象或者社会难题给予一定的解释和回应。

访谈法（Interview method），通过研究性交谈，根据被访者的答复搜集客观的、不带偏见的材料，以准确地说明样本所要代表总体的一种方法。[④] 通过面对面、网络、电话和座谈的方式，实现了解受访人的心理和行为的研究方法。为弥补问卷法对一些深层次问题难以获取答案的不足，全面了解和掌握高等职业院校大学生就业制度现状的全貌，依据访谈的目的、性质和对象不同，采用相应的访谈方式和步骤。首先，依

① 裴娣娜．教育研究方法导论（第三十七版）［M］．合肥：安徽教育出版社，2013：158－160.

② ［美］劳伦斯·纽曼．社会研究方法：定性和定量的取向（第五版）［M］．郝大海，译．北京：中国人民大学出版社，2011：333.

③ 袁方，王汉生．社会研究方法教程［M］．北京：北京大学出版社，2007：230－231.

④ 裴娣娜．教育研究方法导论（第三十七版）［M］．合肥：安徽教育出版社，2013：88－90.

据研究内容和思路，制作了访谈提纲（见附录A和附录C），包括将文献资料中获得的关键问题，以探索性设问的方式寻求访谈者的答案。集体访谈（座谈会和团体访谈）拟制座谈会的邀请函和会议记录（见附录B）。其次，确定受访者，联系与就业工作比较紧密的受访者，说明访谈目的，强调学术研究，保守秘密的原则。本研究的受访对象有高等职业院校从事就业指导人员、综合性大学职业教育领域的专家和地区教育研究机构的学者及毕业生。再次，确定与访谈者面谈、网络、电话和座谈方式，相应的时间和地点。对访谈资料信息及时进行编码、整理和归档，访谈内容依据研究内容分门别类到相应标号的文件夹中，以备写作及时采用（见表6－2、附录表A－1、附录表B－1）。

本研究使用访谈法作为辅助方法，与调查分析所得出的结论相互印证，访谈内容集中体现在第六章北京高等职业院校大学生就业正式制度、非正式制度和实施机制，采用个别访谈和团体座谈方式，收集教育领域专家学者和高等职业院校就业指导人员对北京高等职业院校大学生就业制度看法的一手资料，通过对困难群体学生（就业和未就业）电话访谈和就业指导人员对困难群体就业政策的座谈会访谈，归纳整理其中的资料，验证就业制度的保障现状及其实施机制的结果，为本研究结论奠定结实的基础。

（三）案例研究法

案例研究法（Case study）是阐明一种具体的现象，具有焦点高度集中，对现象的了解深入、详细，该方法的优点在于通过对研究对象的深入洞察，能够获得非常丰富的资料，较好地反映研究对象发生、发展及变化的过程。[①] 一个良好的个案研究设计会避免只检验部分组成元素，会通过广泛收集多个层面的信息来构建个案画面。[②]

---

① ［美］梅瑞迪斯·高尔，沃尔特·博格．教育研究方法（第六版）［M］．徐文彬，侯定凯，范皑皑等，译．北京：北京大学出版社，2016：316.

② ［澳］戴维·德沃斯．社会研究中的研究设计［M］．北京：中国人民大学出版社，2008：188.

在本研究中，案例研究法集中体现在第六章北京地区高等职业院校大学生就业制度，呈现北京地区高等职业院校大学生就业制度的变迁、特点、现状和发展，增加研究的针对性和科学性。如第一节以北京探索国家资历框架制度和高等职业院校就业保障制度为例，探讨就业正式制度与人才培养有效衔接。第二节描述北京高等职业院校大学生就业非正式制度，从就业文化理念、职业价值观、以人为本方面，论证就业非正式制度对学生职业能力和职业素养的影响机制。第三节通过实施行政计划、指导服务和监督服务机制，发挥北京高等职业院校大学生就业制度的激励、约束和保障的功能。

三、研究的创新点

（一）研究视角创新

改革开放以来，中国正在经历有史以来最大规模的制度变迁，这也使制度变迁成为国内学术界经久不衰的研究热点。[①] 本研究以制度变迁为视角对高等职业院校大学生就业制度进行深层次的理论性探究，将制度变迁理论应用到高等职业院校大学生就业制度研究，搭建了正式制度、非正式制度及其实施机制三个要素的研究框架，弥补以往研究主要从供给和需求角度探讨毕业生就业制度问题的不足，进一步丰富了高等职业院校大学生就业制度理论的研究。

（二）研究方法创新

高等职业院校大学生就业制度对就业影响的程度，在现实生活中是一个不容易观察到的变量，尚无令人信服的答案。本书通过调查的方法获得高等职业院校大学生就业数据的一手资料，有持续积累的数据和较高的信效度，将就业制度对就业的影响评价建立在更加科学的基础上。

---

① 李秀峰．制度变迁动因的研究框架——探索一种基于新制度主义理论的整合模型［J］．北京行政学院学报，2014（4）：8－14.

在前人研究的基础上，本书进一步扩大了数据的样本量，增加了就业匹配、稳定度、满意度指标，分析就业制度对就业结果的影响，监测就业制度实施机制的效果。同时，采用访谈法和案例法获得地区高等职业院校大学生就业指导中心教师、管理人员和学者有关就业制度的一手资料，关注了高等职业院校作为组织的变迁实践，将毕业生就业制度视为政府、高职院校、市场等各方就业主体共同作用影响就业的机制，丰富了高等职业院校大学生就业制度发展的历史过程。

（三）研究观点创新

面对我国产业结构和人力资源的双调整，本研究针对社会分工对于职业教育人才需求的层次性、多样性和适应性，重点关注高等职业院校大学生就业制度在人才培养和劳动力市场对接中的重要作用，借鉴组织制度理论，首先在宏观层面，高等职业院校大学生就业制度受政府、高等职业教育和劳动力市场多重机制共同作用推动制度变迁。其次，在微观层面，体现就业制度对高等职业院校大学生这一特定群体就业结果的影响，旨在实现学生更高质量和更充分就业，推动高等职业教育健康持续地发展。

第二章 高等职业院校大学生就业制度理论框架

本章对制度、就业制度和高等职业院校大学生就业制度内涵进行了解析，以制度变迁理论和组织制度理论及已有职业教育发展要素研究为理论基础，阐述了理论的内涵特征、机制、实施方式，并对其作为理论的适切性进行分析，结合制度变迁理论及高等职业院校大学生就业制度要素研究，明确高等职业院校大学生就业制度由正式制度、非正式制度及其实施机制三个关键要素构成，分析了各自的特点，理顺要素之间的关系，并结合已有研究成果的基础上，形成本研究的研究框架。

第一节 高等职业院校大学生就业制度内涵解析

一、制度

（一）制度含义及属性

在《辞海》和《现代汉语词典》中，“制度”是要求成员共同遵守的、按一定程序办事的规程或行动准则，是在历史条件下形成的政治、经济、文化等各方面的体系。《新牛津英语词典》中，表示“制度”的词有 system 和 institution。system 有（思想、理论、原则的）系统、体系、体制、规律和秩序等含义。institution 有组织机构、法律规则和风俗习惯等含义。还有英语国家使用 regime，指政权制度。中西方

“制度”都包含规则和体系，西方的“制度”的含义又赋予了政权和风俗习惯的内容。

1. 西方学者对制度的解析

对制度的研究始于古希腊的政治学，后来社会学和经济学对制度进行了诠释和研究。政治学领域，如亚里士多德（Aristotle）、洛克（Locke）的政治思想都以政治制度为主题。社会学领域，近代社会学的三大奠基人——卡尔·马克思（Karl Marx）、马克斯·韦伯（Max Weber）和埃米尔·涂尔干（Émile Durkheim）主要致力于研究制度如何塑造个体行为与历史。[①] 其中，马克思从阶级利益的视角，认为社会制度是由经济、政治、法律和文化制度构成的体系。[②] 制度与天赋要素、技术、偏好成为经济理论的第四大柱石，[③] 在制度的内涵和要素构成等方面，不同学派有着不同的看法和表述。18 世纪，亚当·斯密（Adam Smith）描述了市场竞争受到无形之手的制度调控。19 世纪，凡勃伦（Thorstein B. Veblen）研究认为，制度是个人或社会对某些关系或某些作用的一般思想习惯。[④] 20 世纪 60 年代，新制度经济学创新性地用制度分析视角来解释其他问题。[⑤] 其著名代表人物，美国经济学家、历史学家、诺贝尔经济学奖（1993 年）获得者道格拉斯·诺思（Douglass C. North）的观点获得多数西方制度学派的支持。诺思认为，制度是社会的游戏规则，制度提供了框架，确立社会经济的合作与竞争关系，制度是社会的博弈规则，是人为设计的、型塑人们互动关系的约束。[⑥] 制度由正式规则（法规、政策）和非正式规则（价值观念、意识形态、传统文化和习俗习惯）及其实施特性构成，遵从特定的程序和标准的

---

① 唐世平．制度变迁的广义理论［M］．沈文松，译．北京：北京大学出版社，2016：1.

② ［德］马克思．资本论［M］．第一卷．北京：人民出版社，2018：100.

③ 王忠生．我国金融监管制度变迁研究［M］．长沙：湖南大学出版社，2012：7.

④ ［美］凡勃伦．有闲阶级论［M］．蔡受百，译．北京：商务出版社，2019：148.

⑤ 张五常．经济解释［M］．北京：商务印书馆，2000：455.

⑥ ［美］道格拉斯·C·诺思．制度、制度变迁与经济绩效［M］．杭行，译．上海：格致出版社，上海三联书店，上海人民出版社，2014：3.

操作流程，具有规范性；所有规则对人们都有约束力，具有强制性；规则和规定一旦确立下来，以及人们特定的理念和观念形成，就不易得以改变，具有稳定性。

2. 我国学者对制度的解析

我国学者总结了制度的内涵，如林毅夫认为制度可以理解为社会中个人遵循的行为规则。① 陈颐定义制度是在社会生活中自然形成和创造出来的决定人们行为的文化现象，② 辛鸣提出了制度由规则、对象、理念、载体四大要素组成的系统，制度有确定界限、形成秩序、提供预期和营造环境的功能，制度的价值在于人本、自由和发展的理念。③ 在理解制度的基本内涵时要理解制度环境和制度安排。林毅夫认为制度环境是经济社会中所有制度安排的总和，包括组织、法律、习俗和意识形态。④ 崔玉平认为制度具有一定的抽象性，具体化的概念是制度安排，"制度安排主要通过三个方面体现出来：一是上升为某种法律制度，二是建立组织机构，三是形成某种制约机制。"⑤ 它最接近制度的内涵，一般认为是制度的具体化。制度安排可以是正式的，也可以是非正式的；可以是暂时的，也可以是长期的。

3. 本研究对制度的解析

本研究根据诺思的制度含义，认为制度是与人们活动相联系的社会规则，约束人们的行为，具有规范性、强制性、稳定性。制度作为规则，降低个人行动的不确定性，减少共同活动的成本，提供社会激励（或约束）机制。制度具体化的表现形式是制度安排，由法律制度、组织机构和制约机制体现。制度内涵丰富，构成复杂，既有法律法规、政策等正式制度，又有价值观念、意识形态、传统观念、习俗习惯等非正式制度及其实施特性所构成。正式制度和非正式制度两者之

① 林毅夫．财产权利与制度变迁［M］．上海：上海三联书店，上海人民出版社，1994：375.

② 陈颐．简论以制度为学科对象的社会学［J］．社会科学研究，1988（3）：66－70.

③ 辛鸣．制度论——关于制度哲学的理论建构［M］．北京：人民出版社，2008：9－16.

④ 林毅夫．再论制度、技术与中国农业发展［M］．北京：北京大学出版社，2000：16.

⑤ 崔玉平．高等教育制度创新的经济学分析［M］．北京：北京师范大学出版社，2002：18.

间复杂的替代、互补和冲突关系以及社会变迁中作用交替的动态演化，对于深刻理解中国社会转型中的现实矛盾和问题有着较强的解释力。①本研究依据此概念的界定及类型划分，探讨高等职业院校大学生就业制度。

（二）制度与政策的关系

制度与政策的关系。制度与政策，二者既有联系，又有区别。政策是制度的核心内容之一，《辞海》中政策是国家、政党为实现一定历史时期的路线和任务而规定的行动准则。陈振明认为政策是国家机关、政党以及政治团体，在特定时期为实现或服从于一定社会政治经济文化目标所采取的政治行为或规定的行为准则，它是一系列谋略、法令、措施、办法、方法、条例等的总称。② 曲绍卫提出政策是政府行使管制的方式，政策的本质是决策者对事物发展的一种制度安排，体现的是决策者的意愿和要求。③

制度与政策是包含的关系、重叠交叉关系、同一关系。④ 第一，制度比政策的内涵和外延要宽泛，相对稳定，变化缓慢，而政策则相对可变，范围要小，某一社会问题进入政策讨论范围，才会被纳入政策调整中。⑤ 第二，二者的契合通常表现为制度结构与一种政策体系的相容性。制度提供框架，是总的指导行动观念、方式，而政策是制度的具体运作，包括制定、执行的程序和内容。政策影响制度结构，反过来制约（或促进）政策的作用过程。政策运行可以改变制度变迁的进程，通过自上而下的指令，作用于正式制度体系，影响非正式制度结构。⑥ 第

① 李光宇．论正式制度与非正式制度的差异与链接［J］．法制与社会发展，2009（3）：146－152.

② 陈振明．政策科学——公共政策分析［M］．北京：中国人民大学出版社，2003：255.

③ 曲绍卫．大学竞争力研究——基于新制度经济学分析框架［M］．北京：教育科学出版社，2008：74.

④ 李红卫．增强职业教育吸引力制度研究［M］．北京：光明日报出版社，2012：18－25.

⑤ 邓旭．教育政策执行研究［M］．北京：教育科学出版社，2010：19.

⑥ Mckitrick R. Science and environmental policy－making：Bias－prooting the assessment process［J］．Canadian Journal of Agricultural Economics，2005（4）：275－290.

三，制度是目的各异的行动者之间互动的公共规则，它主要关涉行动的形式方面，而政策或策略是行动者为了达到自己的目的而采取的行动、方案、对策、措施、方法。① 基于以上制度和政策的理解，本研究在表述时，着重于二者的契合性，从主体角度，制度比政策要宽泛，包括政府在内的组织和个体等一切行为者，而政策仅指政府；形式上，制度包括正式制度和非正式制度，政策仅指正式制度；时间持续上，制度是长期相对稳定的政策，具体实施和变革则需要政策完成。

二、就业制度

要理解就业制度，首先需要界定就业。道格拉斯·格林沃尔德（Douglas Greenwald）主编的《经济学百科全书》指出就业是指总人口在正式工作组织里从事并且一直从事社会所不可少的活动的那一部分人口。② 国际劳工组织界定就业是指在一定年龄阶段内的人们所从事的，为获取报酬或者赚取利润所进行的活动。③ 不仅指从事受雇于企业或者政府的全日制工作，还包括自谋职业和从事非全日制、临时性等以灵活方式就业的工作。现代学者于光远主编的《经济大辞典》中就业是处于劳动年龄、具有劳动能力的人获得职业兼有报酬或收入的工作。④ 长期以来，我国对就业的定义，依据国家统计局相关规定，就业人员指在法定劳动年龄内，男（16～60 岁）女（16～55 岁）从事一定社会经济活动，并取得合法劳动报酬或者经营收入的人员。⑤

英国经济学家凯恩斯在其《就业、利息和货币通论》中提出了充

---

① 邹吉忠．自由与秩序：制度价值研究［M］．北京：北京师范大学出版社，2003：66.

② ［美］道格拉斯·格林沃尔德．经济学百科全书［M］．李滔等，译．北京：中国社会科学出版社，1992：233.

③ ILO. Resolution on statistics on economically active population, employment, unemployment and underemployment ［R］. 1982.

④ 于光远．经济大辞典［M］．上海：上海辞书出版社，1992：2344.

⑤ 劳动保障部办公厅．关于再就业政策考核指标几个具体问题的函［Z］．劳社厅函〔2003〕227 号．2003－04－18.

分就业，指在某一水平的工作报酬下，有工作意愿的劳动者都可以获得就业机会。[①] 国际劳工组织认为，充分就业是指愿意并有能力工作的劳动年龄段的人们能够得到有报酬的、自由选择的、生产性就业的就业水平。实现充分就业是就业理想的状态，是社会总供给与总需求均衡的最佳状态，但充分就业并不意味着完全就业，仍会存在一定比例的失业现象。国际上较为通用的标准是，失业率保持在4%～5%，即视为充分就业状态。我国政策规定，劳动报酬达到和超过当地最低工资标准的，为充分就业，劳动时间少于法定工作时间，且劳动报酬低于当地最低工资标准、高于城市最低生活保障标准，本人愿意从事更多工作的，为不充分就业。

就业制度是影响就业的重要因素。就业制度是通过传统、习惯或法律约束的作用，形成固定的、规范的就业行为模式的社会组织形式。政府是就业制度的供给者，在遵循社会文化、习俗和传统的前提下，以国家权力的形式确定相适应的就业制度。[②] 陈晓云将就业制度界定为政府根据自身需要提出的、用以调节劳动供求关系的标准、准则或规则，[③] 是影响和调控就业行为的重要外部刺激变量，对人们的就业行为起着控制、引导、协调和保障作用。郜凤涛认为，就业制度是国家权力机关和有关机关为满足就业的需要而建立的、并为社会所公认的行为规范，包括行政法规、政府规章、决定、命令等。就业制度分类上，从纵向看，就业制度有计划型就业制度和市场型就业制度；从横向看，就业制度是由一个个具体制度所构成的行为规范体系。[④]

就业制度作为影响就业的重要因素，间接地影响经济活力，对劳动

---

① ［英］约翰·梅纳德·凯恩斯．就业利息和货币通论［M］．陆梦龙，译．北京：中国社会科学出版社，2009.

② 中国就业培训技术指导中心，劳动和社会保障部职业技能鉴定中心．中国就业培训鉴定工作词典［M］．北京：中国劳动社会保障出版社，2007：23.

③ 陈晓云．就业行为管理［M］．上海：上海人民出版社，2007：114.

④ 郜凤涛．中国经济转型期就业制度研究［M］．北京：人民出版社，2009：7.

者的就业选择、流动就业等方面起着鼓励或抑制作用。[①] 通过就业制度的调整和完善，提高生产率，扩大就业需求，增强整个社会抵御经济危机的能力。基于以上研究，本研究中的就业制度界定为国家权力机关为满足就业的需要，用以调节供求关系建立的规则和社会所公认的行为规范，依据制度变迁理论，分为就业正式制度、非正式制度以及实施机制三个要素，三个要素相互关联、互相依存，有机组成动态的系统。

三、高等职业院校大学生就业制度

高等职业院校大学生就业制度是高等职业教育制度的一部分，高等职业教育在《中国教育大百科全书》中界定为以培养生产、建设、服务、管理第一线的高端技能型专门人才为主要目标，具有教育性和职业性，属高等教育的范畴，是职业教育的高等层次，[②] 1999 年《中共中央国务院关于深化教育改革全面推进素质教育的决定》指出，高等职业教育是高等教育中具有较强职业性的特定教育。[③] 目前我国高等职业教育的办学主体形成政府、学校、行业企业等多元办学主体，地方政府在发展高等职业教育中肩负重要作用，采用工学结合、校企合作、产教融合等模式，目标是培养具备专业知识、实践能力和应用能力的高端技术技能型人才。

高等职业院校是高等职业教育的实施机构、组织形式和运行主体，与高等职业教育一样，各国提供此类教育功能的机构种类较多，名称也各有差异，我国高等职业院校，有职业大学、高等专科学校、职业技术学院、职业技术大学等不同称谓。高等职业院校主要由高等职业技术学院（非师范、非医学、非公安类）、高等职业技术专科学校（师范、医

---

① 叶忠．教育与就业的不确定性［D］．武汉：华中师范大学，2004.

② 顾明远．中国教育大百科全书（第一卷）［M］．上海：上海教育出版社，2012：371.

③ 中共中央，国务院．关于深化教育改革全面推进素质教育的决定［Z］．中发〔1999〕9 号 1999 -6 -13.

学、公安类）、短期职业大学、普通高校内高等职业教育机构（二级学院）、中专学校举办的五年制的高职班、部分成人高校举办的高等职业教育等组成。高等职业技术学院和高等职业技术专科学校一般学制是2~3年，还有应用型本科学校有少部分4年学制的学生。招生对象为普通高中毕业生、高中同等学历者。高等职业院校大学生是高等职业院校的主要培养对象，包括在校生和毕业生，是我国技术技能人才的有生力量。本研究重点关注专科层次的普通高等职业院校大学生的就业制度，因为从规模上，承担高等职业教育的院校仍然以专科层次为主，截至2021年，全国高职院校有1518所，占普通高等学校的50%，毕业生398.40万人。

世界上多数国家都没有专门制定促进高等职业院校大学生就业的制度，而是将其归入青年就业的范畴，纳入社会就业体系中。我国政府于2004年深化高等职业教育改革，促进就业工作的政策中，把高等职业院校大学生就业工作纳入整个社会就业工作体系，意味着政府出台普遍适用覆盖各个群体的就业制度，同时，配以专门针对特殊群体的政策措施，给予所有青年群体以平等就业机会。

本研究基于制度变迁理论和组织制度理论，关注社会内部微观层面的制度安排对人们的影响，高等职业院校大学生就业制度具体到高等职业院校大学生这一特定群体上。根据前述就业制度的定义，高等职业院校大学生就业制度的内涵是国家权力机关制定的为满足高等职业院校大学生就业的需要，用以调节供求关系而建立的规则和行为规范，是高等职业院校大学生教育制度的组成部分，是人才“出口”的重要制度，同时依据制度变迁理论的分类，将高等职业院校大学生就业制度分为就业正式制度、就业非正式制度以及实施机制三个要素，三个要素相互依存，互相作用，有机结合，共同构成动态的就业制度系统。

第二节　高等职业院校大学生就业制度理论基础

一、制度变迁理论

20 世纪 60 年代，美国经济学家奥利弗·威廉姆森（Oliver · E. Williamson）提出了新制度经济学（The New Institutional Economics），其研究对象是在制度演进背景下，人们如何在现实世界中作出决定和这些决定又如何改变世界，① 研究人、制度与经济活动以及它们之间的相互关系。新制度经济学由四个部分组成，分别是制度构成与起源；制度变迁与制度创新；制度、产权与国家理论；制度与经济发展的关系。其中，诺思和戴维斯开创的制度变迁理论是新制度经济学的核心部分。他们将制度作为研究对象，考察制度的产生、发展和变迁，关注社会内部微观层面的制度安排对人们的影响，揭示的是制度规律，也就是市场经济制度产生、发展、完善的过程。② 本研究将制度的功能及构成，制度变迁的内涵、特征、机制及规律作为研究内容，不涉及产权与国家理论，制度与经济发展的关系等内容。

（一）制度的功能及构成

1. 制度的功能

根据道格拉斯·诺思的制度含义，制度是与人们活动相联系的社会规则，约束人们的行为，具有规范性、强制性、稳定性。制度具体化的表现形式是制度安排，由法律制度、组织机构和制约机制体现。制度的功能是制度变迁理论研究制度的重点。诺思认为，制度构成人们行为的

---

① ［美］道格拉斯·C·诺思．经济史中的结构与变迁［M］．上海：上海三联书店，1991：2.
② 卢现祥．西方新制度经济学［M］．北京：中国发展出版社，1996：247.

激励和约束。[①] 制度有两个重要的功能，即制度有外部性内部化的功能，并且可以对人形成一种激励的功能。制度在政治、社会或经济方面的主要作用是通过建立一个人们互动的稳定结构来减少不确定性。激励功能作为基本的、核心的功能，表现在降低交易费用、减少不确定性、为实现合作创造条件等方面。[②]

2. 制度的构成

道格拉斯·诺思在制度内涵和功能的基础上，进一步提出制度既是正式的，也是非正式的。[③] 他将制度分为正式制度和非正式制度及其实施或者执行机制。第一，正式制度是人们有意识设计、制定的一系列政策、法规、产权、约定等，具有明确的强制性和主动性，由有系统的、权威性的实施机构实施，在本质上是法律激励和约束，变化则是激烈迅速。如就业政策和国家资历框架制度。第二，非正式制度是社会共同认可、不成文的行为规范，主要包括价值观念、意识形态、风俗习惯、文化传统等，本质上是道德约束，它重点关注思想和文化之类的较软的变量。[④] 人们的心理约束、内心信念以及社会习俗对思维方式和行为选择起着潜移默化的作用，非正式制度实质上是由正式制度的补充、行为规范和行为准则三部分组成，构成了一个社会文化遗产，并具有强大的生命力。[⑤] 由于从文化中衍生出的非正式制度并不会随着正式制度的变化而变化，它嵌套在其中的文化则会在制度的变迁方面起着重要的作用，具有长期性、非强制性、滞后性。第三，实施机制是事物之间及其内部要素相互关联、互相作用的过程和运行方式，具有稳定性和规律性。正

---

① ［美］道格拉斯·C·诺思．制度、制度变迁与经济绩效［M］．杭行，译．上海：格致出版社，上海三联书店，上海人民出版社，2014：6.

② 袁庆明．新制度经济学教程［M］．北京：中国发展出版社，2014：312－319.

③ ［美］道格拉斯·C·诺思．制度、制度变迁与经济绩效［M］．杭行，译．上海：格致出版社，上海三联书店，上海人民出版社，2014：4.

④ Mark Blyth，Great Transformation：Economic Ideas and Institutional Change in Twentieth Century［M］．New York：Cambridge University Press，2002.

⑤ ［美］道格拉斯·C·诺思．制度、制度变迁与经济绩效［M］．杭行，译．上海：格致出版社，上海三联书店，上海人民出版社，2014：43－54.

式制度和非正式制度着眼于确立规则，制度的实施机制是确保规则得以执行的相关制度安排。

制度三要素互相关联，相互依存，有机结合，共同组成动态的系统。第一，从正式制度到非正式制度之间，存在程度上的差异。正式制度修改、修正或替代非正式约束，能降低信息、监督以及实施的成本，成为非正式制度约束有效性的补充，因而使非正式约束成为解决复杂交换问题的可能方式。[①] 第二，正式制度的过程则是通过法律法规实施，设计、移植和借鉴的过程，可以在短时间内完成。非正式制度通过文化、习俗等逐步形成，是一个自觉的连续的过程，变化是渐进缓慢的，短期一般不会发生根本性改变。第三，非正式制度和正式制度的作用方式不同。非正式制度依靠社会成员“自律”发挥作用，使人们自觉、自愿地遵守和执行，正式制度依赖于外在的强制约束机制来进行，通过“他律”发挥作用。第四，三要素相互联系，密不可分，有机联系，形成机制的实质内容，制度则成为外在的形式，它们共同从内容和形式统一为有机的整体。[②] 制度实施之前是静态的规则，制度实施之后，三要素相互作用，形成动态运行过程。

（二）制度变迁的内涵和机制

1. 制度变迁的内涵

诺思和戴维斯认为，结构指制度框架，变迁指随着时间的更迭，制度创新、变革和转轨的方式。制度变迁（institutional change）是对制度框架的规则、准则和实施的组合做出的调整。影响制度变迁的因素，包括变迁的主体（即组织、个体和国家）和制度变迁的源泉等。我国学者理解制度变迁是指一种制度创立、变革和框架被打破，是利益格局的调整。[③] 一般有两层含义，一是制度创新问题；二是新旧制度安排如何

---

① ［美］道格拉斯·C·诺思．制度、制度变迁与经济绩效［M］．杭行，韦森，译．上海：格致出版社，上海三联书店，上海人民出版社，2014：55－56.

② 辛鸣．制度论——关于制度哲学的理论建构［M］．北京：人民出版社，2008：97－98.

③ 汪洪涛．制度经济学：制度及制度变迁性质解释［M］．上海：复旦大学出版社，2009：3.

转轨的问题。[①] 结合以上观点，本研究中的制度变迁是制度创立、创新、变革和转轨的方式，可以概括为两个方面，一是制度创新，二是制度转轨。

2. 制度变迁机制

1976 年，诺思和戴维斯应用成本收益方法对制度变迁的基本动力、诱因和过程作了分析，形成了具有代表性的制度变迁理论框架，即诺思——戴维斯模型（North - Davis Model），从不同侧面揭示制度变迁的过程及其特征，其核心是研究制度的替代、转化与交易过程。制度变迁机制从制度供需、成本收益和均衡模型三个维度理解，当制度的供需关系发生变化，成本与收益的相对值改变，或者制度的均衡状态被打破，就产生了制度变迁。[②]

第一，制度供给与需求。制度供给是制度提供者做出的制度安排，始于制度的需求。制度供给因制度需求者的愿望而产生，但也体现决策者的主观愿望。影响制度供给的因素有秩序、设计成本、社会知识积累、科技进步、制度安排的预期成本和行为规范。制度需求就像人们对商品需求一样，能够给人们带来收益和满足，影响制度需求的因素有产品和要素的价格、政权的变化、技术和市场规模。

第二，制度的成本收益模式。行为主体从事任何活动，都期望收益大于成本。一项制度能够比原有制度带来更多的利益时，就会获得更多的外部利润，预期收益大于成本，行为主体才会推动实现制度变迁。如果制度安排不会带来更多收益的可能性，制度创新就不会发生。

第三，制度的均衡模型。制度变迁理论是新制度经济学在宏观层面上的应用，诺思描述了制度由均衡到非均衡、再到均衡的变迁过程，使制度变迁更接近于现实。制度均衡是既定制度安排和结构的满足状态，从供求角度，是指制度的供给与需求相适应。非均衡，是指失去平衡，

① 杨德才．新制度经济学［M］．南京：南京大学出版社，2016：209 －212.

② ［美］道格拉斯·C. 诺思．制度、制度变迁与经济绩效［M］．杭行，译．上海：格致出版社，上海三联书店，上海人民出版社，2014：98 －107.

以至失去效力，失去功用。制度的非均衡，是对现存制度的不满足状态，一项制度如果开始调整和变更，意味着这项制度已经失去了功效，收益不足以抵消支出。人们评估这项制度的好坏，也正是基于这样的理解和认识，这种矛盾的状态决定了制度有可能出现非均衡。在任何国家和任何社会中，均衡只是一种理想状态，它只是暂时的，而非均衡是常态，非均衡是制度变迁的根本原因，从非均衡到均衡的过程就是制度变迁的过程。

第四，制度变迁具有路径依赖性质。制度变迁如同技术进步一样，决定制度变迁路径的力量有报酬递增和自我强化机制。[①] 如果路径选择正确，人们充分利用现有资源积极主动从事收益最大化的活动，促进经济增长。一旦国家的制度走上某一路径，可能进入良性循环轨道，也可能被锁定在无效的状态中，结果可能是优化或者停滞。在制度变迁过程中，不仅要重视最初的选择方向，还要持续关注选择后的深远影响。针对路径依赖，诺思认为非正式制度会造成路径依赖。由于非正式制度变迁具有滞后性、延续性和渐进式特点，一方面，新旧非正式制度相互交叉、相互渗透和相互融合，另一方面，正式制度与非正式制度相冲突时，影响制度约束、规范和绩效，从而也会产生路径依赖。路径依赖是一个非常重要的历史解释变量，即一些微小的历史事件可能导致某些制度产生并沿着某种路径长期沿存下去，以此解释各国各地区经过长期经济发展变化，能显现不同地区、不同国家的差异性。

（三）制度变迁的方式

制度变迁方式依据速度、主体的不同标准有不同的分类。

1. 渐进式制度变迁和激进式制度变迁

从速度上，渐进式变迁表现为缓慢的、连续性的过程，是量变。价值观念、风俗习惯等非正式制度的变迁一般是渐进式的。激进式变迁表

---

① ［美］道格拉斯·C. 诺思．制度、制度变迁与经济绩效［M］．杭行，译．上海：格致出版社，上海三联书店，上海人民出版社，2014：111.

现为快速激烈、中断的变迁过程，是质变。中国计划经济体制向市场经济转型是渐进式变迁，兼顾了改革、发展和稳定的关系，就业制度变迁也体现了渐进变迁的特点，而苏联的改革则是激进式制度变迁的代表。

2. 诱致性制度变迁和强制性制度变迁

这是从主体的类型划分，也是影响最大的制度变迁方式。诱致性制度变迁是在面对获利机会时，人们自发倡导、组织和实行对现行制度的变更、替代和创新，其特点在于盈利性、自发性和渐进性。强制性制度变迁是国家及其政府命令、法律植入和实施的制度变迁。在实际过程中，二者相互影响、相互补充，都是对制度非均衡的反应，都是遵循成本收益的比较原则。区别在于，一是主体不同，诱致性制度变迁的主体是个人或者团队，而强制性制度变迁主体是国家及其政府。二是优势不同，诱致性制度变迁基于一致原则和经济成本的原则，人们自下而上，接受度高，具有很高的效率，而强制性制度变迁可以短期内推进制度变迁，节约组织成本和实施成本，从而降低成本。三是面临的问题不同。诱致性制度变迁自下而上进行制度的转换、替代需要一定的时间保证，制度安排的外部性和可能出现的“搭便车”现象，是诱致性制度变迁顺利实行的障碍。而强制性制度变迁违背了一致性原则，一定程度会出现抵消效率的情况。

二、组织制度理论

近 100 年来，组织理论一直被应用于教育组织的研究。近代社会学的三大奠基人——卡尔·马克思（Karl Marx）、马克斯·韦伯（Max Weber）和埃米尔·涂尔干（Émile Durkheim）分别在制度和组织研究方面留下了丰富的理论资源，到 1940 年后，社会学家开始从制度角度研究组织现象，1970 年，以梅耶（Meyer）、斯格特（Scott）等学者为代表的新制度主义兴起，霍尔（P. Hal）和泰罗（R. Tylor）认为新制度主义包括理性选择制度主义、历史学制度主和社会学制度主义三大流派，是对新制度主义流派最为经典的区分。1980年以后，新制度主义的基本概念逐渐发展完善，这些研究大多围绕着制度的界定、制度的创立、制度的变迁以及制度的功能发挥等核心问题展开的，关注制度是如何影响个体或组织的行为，制度是如何形成以及制度是如何变化的。[①] 这也是新制度主义对教育组织研究最根本的贡献。制度分析为认识教育组织现象提供了一个崭新的视角。[②]

（一）组织研究中的制度理论

组织学的研究是对组织行为或组织制度的研究。组织社会学主要流派起始于20世纪70年代末，约翰·迈耶（John Meye）和布莱恩·罗恩（Brian Rowan）的《制度化的组织：作为象征符号和礼仪的正式结构》为起点，这一阶段，斯格特（Scott）提出了具有规制、社会规范或文化—认知因素的制度，其共存于某一组织的宏观环境中，成为社会学组织研究的主要观点。研究主题是组织与环境之间的关系，应用合法性机制和组织场域等概念分析组织的趋同性问题。

1. 合法性机制

马克斯·韦伯认为合法性为秩序的存在意义在于成员的普遍信仰，获得认同感和忠诚。[③] 合法性不是字面上的符合法律规范，而是观念形态的认可。合法性关注人们发自内心的认可和真实判断，公民如果认可法律或制度的权威，实施时就比较容易，这也是为什么选择某一制度的理由。因此，合法性机制是指使组织采纳的组织结构和行为的观念力量。[④]

2. 组织场域

“场域”是皮埃尔·布尔迪厄（Pierre Bourdieu）提出的重要概念，

---

① Hall. P and Taylor. R. Political science and three institutionalism [J]. Politieal Studies, 1996 (44): 936 -957.

② 陈学军. 新制度主义组织社会学视野下的教育组织研究 [J]. 比较教育研究, 2008 (07): 22 -26.

③ [德] 马克斯·韦伯. 经济与社会 [M]. 北京: 商务印书馆, 1997.

④ 周雪光. 组织社会学十讲 [M]. 北京: 社会科学文献出版社, 2003.

是以各种社会关系、形式多样的场合或领域，是宏观制度环境与微观行动者之间的中介。迪马吉奥（Dimaggio）和鲍威尔（Powell）认为组织场域是由组织建构的、在总体上获得认可的一种制度生活领域。

3. 制度环境对组织结构的影响是新制度主义分析的焦点

教育社会学家梅耶（Meyer）强调组织受更大社会环境的影响，关注社会制度环境塑造组织的结构与制度的相关机制。[①] 他们研究了公共部门、非营利部门和企业等组织的结构和多样性，认为制度环境会对组织产生重要影响。制度环境是法律、文化、观念等为人们所接受的事实，与法律规章、规范规则相一致，与文化认知相契合，具有强有力的约束力量，规范着人们的行为。其中全球层次的、国家主导的和专业团体主导的制度环境受到了关注。鲍威尔和迪玛吉奥（Powell & DiMaggio）从强制、规范和模仿三种机制研究了组织的趋同性，同斯格特提出的制度的规制、规范和文化－认知的三要素基本一致。

（二）制度逻辑的含义

制度逻辑是由罗伯特·阿尔福德（Robert R. Alford）和罗杰·弗里德兰（Roger Friedland）最早引入制度理论的。制度变迁的各个群体受到“稳定的制度化的规则和说明”的影响，即制度逻辑。制度逻辑作为联系宏观的社会结构和微观的人类行为的中介，为制度、组织、个人的跨层次互动机制提供了分析工具。[②] 周雪光提出“多重制度逻辑”，认为制度逻辑主要指在某一领域中稳定存在的制度安排和相应的行动机制。作为一个大规模制度变迁的时代，涉及多重过程和各种制度要素的安排组合，很少只有某一机制在起作用，[③] 一是强调多重制度逻辑之间的相互作用，二是强调制度逻辑的微观基础，即在某一领域中相应群体

---

① 郭建如，马林霞．社会学的制度与教育制度研究初探［J］．比较教育研究，2005（04）：1－6.

② 李芝兰，罗曼，杨桑．制度差异与制度创新：多元制度互动下的大湾区改革［J］．公共行政评论，2020，13（02）：23－39.

③ 周雪光，艾云．多重逻辑下的制度变迁——一个分析框架［J］．中国社会科学，2010（4）：132－151.

行为及其互动，三是强调制度变迁是一个内在性过程，即多重逻辑与群体之间的相互作用影响以后的发展轨迹和途径。

由于对理解制度化教育的特别价值，制度分析在过去的一个多世纪里，一直在教育研究中扮演着重要的角色。① 高等教育学者伯顿·克拉克所著的《成人教育的转型》（1956）、《开放学院》（1960）与《特色学院》（1970），采用了制度主义的分析框架，提炼了教育组织、演变的观念及其对组织结构的影响，强调正式的组织或制度是从大量的非正式制度中产生出来的。在《高等教育系统：学术组织的跨国研究》（1983）中，首次提出把国家权力、市场和学术三种力量合成一个协调三角形，每个角代表一种力量的限度，位于三角形内的位置各自代表三个力量的结合程度。② 后来学者研究大学、政府与市场关系大多引用这一经典分析框架。斯科特认为，高校作为社会组织，与政府管理部门、社会公众、教师群体、各类学术团体等组织都有其正式和非正式的价值观、规则、习俗和利益，共处于特定组织域中互动，最终形成一套制度管控组织间的交流，形成制度逻辑。③ 布林特和卡拉贝尔的《制度的起源与转型：以美国社区学院为例》，分析了美国社区学院从人文课程教育转为职业课程教育的组织制度变迁现象。政府、社区学院管理者以及商业组织之间相互影响、相互作用，引发高等职业院校结构和文化的转型，这种转型是一种组织变迁的过程，也是一种制度变迁的过程。④ 这一验证组织制度变迁的研究，为高等职业院校大学生就业制度的研究提供借鉴，应用制度逻辑分析政府、教育和市场层面的相互作用和导致制度变迁的结果。

---

① 海因兹－迪特·迈尔，布莱恩·罗万，郑砚秋．教育中的新制度主义［J］．北京大学教育评论，2007（01）：15－24.

② ［美］伯顿·克拉克，王承绪等译．高等教育新论——多学科的研究［M］．杭州：浙江教育出版社，2001：79.

③ SCOTT W R. et a1. Institutional Change and Health—care Organization［M］. Chicago：University of Chica— go Press，2000：25－27.

④ 周朝成．制度变迁与民办高校组织转型——以浙江树人大学四校联合组建为例［J］．教育发展研究，2009，29（06）：62－66.

三、理论的适切性分析

20世纪80年代，诺思多次来中国讲述制度变迁理论，受到广泛的关注。有研究学者认为，中国社会的制度变迁为拓展和深化制度理论提供最有前景的试验场（鲍威尔和迪马吉奥，2008），对中国特色社会主义建设和改革有启发意义，许多学者结合中国国情对该理论进行了研究，尤其是社会主义改革实践中遇到的关键问题，它对现实问题的解释力被人们广泛认同。通过对西方制度变迁理论的吸收和批判，国内学者林毅夫①、卢现祥②、张曙光③等运用制度变迁理论，从最初集中在经济体制改革中的形态、作用和效率，到更多地关注利益冲突等。从组织制度视角出发，在我国进行实证研究，却是在近几年才真正得以展开。如周雪光和艾云④、汪玮和周育海⑤、李芝兰等⑥都明确肯定了我国理论界应用组织制度分析视角深入研究社会主义市场经济改革实践，⑦ 为此，以制度变迁和组织制度理论为基础，结合职业教育理论，开展高等职业院校大学生就业制度研究，其适切性主要有以下几个方面。

（一）为研究高等职业院校大学生就业制度从历史到现实变迁提供依据

由于制度变迁理论重点研究制度变迁的原因、规律和模式，因而成为研究中国经济转型问题的一个广泛应用理论。高等职业院校大学生制

---

① 林毅夫．论制度和制度变迁［J］．中国发展改革，1984（4）：8－11.

② 张曙光．论制度均衡与制度变革［J］．经济研究，1992（6）：31.

③ 卢现祥．西方新制度经济学［M］．北京：中国发展出版社，1996：247－258.

④ 周雪光，艾云．多重逻辑下的制度变迁——一个分析框架［J］．中国社会科学，2010（4）：132－151.

⑤ 汪玮，周育海．多重逻辑下的制度变迁：一个案例的探析［J］．浙江社会科学，2013（09）：97－104.

⑥ 李芝兰，罗曼，杨燊．制度差异与制度创新：多元制度互动下的大湾区改革［J］．公共行政评论，2020，13（02）：23－39.

⑦ 卢现祥．寻找一种好制度——卢现祥制度分析文选［M］．北京：北京大学出版社，2016：3.

度变迁也是就业制度创立、变更及随时间变化的过程，经历了从历史到现实的变迁。

1. 高等职业院校大学生就业正式制度变迁

改革开放后，就业正式制度阶段经历了以计划分配为主的就业制度（1978～1999年）和以自主择业为主的就业制度（1999年至今）两个阶段。1978年，国家恢复已有教育制度和计划分配就业制度，出现了短期职业大学，探索提出不包分配的就业制度。1999年以后，高等职业教育试行新的管理模式和运行机制，实施了以就业为导向，强调了就业率在招生、专业设置、评估结论等方面的作用，探索构建符合国情的国家资历框架，关注内涵建设质量全面提升的自主择业制度。

2. 高等职业院校大学生就业非正式制度变迁

以我国高等职业教育制度改革和就业制度变迁为关键节点，就业非正式制度经历了以社会需求导向（1978～2010年）和以个人需求导向（2010年至今）的变迁。改革开放以来，我国就业制度市场化改革，就业文化理念和学生的职业价值观有很大的转变，但是办学理念、培养目标和家长学生的观念方面都以社会需求作为导向。1999年以后，借鉴德国等职业教育理念，我国高等职业教育实行校企合作，订单培养，培养学生的职业能力和职业素养，将学校就业率与学校多个方面挂钩评价。2010年以后，确定了满足人民群众需要和经济发展需求的现代职业教育体系，以个人需求为导向，为个体发展与需求指明了各种发展路径。

3. 高等职业院校大学生就业制度实施机制变迁

经历了统一领导分级管理阶段（1978～1999年）和新管理模式和运行机制阶段（1999年至今）两个阶段。改革开放后，教育部恢复了所有高等学校统一领导、分级管理的政策。1999年以后，国家下放了院校审批设立权，中央所属院校管理体制进行调整后，形成了中央和省级政府两级管理、以地方统筹管理为主的新模式，体现在就业方面，强调省市县三级毕业生就业的组织机构建设，从中央到地方建立了政府主管领导牵头的、有关部门参加的就业联席组织机构，统筹毕业生工作。

就业正式制度、非正式制度和实施机制历史变迁之间的关系。首先，三个要素变迁是就业制度的不同组成部分，尽管由于每一要素变迁时间节点和具体内容不同，彼此之间相互独立，但就业制度的均衡发展是共同的终极目标。其次，制度变迁实则是一个统一的系统化的整体变迁过程，是就业主体在三个要素变迁中彼此互动的关系，绝不能孤立地看待每一个要素的变迁，单凭其中一个或任意两个要素变迁描述就业制度都是不全面的。

（二）为高等职业院校大学生就业制度变迁方式的研究提供依据

制度变迁的方式指制度创新主体为实现一定的目标所采取的制度形式、速度、突破口、时间路径等的总和。① 制度变迁理论认为，制度变迁方式从主体上分为诱致性和强制性方式。在实际过程中，二者相互影响、相互补充，共同遵循成本收益的比较原则，都是对制度非均衡的反应。我国学者林毅夫，研究认为强制性制度变迁由政府法令引起的，多见于发挥政府作用的正式制度，诱致性制度变迁是指人们为获得相应的利益而由下至上自发的制度变迁。② 这些论述为第五章中分析实施机制变迁的研究提供了前提依据。改革开放初期，地方高职院校率先提出收费不包分配的制度，体现了自下而上的诱致性变迁，到1999年实施新的管理模式和运行机制，政府政策工具的选择以强制性的政策为主，随着就业市场的深入发展，政府协同社会力量、团队和个人，更多利用社会资源，实现公共管理和政策目标，又体现了诱致性制度变迁的特点。

（三）为高等职业院校大学生就业制度表现形态的研究提供依据

诺思从宏观视角初步探索了制度变迁过程，他的制度变迁模型隐含

---

① 杨瑞龙．论我国制度变迁方式与制度选择目标的冲突及其协调［J］．经济研究，1994（5）：40－49.

② 林毅夫．关于制度变迁的经济学理论：诱致性变迁与强制性变迁［A］．刘守英等译．财产权利与制度变迁——产权学派与新制度学派译文集［C］．上海：上海三联书店，1991.

着制度过程中区分均衡和不均衡两个阶段的思想。① 我国学者张曙光（1992），宁骚（2000）认为，制度均衡是人们对现存制度的一种满意或满足的状态，制度不均衡则是相反的状态。②③ 程虹和窦梅（1999）提出制度变迁理论表现形态为僵滞到创新、再到均衡阶段，④ 陈潭（2007）认为表现形态为失效到创新、再到均衡过程。⑤ 各个模式都有其合理性，在实际应用中，具体选择哪种模式需要具体分析。本研究将高等职业院校大学生就业制度变迁研究过程设定为非均衡到监测、再到均衡动态循环的过程。第一，从高等职业院校大学生就业制度变迁过程看，是一个非均衡到均衡的过程，是市场力量与学术力量不断替代与政府控制资源配置的过程。制度非均衡影响着政府部门对制度变革深度、层次和效率，教育制度与就业制度是否契合，人才培养和劳动力市场是否匹配，就业正式制度、非正式制度及实施机制是否融合，都会影响制度均衡发展。第二，就业制度的监测。由于人类自身认识的局限性和制度的复杂性，在制度实施过程中，出现误读、滥用和失衡的现象，通过调查监测制度的有效程度，有益于发现制度执行过程中的问题，及时纠正偏差，减少目标达成损失。英国、德国、美国和国际组织都通过调查的方式对毕业生就业制度进行监测，我国在扩招政策实施后，加强了学生就业政策有效性的监测，2015 年开始，全国高校毕业生就业数据开始报送到教育部就业管理与监测系统监测就业制度实施效果。

（四）为高等职业院校大学生就业制度逻辑研究提供依据

匡瑛（2004）在对德国、美国、日本、法国等国高等院校进行对

---

① 程虹．制度变迁的周期——一个一般理论及其对中国改革的研究［M］．北京：人民出版社，2000：101.

② 张曙光．论制度均衡与制度变革［J］．经济研究，1992（6）：31－37.

③ 宁骚．公共政策［M］．北京：高等教育出版社，2000：354.

④ 程虹，窦梅．制度变迁阶段的周期理论［J］．武汉大学学报（哲学社会科学版），1999（01）：74－78.

⑤ 陈潭．单位身份的松动——中国人事档案制度研究［M］．南京：南京大学出版社，2007：39.

比分析后，将学术寡头改为高等职业院校，得到了这些国家高等职业院校在协调三角形中的位置。① 由于各国国情不同，劳动力市场供需状况各异，职业教育人才培养的方式也迥然不同，如德国的双元制和美国的社区学院。学者周雪光和艾云研究指出制度变迁很少只有某一机制在起作用，而常常涉及多重制度逻辑。② 第一，在高等教育中学术与政府、市场密切联系，③④ 三种力量的博弈受不同制度环境的约束，力量对比变换使劳动力市场配置资源呈现不同的形式。高等职业院校大学生就业制度受政府、高等职业院校和市场多重机制共同作用推动宏观层面的制度变迁。第二，微观层面体现高等职业院校大学生就业制度对人们的影响，政府部门的政策制定者、教育部门的教师学生和用人单位的招聘人员行为各不相同，为什么这样做，如何做，把握和预测这些行为能够使制度变迁研究建立在实证基础上。

本研究认为我国高等职业院校大学生就业制度变迁反映了来自政府、高等职业教育和市场制度逻辑。第一，国家层面上，中央政府和地方主管部门是就业制度变迁的主要力量，通过指令性行政法律法规，包括制度的数量和质量、目标和手段、顶层设计和实施措施，这些制度表面是通过文本形式，由就业主体从上到下贯彻执行，实质上蕴含了高等职业教育的理念和价值。第二，教育层面上，高等职业教育是满足面向人人的教育，是满足经济社会发展和人们需求的教育，为家庭和个人提供了教育机会，同时为社会培养人才。从学校到工作过渡的实践中，为满足学生就业需求，制定规则是就业制度变迁的起点。第三，市场层面上，对学生来说，面对就业市场，需要了解就业供需信息，双向选择，

① 匡瑛．比较高等职业教育：发展与变革［M］．上海：上海教育出版社，2004：175.

② 周雪光，艾云．多重逻辑下的制度变迁——一个分析框架［J］．中国社会科学，2010（4）：132－151.

③ 伯顿·克拉克．高等教育系统——学术组织的跨国研究［M］．王承绪，译，杭州：浙江教育出版社，1994：2.

④ 康宁．中国经济转型中高等教育资源配置的制度创新［M］．北京：教育科学出版社，2006：260.

自主择业；而就业市场则是人力资源配置、开发和发展的重要载体，体现了人才需求和社会需求。从微观方面，高等职业院校大学生就业制度影响就业结果，这种就业结果将会反馈到高等职业院校招生和教育教学中，也会反馈到制度制订和实施环节。

第三节　高等职业院校大学生就业制度要素构成、关系及框架

制度变迁理论认为，制度提供了法律法规、产权等正式制度，又有传统观念、习俗习惯等非正式制度及其实施机制构成的复杂框架。我国学者林毅夫①、卢现祥、② 辛鸣③应用制度变迁理论，从制度的分类视角开展了正式制度、非正式制度及实施机制的研究。本研究基于制度内涵的三个要素，构建高等职业院校大学生就业正式制度、非正式制度及实施机制三个要素的研究框架。

一、高等职业院校大学生就业制度要素构成及其关系

（一）高等职业院校大学生就业制度构成

本研究依据制度变迁理论的分类，将高等职业院校大学生就业制度分为高等职业院校大学生就业正式制度、非正式制度以及实施机制。

1. 高等职业院校大学生就业正式制度

高等职业院校大学生就业正式制度，界定为国家权力机关为满足高等职业院校大学生就业的需要而建立的规则，由三个部分构成，一是已经出台与就业有关的法律法规，是国家立法机关依据宪法、教育法律法

① 林毅夫．论制度和制度变迁［J］．中国发展改革，1984（4）：8－11.
② 卢现祥．新制度经济学（第二版）［M］．武汉：武汉大学出版社，2011：38.
③ 辛鸣．制度论——关于制度哲学的理论建构［M］．北京：人民出版社，2008：102.

规制定的有关管理高等职业院校大学生就业的制度，如我国的《职业教育法》《劳动法》《劳动合同法》《就业促进法》等；二是由国家政府部门和地方部门制定的政策和行政法规，如《普通高等学校毕业生就业工作暂行规定》和《就业管理与服务办法》等；三是高等职业院校的内部规章，如《高等职业教育院校专业目录》和《高等职业院校适应社会需求能力评估暂行办法》等。本研究对象主要针对第二层次中的国家政府部门和地方部门制定的就业政策和行政法规，探讨国家资历框架制度、就业权益保障制度对就业的影响，从属性上具有规范性、强制性和稳定性。

规范性。规范是约定俗成或明文规定的标准，高等职业院校大学生就业正式制度是国家权力机关制定的为满足高等职业院校大学生就业需要建立的规则，包括就业法律、法规、条例、政策，这种国家权力机关制定或认可的规范体系，具有国家意志的权威性和持续的约束力，对学生的就业产生影响。

强制性。高等职业院校大学生就业正式制度由国家权力机关制定，规定了就业主体应该怎么做或不应该怎么做，通过基本规则、硬性规定和强制手段加以约束，强制是用政治或经济力量强迫就业主体和组织机构在规范内遵守和服从规则，并加以实施和执行。这种约束力是以国家强制力量为后盾，平等保障高等职业院校大学生就业，对就业弱势群体给予保护，打击违法违规行为。

稳定性。当规则以制度形式确立下来，在一定阶段就会保持稳定状态。就业是人们生存需求的基本保证，是社会稳定的基础。高等职业院校大学生是“稳就业”中的特殊群体，是“保就业”中的重中之重。我国政府分管就业的部门，既要加强就业公共服务职能，搭建高等职业院校与就业市场供需平台，又要加强稳定就业的制度建设，实施积极的就业激励政策，强化就业见习和职业技能培训，健全失业保险、灵活就业和平等就业的保障制度，促进高等职业院校大学生稳定就业。

2. 高等职业院校大学生就业非正式制度

高等职业院校大学生就业非正式制度，界定为满足高等职业院校大学生就业需要，社会共同认可的行为规范，体现在就业方面的价值观念、意识形态、传统文化和风俗习惯等方面，实质上是高等职业院校大学生就业正式制度的补充、行为规范和行为准则。本研究就业非正式制度，设定为就业文化理念、职业价值观和社会资本，从属性上具有自发性、滞后性、区域性。

自发性。高等职业院校大学生就业非正式制度是人们经过漫长的就业过程中自发产生的，并且逐渐成为人们内心的就业文化理念、职业观念和就业习惯，这种约定俗成的思维定式，很难轻易改变，如有人违反，就会受到社会舆论的谴责，由此规范和约束就业的行为。

滞后性。高等职业院校大学生就业非正式制度是表现在就业方面的价值观念、意识形态、文化传统和风俗习惯，其形成是一个渐进的过程，是多种因素作用的结果，一定程度上反映了人们所处时代的要求和特征，由于就业非正式制度嵌套在特定国家和地区的经济社会制度、价值理念和文化传统之中，在一定历史阶段一定区域保持相对稳定状态，往往滞后于就业正式制度，却潜移默化规范着就业主体的行为，影响就业活动中的交易成本和制度绩效。由于其历史沉淀与文化传统，很难在短期内发生突变，造成变迁的滞后性。

区域性。世界各国、各个民族有不同的价值观念、意识形态、风俗习惯、文化传统，对待职业教育和就业的理念和认识也各有千秋，比如德国文化中，职业是上帝委派的，是一个人一生的使命，劳动者对自己的职业有强烈的自我认同感。中国传统文化重视社会需求，忽视个人需求，对职业教育的偏见和歧视一直延续至今，高等职业教育发展之所以缺乏吸引力，很大程度上是与文化制度、观念制度、社会期待存在差距有关。[①]

---

① 张孝理，龙跃君，陈宏图．影响高等职业教育吸引力的制度分析［J］．中国高等教育研究，2010（6）：69－70.

3. 高等职业院校大学生就业制度实施机制

高等职业院校大学生就业制度实施机制，界定为制度内部各要素之间相互作用、彼此依存、调节供求关系的运行方式，确保就业规则得以实施的相关制度安排，是组织机构通过奖惩等实施程序和运行方式，充分发挥规则的约束或激励的功能，对提升制度绩效至关重要。[①] 本研究就业制度实施机制依据孙绵涛、康翠萍对教育机制的分类，[②] 从就业的主体和目标群体角度，探讨形式机制和功能机制对毕业生就业的影响。就业制度实施机制从属性上具有历史性和可操作性。

历史性。制度是历史阶段的产物，同样，制度的实施也经历着产生发展消亡过程，由一个阶段到另一个阶段不断推行，并在不同的阶段呈现不同的特征。高等职业院校大学生就业制度实施是在政府、高等职业院校、毕业生和企业等就业主体共同参与下，通过一定的实施程序和运行方式，实施行政计划、指导服务和监督服务机制，发挥约束或激励的功能，提升制度绩效。

可操作性。制度设计常常设置有假设的前提条件，有时忽略或者顾及不到需求，导致在实践中缺乏操作性和可行性。比如双证书制度在实施中，由于政出多门，导致相关规定形同虚设，造成低效运行状态。还有《职业教育法》规定了企业参与职业教育应尽的多项义务，而没有赋予相应的权利保障，企业参与职业教育缺乏积极性，制度实施可行性不足。因此，制度框架设计是一个系统工程，既要重视制度能够实现的目的性，也要关注制度运行的可操作性和可行性。

（二）高等职业院校大学生就业制度要素之间的关系

高等职业院校大学生就业正式制度、非正式制度及实施机制三个要素存在密切的关系，不是孤立存在着的，三者共同组成一个动态系统，各要素相互协调，相互影响、相互支持，共同组成激励或约束组织和个

① 柳新元. 制度安排的实施机制与制度安排的绩效［J］. 经济评论，2002（4）：48－50.

② 孙绵涛，康翠萍. 教育机制理论的新诠释［J］. 教育研究，2006（12）：22－28.

人行为的制度环境,[①] 厘清各要素之间的关系，对加强高等职业院校大学生就业制度建设具有重要的意义。

1. 就业正式制度、非正式制度及实施机制目标一致

三个要素构成高等职业院校大学生就业制度的不同部分，每个要素内涵、特性、变迁的方式和现状均有所不同，彼此之间相互独立，正式制度到非正式制度之间存在程度上的差异，变迁速度不同，实施方式不同，但实现就业制度的均衡发展是共同目标，只有目标一致的前提下，才会保持制度的稳定性，因为构成稳定基础的制度是一个包括正式与非正式约束及实施在内的综合因素。[②]

2. 就业正式制度、非正式制度及实施机制主体相同

有学者认为，制度的主体分为民众、利益集团、政府和精英,[③] 毕业生就业促进机制的责任主体是国家或政府，包括政府、用人单位、高校、社会传媒、毕业生五个部分,[④] 本研究高等职业院校大学生就业正式制度与就业非正式制度及实施之间互动关系看，三个要素就业主体都是政府、高等职业院校、学生、用人单位，如果从供求关系的角度，将政府视为就业制度供给方，高等职业院校、学生、用人单位为需求方，参与各方共同协助，相互支持，就业正式制度及实施为非正式制度的稳定和改进创造前提条件，就业非正式制度修改、补充或扩展就业正式制度，推动就业正式制度的构建,[⑤] 促进高等职业院校大学生就业制度的更替、变革和创新进程。

3. 就业正式制度、非正式制度及实施机制之间相互作用、相互影响

第一，改革开放以来，我国就业正式制度有较大的发展，政府通

① 卢现祥．新制度经济学（第二版）[M]．武汉：武汉大学出版社，2011：168－169.

② [美] 道格拉斯·C. 诺思．制度、制度变迁与经济绩效 [M]．杭行，译．上海：格致出版社，上海三联书店，上海人民出版社，2014：10.

③ 辛鸣．制度论——关于制度哲学的理论建构 [M]．北京：人民出版社，2008：164.

④ 安锦．中国就业促进：政策与机制研究——以湖北省高校毕业生为例 [M]．北京：经济科学出版社，2013（1）：6－7.

⑤ 蒋阳飞．我国就业公平及其制度保障研究 [D]．长沙：中南大学，2010：117.

过强制性变迁在以就业文化理念和职业价值观等非正式制度认同的基础上，借鉴德国双元制、英国的学徒制职业教育理念的经验，并将其规范化、法律化，建立了国家资历框架和保障就业的正式制度，大大降低了我国正式制度创新和变迁的成本。第二，就业正式制度一经形成，得到就业主体的认同，就会自觉遵守正式制度规范，促进就业正式制度的有效发挥；非正式制度还可以通过社会舆论、奖惩等方式调控和规范人们的价值取向和行为选择，防范破坏就业制度环境的行为，降低正式制度的制定、实施与监督成本，提高正式制度的绩效。第三，就业正式制度和就业非正式制度发挥作用必须通过实施机制，尤其是正式制度的实施和执行。就业制度实施是制度运行过程的中介环节，是制度目标转化为现实的唯一途径，制度实施的有效事关制度成败。① 高等职业院校大学生就业制度三个要素对就业的影响并非一一对应，而是彼此联系，相互交集。就业主体参与成员之间的共同协作不仅影响就业目标的实现，也会相互发生效应，通过对高等职业院校大学生就业制度加以改革、调整和优化，促进三要素相互契合，推动制度均衡发展。

二、高等职业院校大学生就业制度的研究框架

2003 年教育部委托北京大学教育学院闵维芳、丁小浩、文东茅和岳昌君研究团队，以国家重点课题形式开始了全国高校毕业生就业状况的研究，对毕业生就业政策实施监测。2008 年，北京大学课题组开展了“制度变革与大学毕业生就业行为”研究，如图 2－1 所示。研究构建了制度变革与大学生就业行为的框架，认为就业行为是在一定的制度空间中发生的，就业制度是影响和调控就业行为的重要外部刺

---

① 陈振明．政策科学——公共政策分析导论［M］．北京．中国人民大学出版社，2003：254.

激变量。[①] 该研究成果体现微观层面，即反映毕业生就业方面，主要考察了四个指标：就业率、就业起薪、就业地区和行业分布以及就业成本。

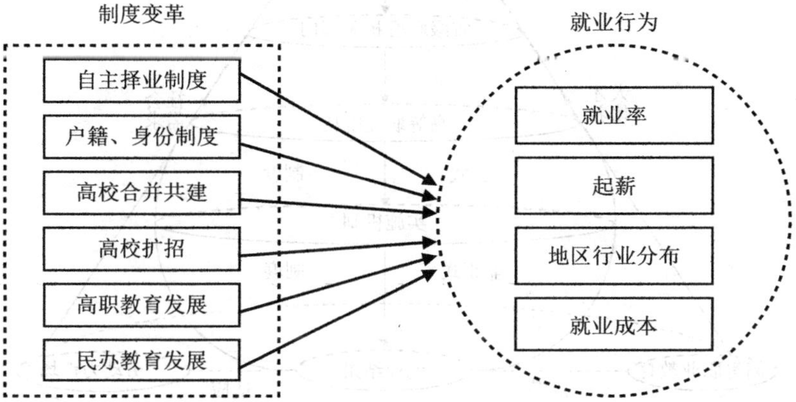

图 2－1　制度变革与大学毕业生就业行为[②]

本研究在北京大学课题研究的基础上，从两个方面搭建本研究框架，从宏观维度上，高等职业院校大学生就业制度受政府、高等职业教育和劳动力市场多重机制共同作用推动制度变迁；从微观维度上，研究高等职业院校大学生就业制度影响学生就业结果。高等职业院校大学生就业制度，包括就业正式制度，如国家资历框架和就业保障制度；就业非正式制度，如就业文化理念、职业价值观和社会资本；实施机制方面，如就业指导服务等指标。就业结果指标选取就业率、就业匹配、就业质量，从就业制度影响就业结果维度做进一步分析。高等职业院校大学生就业制度研究框架，如图 2－2 所示。

---

① 陈晓云．就业行为管理［M］．上海．上海人民出版社，2007：110.

② 文东茅，丁小浩，岳昌君等．制度变革与大学毕业生就业行为研究报告［R］．2008.

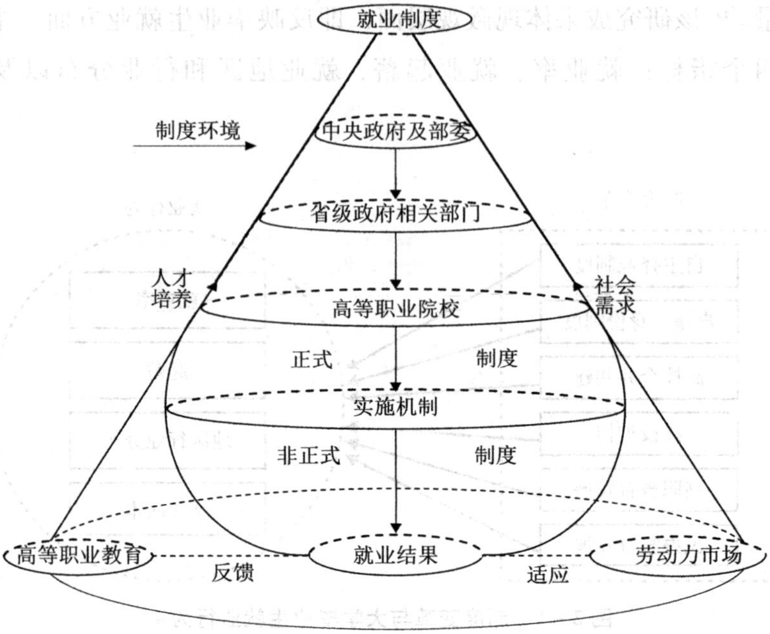
就业制度
制度环境
中央政府及部委
省级政府相关部门
人才
培养
社会
需求
高等职业院校
正式
制度
实施机制
非正式
制度
高等职业教育
就业结果
劳动力市场
反馈
适应

图 2-2　研究框架图

第三章　高等职业院校大学生就业正式制度研究

在高等职业教育制度变革环境下，将职业教育体系与就业制度紧密结合，不仅是世界各国发展职业教育的目标，而且是解决就业问题的有效途径。《中国中长期教育改革和发展规划纲要》（2010—2020年）提出，职业教育要面向人人、面向社会，培养学生的职业道德、职业技能和就业创业能力，确定了满足人民群众需要和经济发展需求的现代职业教育体系。[①]“十四五”规划纲要强调了职业技术教育的适应性，推行“学历证书+职业技能等级证书”制度，加快构建高质量的职业教育体系，为技能型社会提供人力资源支撑，也为高等职业教育制度和就业制度建设指明了方向。高等职业院校大学生就业正式制度，是政府权力机关为满足高等职业院校大学生就业需要而制定的就业法律、法规、条例、政策，具有规范性、强制性和稳定性。本章从纵向和横向两条线对就业正式制度进行分类整理和描述分析，纵向从计划分配和自主择业两个阶段阐述高等职业院校大学生就业正式制度的历史变迁过程，横向包括历史变迁时期与高等职业院校大学生就业密切关联，影响其制度发展的其他制度，如国家资历框架制度和就业保障制度，进一步剖析了其表现在政府层面、教育层面和市场层面的制度逻辑。

---

① 中共中央，国务院．中国中长期教育改革和发展规划纲要（2010—2020年）[Z]．中发〔2010〕12号．2010-07-08.

第一节　高等职业院校大学生就业正式制度历史变迁

我国古代，手艺人主要采用传统学徒制方式传授职业技能。到19世纪下半叶，清朝洋务派创办了学习技术技能的洋务学堂，如福州船政学堂。民国时期，职业教育正式进入学制。职业教育家黄炎培提出“谋个性之发展”“为个人谋生之准备”“为个人服务社会之准备”“为国家及世界增进生产力之准备”的职业教育宗旨，初步阐述了职业教育制度与就业制度的关系。解放前，我国教育事业极其落后，各层次高等教育中，本专科教育十分薄弱，[①] 据统计，1947年我国专科学校有74所，在校专科生2.38万余人，占当年高校学生数的15.4%。新中国成立后，我国职业教育体系和就业制度模仿前苏联，规定大学、专门学院和专科学校实施高等教育，首先以法规的形式明确了专科层次作为高校的组成部分，[②] 这一规定是培养专门人才的基本前提。当时，全国有专科学校71所，学生有40941人。1953年，全国院系调整，专科学校压缩为29所，但大学兴办了专修教育，学校人数增加到5.29万余人，比1950年增加3.7倍，占高校在校生人数28.6%，之后大学专修科停办，初中级技术、管理人才和技工分别由中专和技校负责培养，到1957年，专科生占全部学生的10.8%，1958年初，全国仅存10所专科学校。20世纪60年代，两种劳动制度和两种教育制度倡导下，全国城乡创办半工半农的职业学校，也招收初中生学习，基本是普通教育翻版，没有形成特色。[③] 到1965年，专科学校有45所，专科招生占比仅为9.2%，比重过低的状况没有改变。当时，通过改进高等学校毕业生分配的制

① 郝克明，汪永铨．中国高等教育结构研究［M］．北京：人民教育出版社，1988：39.

② 教育部．专科学校暂行规程［Z］．1950－08－14.

③ 郝克明，谈松华．走向21世纪的中国教育［M］．贵阳：贵州教育出版社，1997：191.

度，[①] 中高等职业技术学校培养学生就业实行计划分配，其特征是统包统分、包当干部与无条件服从，工作地点由政府部门决定，工作岗位由所学专业决定，学生不存在找工作的问题，保证了国家重点建设地区、项目的人才需求，推动了经济发展。这种就业分配制度除了“文革”期间中断，一直延续到1978年。

改革开放以后，高等职业教育和普通高等教育改革相互交织，互相推动，围绕着“要不要发展高等职业教育”和“怎样发展高等职业教育”，在就业制度方面，实施以毕业生计划分配为主，对不包分配进行了探索。就业作为政府、高等职业教育和市场各利益主体的连接点，政府制定的就业制度是否完善、高等职业院校的人才培养是否满足社会需求，都通过高等职业院校学生能否就业，就业能力优劣得以检验。本节通过分析高等职业院校面对制度环境变化的发展态势，结合学生就业方面的状况，从以下两个方面阐述就业正式制度的历史变迁。

一、以计划分配为主的就业制度阶段（1978～1999年）

（一）改革开放初期的高等职业教育及就业制度（1978～1985年）

1979年2月，国务院发布恢复和办好全国重点高等学校的政策，[②③] 据统计，一批独立设置的高等专科学校复校或新建有98所，全国专科学生达379586人，占高校学生总数的44.3%；1979年专科学生达348476人，占高校学生总数的34.2%。[④] 1980年，以南京金陵职业大学为代表的13所短期职业大学先后创办，成为我国最早举办高等职业教育的职业大学，实行收费走读、不包分配的就业制度。1981年开始，

① 国务院．关于改进高等学校毕业生分配办法的意见［Z］．1962－04－26．

② 教育部、国家计委．关于加速发展高等教育的报告［Z］．1983－04－28．

③ 国务院．关于恢复和办好全国重点高等学校的报告的通知［Z］．国发〔1978〕27号．1978－02－17．

④ 郭扬．中国高等职业教育史纲［M］．北京：科学普及出版社，2010：42．

毕业生实行国家统一计划分配、抽成调剂、分级安排的就业制度，国家教委、中央其他部门、省市自治区所属院校严格按计划派遣和接收各自毕业生。当时高等教育的结构和社会需求差距较大，招生人数、专业层次、就业分配上出现供求矛盾。高等学校在校生以本科大学生为主，专科在校生人数大幅度下降到17.1%，仅为21.88万人。在计划分配制度下，毕业生去向呈现一些分配矛盾，如中央、省直机关多，地县少；大城市多，中小城市少；沿海省份及发达地区多，边远地区少；科室多，基层少；全民企业多，集体企业少等。与此同时，面对大量知青进城问题，采取了“子女顶替”的就业制度，较好地解决了知识青年返城就业的问题。

1982年，第五届全国人大五次会议提出试办学生走读、交纳学费、择优录用的专科学校和职业大学，探索花钱少、见效快的高等职业教育发展之路。各地方政府、职业大学以及行业企业在当时的制度环境下加强互动，推动了高等职业院校的发展。1983年，国家发布加速发展高等教育报告，[①] 提出有条件的本科院校，要办专科，发展职业大学。同年，国务院批转了毕业生分配的报告，[②] 实行“供需见面”就业办法，这是对新中国成立30年高校毕业生就业分配制度的重大突破。到1985年，全国恢复重建的高等专科学校325所，其中短期职业大学发展到118所，实行收费走读、不包分配的就业制度，专科教育比例过低的状况有所改变。

（二）调整改革阶段的高等职业教育与就业制度（1985~1999年）

1985年5月，国家发布《中共中央关于教育体制改革的决定》，[③] 加快发展高等职业教育，调整改革就业制度，对于统招的学生，其毕业分配时，在需求计划的指导下，实行由学校推荐、毕业生选报志愿、用

---

① 教育部、国家计委．关于加速发展高等教育的报告［Z］．1983-04-28．

② 国家计委、教育部、劳动人事部．关于1983年全国毕业研究生和高等学校毕业生分配的报告［Z］．1983-07-14．

③ 国务院．中共中央关于教育体制改革的决定［Z］．1985-05-27．

人单位择优录用的用人方式。1985～1987年，在国家计划指导下，在一定学校范围内试点供需见面，双向选择，开始用人单位招聘、学生应聘的模式，"子女顶替"就业制度适时废止。1989年3月，国家出台了《高等学校毕业生分配制度改革方案》（毕业生中期改革方案），提出了在现有就业政策和制度的框架下，逐步实行毕业生和用人单位双向选择制度。[①] 在这一过渡期，职业大学的学生毕业不拥有统包统分的待遇，对职业大学办学有一定影响。

1993年，《中国教育改革和发展纲要》指出，除了部分毕业生由国家统一分配工作之外，大多数毕业生就业采取自主择业方式，委培生、自费生与计划招生毕业生并轨改革，将国家包学费、包分配转到学生自主择业、自费上学，明确了80年代初期职业大学确立的就业制度，高等职业教育率先实施的收费不包分配就业制度，为高等教育改革实施自主择业就业制度积累了经验。1996年，《职业教育法》颁布，职业教育发展步入有法可依的轨道。1997年，出台了《普通高校毕业生就业工作暂行规定》,[②] 明确毕业生和用人单位经供需见面和双向选择后，签订就业协议书，高等职业院校发挥指导监督作用，未经学校同意，毕业生私自与用人单位签订的协议无效，强调建立以学校为基础，政府为主导的毕业生就业市场，学校成立了毕业生就业指导中心，逐步引导学生通过学校的就业市场落实单位。从1998年后，教育部每年发文要求做好毕业生就业工作，并统一印制《普通高等学校毕业生就业协议书》，政府部门不再下达分配计划，而是通过发布用人信息引导毕业生就业。

二、以自主择业为主的就业制度阶段（1999年至今）

（一）新的管理模式和运行机制下的就业制度阶段（1999～2009年）

1999年，是高等教育规模扩大和跨越式发展的一年，高等职业教

① 国务院．高等学校毕业生分配制度改革方案［Z］．1989－03－02.

② 国家教委．普通高校毕业生就业工作暂行规定［Z］．教学〔1997〕6号．1997－03－24.

育试行新的管理模式和运行机制，[①] 实施“三不一高”政策，即录取的考生不办理迁户手续，毕业时农户学生凭毕业证和有关证明办理“农转非”手续；毕业生就业实行学校推荐、自主择业、不包分配，就业派遣报到证不再适用高等职业院校学生，由举办学校颁发毕业证书。毕业生就业报到证替代就业派遣证，标志着以计划、分配、派遣为特征的就业制度告别了过去，以市场为导向，双向选择、自主择业为特征的毕业生就业制度得以确立。

这一阶段，扩招政策实施后毕业生大量进入就业市场，但是人才供给增加却无法满足企业的用人要求，加剧了就业结构性矛盾；在就业去向上，因户籍限制而影响了毕业生跨地区就业。为了解决就业难问题，国家采取以下措施积极应对，第一，实行两年缓冲期。2002 年 3 月，《国务院关于大力推进职业教育改革与发展的决定》[②] 中强调了以市场导向的就业制度，引导毕业生服务基层、到中小企业就业；逐步在全社会实行学业证书、职业资格证书并重的制度；学生离校前未落实单位的毕业生将户籍档案留在学校保存两年，等落实就业单位后继续派遣，为学生就业赢得了两年的缓冲期。第二，突出强调就业率的作用。2004 年 3 月，以就业为导向，大力发展高等职业教育首次出现在国家教育振兴行动计划。[③] 4 月，教育部颁布了《以就业为导向深化高等职业教育改革若干意见》，进一步明确了高等职业教育应以服务为宗旨，以就业为导向，强调就业率在招生中的重要作用，[④] 将就业工作与学校事业发展多方面挂钩，与社会需求不相匹配、就业率过低的学校和专业，减少招生或停止招生；[⑤] 重点培育以订单式培养的高等职业院校及专业。第

---

① 教育部，国家计委．试行按新的管理模式和运行机制举办高等职业技术教育的实施意见［Z］．教发〔1999〕2 号．1999 - 01 - 11.

② 国务院办公厅．关于进一步深化普通高等学校就业制度改革有关问题的意见［Z］．国办发〔2002〕19 号．2002 - 03 - 02.

③ 国务院．2003—2007 年教育振兴行动计划［Z］．国发〔2004〕5 号．2004 - 03 - 03.

④ 教育部．关于以就业为导向深化高等职业教育改革的若干意见［Z］．教高〔2004〕1 号．2004 - 04 - 02.

⑤ 国务院．关于大力发展职业教育的决定［Z］．国发〔2005〕35 号．2005 - 10 - 28.

三，采用激励等政策工具，出台了到基层和艰苦地区就业的优惠政策和具体措施,[①] 并将就业率及就业质量作为衡量高等职业院校绩效的主要指标。[②]

（二）内涵建设质量全面提升的就业制度阶段（2009 年至今）

2009 年，教育部强调高等职业院校专业设置要与就业市场相匹配，学生所学专业与从事工作不相匹配，就会造成人力资源的浪费。[③] 因此，需要高等职业院校提供就业的专业调整备案服务；强化顶岗实习，工学结合，提高学生就业能力和就业质量。2010 年，国家提出了建立满足人民群众需要和经济发展需求的现代职业教育体系。[④] 2014 年，国务院发布了《关于加快发展现代职业教育的决定》，明确现代职业教育要以促进就业为导向，对个体发展与需求指明发展路径。[⑤] 2015 年，《深化职业教育教学改革全面提高人才培养质量的若干意见》提出重视崇尚劳动、敬业守信、创新务实等职业道德的培养，增强对职业理念、职业责任和职业使命的认识与理解。2019 年，《国家职业教育实施方案》明确了职业教育是类型教育的重要地位。同时，在职业院校启动 1 + X 制度试点，探索构建符合国情的国家资历框架。2020 年，为应对新冠肺炎疫情对就业的冲击，国家发布了多项毕业生就业政策，如鼓励强化毕业生到城乡社区就业,[⑥] 支持自主就业、分时就业和兼职就业等

---

① 国务院办公厅．关于做好 2003 年普通高等学校毕业生就业工作的通知［Z］．国办发〔2003〕49 号．2003 - 05 - 29.

② 教育部．关于全面提高高等职业教育教学质量的若干意见［Z］．教高〔2006〕16 号．2006 - 11 - 16.

③ 教育部．关于加快高等职业教育改革促进高等职业院校毕业生就业的通知［Z］．教高〔2009〕3 号．2009 - 02 - 26.

④ 中共中央，国务院．中国中长期教育改革和发展规划纲要（2010 - 2020 年）［Z］．中发〔2010〕12 号．2010 - 07 - 08.

⑤ 国务院．关于加快发展现代职业教育的决定［Z］．国发〔2014〕19 号．2014 - 06 - 22.

⑥ 中共中央组织部，人力资源社会保障部，民政部，中央文明办，教育部，财政部，国家卫生健康委．关于引导和鼓励高校毕业生到城乡社区就业创业的通知［Z］．人社部发〔2020〕53 号．2020 - 07 - 14.

多种灵活就业形式，[①] 加强就业见习，[②] 实施学徒培养、技能研修、新职业培训等职业技能专项培训，[③] 这些政策有益于高等职业院校大学生顺利就业和稳定就业。

第二节 高等职业院校大学生就业正式制度对就业的影响

世界上大多数国家将高等职业院校大学生就业纳入社会就业保障体系中，归入青年就业的范畴，各国政府关注的重点是就业制度的普适性与特殊性，主要强调平等就业机会，意味着国家出台的就业制度普遍适用各个群体，同时有针对高等职业院校大学生群体的措施加以辅助。随着高等职业教育改革和就业制度变迁，我国政府出台了一系列促进就业的制度措施，本节主要梳理国家资历框架制度和就业保障制度对高等职业院校大学生就业的影响。

一、国家资历框架对就业的影响

国家资历框架（NQF）是沟通衔接学校内外教育、职业教育和普通教育、学历证书和职业资格体系而采用的终身学习制度设计工具。国家资历框架制度的相关政策如表 3－1 所示。[④] 职业教育实施的双证书制度，是国家资格框架的重要组成部分，由于我国就业制度与教育制度

① 国家发改委，网信办，人社部等．关于支持新业态新模式健康发展激活消费市场带动扩大就业的意见［Z］．发改高技〔2020〕1157 号．2020－07－14.

② 人社部，教育部，财政部，商务部，国资委，共青团中央全国共商联．关于进一步加强就业见习工作的通知［Z］．人社部函〔2020〕66 号．2020－07－08.

③ 人力资源社会保障部，财政部，共青团中央．百万青年技能培训行动方案［Z］．2020－07－31.

④ 王海东，王全珍．我国国家资历框架体系建设研究综述［J］．中国职业技术教育，2018（34）：30－34.

不相契合、学历证书与职业资格证书相互分离、就业制度不均衡的问题，凸显结构性就业矛盾，建立国家资历框架成为高等职业教育改革的一项重要任务。

表 3－1　　国家资历框架制度的相关政策

发布时间	文件名称	政策内容
1993 年	中共中央关于建设社会主义市场经济体制若干问题的决定	制定各种职业的资格标准和录用标准，实行学历文凭和职业资格两种证书制度，逐步实行公开招聘，平等竞争，促进人才合理流动
1994 年	劳动法	国家确定职业分类，对规定的职业制定职业技能标准，实行职业资格证书制度，由经过政府批准的考核鉴定机构负责对劳动者实施职业技能考核鉴定
1996 年	职业教育法	实施职业教育应当根据实际需要，同国家制定的职业分类和职业等级标准相适应，实行学历文凭、培训证书和职业资格证书制度
2006 年	全面提高高等职业教育教学质量的若干意见	构建专业认证体系，与劳动、人事及相关行业部门密切合作，使有条件的高等职业院校都建立职业技能鉴定机构，开展职业技能鉴定工作，推行“双证书”制度
2010 年	国家中长期教育改革和发展规划纲要（2010—2020 年）	积极推进双证书制度；搭建终身学习的立交桥，促进各级各类教育纵向衔接、横向沟通，建立学分积累与转换制度
2013 年	中共中央关于全面深化改革若干重大问题的决定	试行普通高校、高职院校、成人高校之间学分转换，拓宽终身学习通道
2014 年	加快发展现代职业教育的决定	积极推进学历证书和职业资格证书的双证书制度
2014 年	深化考试招生制度改革的实施意见	探索建立多种形式学习成果的认定转换制度，试行普通高校、高职院校、成人高校之间学分转换，实现多种学习渠道、学习方式、学习过程的相互衔接，构建人才成长“立交桥”

续表

发布时间	文件名称	政策内容
2016 年	关于国民经济和社会发展第十三个五年规划纲要	建立个人学习账号和学分累计制度，畅通继续教育、终身学习通道，制定国家资历框架，推进非学历教育学习成果、职业技能等级学分转换互认
2016 年	推进高等教育学分认定和转换工作的意见	探索建立多种形式学习成果认定机制，畅通不同类型学历教育、学历与非学历教育、校内与校外教育之间转换通道，优质教育资源开放共享，建立学习成果认定和转换体系
2019 年	中国教育现代化 2035	建立国家资历框架，建立学习成果认证制度，健全国家学分银行制度
2019 年	国家职业教育实施方案	启动“学历证书 + 若干职业技能等级证书”制度试点，探索构建符合国情的国家资历框架，有序开展学历证书和职业技能等级证书所体现的学习成果的认定、积累和转换，加快学历证书和职业技能等级证书互通衔接，为技术技能人才持续成长拓宽通道
2021 年	关于国民经济和社会发展第十四个五年规划和 2035 年远景目标纲要	强调了职业技术教育的适应性，推行“学历证书 + 职业技能等级证书”制度，加快构建高质量的职业教育体系，为技能型社会提供人力资源支撑

（一）国家资历框架的初期探索

1. 双证书制度

1991 年，《国务院关于大力发展职业技术教育的决定》提出了凡进行技术等级考核的工种，逐步实行双证书制度。[①] 1993 年，我国首次提出了两种证书制度，反对学历至上，提倡学历与职业资格同等重要（见表 3 - 1 所示国家资历框架的相关政策规定）。1996 年，《中华人民共和国职业教育法》明确提出实行学历证书、培训证书和职业资格证书制度，之后许多政策都涉及这两种证书制度，如 2006 年《全面提高高等职业教育教学质量的若干意见》，2010 年《国家中长期教育改革和

① 国务院. 关于大力发展职业技术教育的决定 [Z]. 国发〔1991〕55 号. 1991 - 10 - 17.

发展纲要》和2014年《关于加快发展现代职业教育的决定》,[①] 都强调了积极推进双证书制度，执行先培训再就业、先培训再上岗等政策规定，对相关岗位实行就业准入制度，充分发挥职业培训对促进就业的积极作用，提高毕业生就业能力和适应力，满足市场和企业用人需求。

（1）就业见习政策和职业培训政策。

就业见习指由政府部门对离校未就业毕业生到单位实践的帮扶政策，这些政策发布在《关于建立高校毕业生就业见习制度》[②]《国务院关于做好当前和今后一段时期就业创业工作的意见》[③]《关于进一步加强就业见习工作的通知》,[④] 涉及见习基地、期限、补助、管理等就业政策。职业培训政策是针对离校毕业生的就业技能培训专项活动，如人力资源和社会保障部《关于实施特别职业培训计划通知》《关于实施离校未就业高校毕业生技能就业专项活动的通知》,[⑤] 明确了对离校未就业毕业生的职业技能培训和上岗前的定向培训。具体实施现代职业教育质量提升计划、产教融合发展工程、高技能人才振兴计划和大国工匠培训支持计划，开展岗位练兵、师徒帮教等活动。[⑥] 强化毕业生社区职业培训，重点围绕"互联网+"健康、养老、托育、家政等领域开展，[⑦] 实施学徒培养、技能研修、新职业培训和职业技能竞赛等青年培训计

---

① 国发〔2002〕16号、劳社部发〔2003〕37号、劳社部发〔2004〕15号、国发〔2005〕35号、中办发〔2006〕15号、国办发〔2009〕3号、人社部发〔2009〕8号、人社部发〔2010〕13号、教高〔2006〕14号、教高〔2006〕16号、教高〔2009〕3号、教职成〔2011〕6号，包含双证书和就业准入政策。

② 人事部，教育部，财政部，劳动保障部，国务院国有资产监督管理委员会，国防科工委．关于建立高校毕业生就业见习制度［Z］．国人部发〔2006〕17号．2006-02-27.

③ 人社部发〔2009〕38号、国发〔2011〕16号、国发〔2015〕23号涉及就业见习政策。

④ 人社部，教育部，财政部，商务部，国资委，共青团中央全国共商联．关于进一步加强就业见习工作的通知［Z］．人社部函〔2020〕66号．2020-07-08.

⑤ 人社部发〔2010〕13号、国办发〔2014〕22号、人社厅函〔2014〕189号、人社部发〔2016〕100号和教学厅函〔2020〕22号包含就业技能培训政策。

⑥ 国务院．关于做好当前和今后一段时期就业创业工作的意见［Z］．国发〔2017〕28号．2017-04-13.

⑦ 中共中央组织部，人力资源社会保障部，民政部，中央文明办，教育部，财政部，国家卫生健康委．关于引导和鼓励高校毕业生到城乡社区就业创业的通知［Z］．人社部发〔2020〕53号．2020-07-14.

划，稳定青年就业。[①]

（2）就业准入制度。

就业准入制度是政府或行业组织对从业者的从业资格提出明确要求并实行就业准入控制的一种劳动就业制度。[②] 学生获准到某一地区、某一岗位工作，与是否能够获得从事某一岗位工作的职业资格紧密联系。1995 年，国家《职业资格证书暂行办法》中规定了在涉及国家、人民生命财产安全的专业技术工作领域，实行专业技术人员职业资格制度。并规定申请程序、就业准入和技能鉴定办法，1996 年，我国《职业教育法》规定落实就业准入法规和政策，包括对特殊工种的劳动者严格规定准入条件和考核准入资格，如生命财产安全、公共安全和人身健康等职业和岗位的人员，强化先培训再就业、先培训再上岗的从严录用程序。20 世纪 90 年代末，以职业资格证书制度为核心的就业准入在我国初步建立起来。2000 年 3 月，《招用技术工种从业人员规定》对 90 个工种实行就业准入，这是狭义的就业准入，是对从业人员的职业素养或受教育程度的要求，与必须经过培训获取相应的学业、培训和职业证书，才能够上岗的广义就业准入制度有所区别。

2. 国家资历框架提出

2016 年，我国"十三五"规划提出制定国家资历框架的核心是支持一个整体系统框架持续性发展对学习者的保障。2019 年，《国家职业教育实施方案》启动 1 + X 试点，开展证书间互通衔接，探索符合我国国情的国家资历框架。目前本科层次职业教育仍处在专业试点探索阶段，职业教育学历体系还有相当长的路要走。已经开发的部分职业技能等级证书，对岗位和专业的覆盖率相对较低，满足不了职业院校专业教学和企业工作岗位需求，而且在培训内容、课程资源、师资队伍等方面

---

① 人力资源社会保障部，财政部，共青团中央．百万青年技能培训行动方案［Z］．2020－07－31.

② 马叔平，邢晖．职业教育与就业准入制度互动关系研究［M］．北京：中央文献出版社，2008：3.

需要不断完善。因此，“十四五”规划纲要强调了职业技术教育的适应性，推行“学历证书+职业技能等级证书”制度，加快构建高质量的职业教育体系，为技能型社会提供人力资源支撑。

（二）国家资历框架对就业的影响

20世纪90年代开始，我国积极推进学历文凭和职业资格两种证书制度，出现国家职业技能鉴定机构对职业资格证书进行认定，面向社会制定各种职业资格标准和录用标准。倡导职业资格与学历文凭并重，不唯学历，尊重技能，旨在人才市场中实现平等竞争，有序流动。到2006年后，政策表述为双证书制度，即职业院校学生取得专业学历文凭，达到鉴定机构的考核要求，可以获得相应的职业资格证书。双证书制度的实施引领了职业教育教学改革方向，对提高学生就业能力和社会适应力有积极作用。目前各高职院校已经开始了1+X证书试点工作，需要与双证书制度融通衔接，形成学分和技能积累、转换、互认，等级标准确定等系统支持方案，为人们终身学习、继续教育，构建人才成长“立交桥”创造条件。

但是，双证书制度的设计环节存在缺陷。一方面，学历证书制度与职业技能证书制度认证分属教育、人力资源和社会保障部门管理，相互分离，也没有设计融通互认的渠道，另一方面，两种证书制度形成了两种目标，两套体系，在实践中出现两张皮，学历证书不能适应企业需求，职业技能证书不能满足产业升级需求，导致劳动力供给与市场需求不匹配，造成人力资源浪费。而且，在实际操作中，出现发证机关多、证书名目繁多且有交叉、认证收费高等问题，职业资格的认可度有待提高。2014年以来，国家针对原有职业资格缺乏法律依据、过多过滥等问题，先后分7批取消了434项占总数的75%职业资格，毕业生不再为增加就业砝码，花大量精力考证，准入门槛降低，有利于毕业生就业。

二、就业保障制度对就业的影响

就业保障是为了保障劳动者的合法权益，国家制定法律规章，提供就业机会、创造就业条件的各种措施的总称。国内外对劳动者的就业保障是以维护就业平等权益，反对就业歧视开始的。在1958年，国际劳工组织对就业歧视做了界定。把“歧视”界定为基于种族、性别、宗教、社会出身或者其他任何区别、排斥或特惠，以此取消或损害就业或职业方面的机会平等或待遇平等。但基于特殊工作本身要求的任何区别、排斥或特惠，不能视为歧视。[①] 就业权是劳动者向国家或用人单位主张的、以获取工作机会为核心利益，实现其生存与发展目的的劳动权利。[②] 就业的公平对待权又可以称为平等就业权，劳动者不因种族、性别、社会出身、健康等因素的不同，在就业机会或就业待遇上一律平等。[③] 就业歧视的目的或作用在于取消或损害劳动者的就业平等权。[④] 依据《中华人民共和国劳动法》的规定劳动者享有法律所规定的劳动权利，主要是享有平等就业的权利、自主选择职业的权利、取得劳动报酬的权利、享有休息休假的权利、享有获得劳动安全卫生保护的权利、接受职业技能培训的权利、享受社会保险和福利的权利以及提请劳动争议处理的权利。

（一）就业保障制度

1. 就业协议制度

1997年3月，教育部在《普通高校毕业生就业工作暂行规定》中肯定了就业协议书成为制定就业方案的依据，毕业生和用人单位经供需见面和双向选择后签订就业协议书。[⑤] 从1998年后，教育部统一制定《普通高等学校毕业生就业协议书》，就业协议制度开始建立。就业协议也称“三方协议”，由用人单位、学校、毕业生三方签订的，规定三方在就业过程中的权利义务，该协议是由教育部统一制定、各省市

---

① 国际劳工组织．消除就业及职业的歧视公约［R］．1958.

② 李运华．就业权研究［M］．北京：中国社会科学出版社，2009：13.

③ 王晓杰．基于生存照顾的就业保障研究［M］．北京：中国法制出版社，2013：61.

④ 林嘉．论我国就业歧视的法律调控［J］．河南社会科学，2006（5）：16－20.

⑤ 国家教委．普通高校毕业生就业工作暂行规定［Z］．教学〔1997〕6号．1997－03－24.

（自治区）教育主管部门印制。毕业生签订了就业协议书，学校将核发毕业生的就业报到证（派遣证），用人单位以就业报到证为依据接转毕业生的档案，就业报到证方便学生就业手续办理，便于学校监控毕业生就业，规范用人单位招聘，保障三方合法权益。

高等职业院校与企业签约采取订单式人才培养合作模式，成为吸引优秀生源，提高招生质量和就业水平的方式。20 世纪 80 年代末，我国部分高等职业院校借鉴北美国家的“合作教育”理念，实行将教室与车间中的学习相结合，共同培养学生，保障学生就业。2002 年开始，教育部连续三年召开了全国高职高专产学研合作教育经验交流会，提出了高等职业教育发展的必由之路是产学研合作。从 2005 年开始，推行工学结合、校企合作的培养和就业模式，到 2017 年，推出了产教融合，深化“引企入教”的改革。①

以就业为导向的订单模式在校企合作中比较普遍，从满足学生就业需求的角度，实质上是通过订单保障学生就业的模式，其针对性、实用性为校企双方青睐，实现高等职业院校、企业和学生共赢。第一，校企合作参与特定人才培养和就业过程，高等职业院校接受订单，与企业共同制订培养方案，对课程体系、专业设置和实习实践质量加以提升。第二，企业不仅得到适合企业发展的技术技能型人才，而且节省了岗前培训和职业技能培训人力成本，有益于人力资源持续开发和利用。第三，对参与订单的学生来说，学习方向和就业目标更为明确，解决学生求职的后顾之忧，在就业竞争和职业发展中优势明显。②

2. 公共服务政策

（1）国家通过出台《关于进一步完善公共就业服务体系有关问题的通知》《关于做好当前和今后一段时期就业创业工作的意见》以及

---

① 国务院办公厅. 关于深化产教融合的若干意见［Z］. 国办发〔2017〕95 号. 2017 - 12 - 19.

② 裴智民，朱平. 高职院校订单培养扬利避弊机制研究［J］. 中国职业技术教育，2016(22)：63 - 65.

《中长期青年发展规划（2016～2025年）》等公共服务政策，建立省、市、县三级公共服务机制，形成覆盖城乡（街道社区和乡镇设立基层公共服务平台）的公共就业服务体系，包括免费服务、信息服务（全国公共就业服务信息系统）、参加活动（民营企业招聘、高校毕业生就业服务月和高校毕业生招聘周）、分级帮扶服务、档案服务等各项就业公共服务政策，不断完善公共服务功能，将有意愿就业的毕业生全部纳入服务范围，提供个性化、专业化的就业指导、职业指导和用工指导。

（2）通过出台《关于引导和鼓励高校毕业生面向基层就业的意见》[①] 等毕业生就业政策，规定面向基层就业的定向招生制度，高等职业院校加强与用人单位的合作，为基层培养更多的高技能人才和适应农村经济发展迫切需要的实用人才。

（3）强化毕业生到城乡社区就业服务。[②] 各级公共就业人才服务机构搭建社区供需对接平台，组织小型化、特色化社区专场招聘服务。2020年，疫情期间国家先后发布了多项毕业生就业公共服务政策，包括组织网络就业大市场，提升网上就业服务能力；鼓励毕业生和用人单位通过网络进行供需对接，进行网上面试和签约。[③] 组织网络联合招聘——24365校园招聘服务活动和定期招聘周（4～12月），[④] 支持微商电商、网络直播等多样化的自主就业、分时就业和兼职就业等多种形式。[⑤] 这些政策有益于高等职业院校学生在新就业形态中灵活就业。

---

① 教学字〔2006〕8号、国办发〔2007〕26号、国发〔2011〕16号有同样的政策内容。

② 中共中央组织部，人力资源社会保障部，民政部，中央文明办，教育部，财政部，国家卫生健康委．关于引导和鼓励高校毕业生到城乡社区就业创业的通知［Z］．人社部发〔2020〕53号．2020－07－14．

③ 教育部．关于应对新冠肺炎疫情做好2020届全国普通高等学校毕业生就业创业工作的通知［Z］．教学厅函〔2020〕2号．2020－02－28．

④ 教育部办公厅．关于开展2020届高校毕业生全国网络联合招聘——24365校园招聘服务活动的通知［Z］．教学厅函〔2020〕2号．2020－02－28．

⑤ 国家发改委，网信办，人社部等．关于支持新业态新模式健康发展激活消费市场带动扩大就业的意见［Z］．发改高技〔2020〕1157号．2020－07－14．

3. 就业补贴政策

通过出台《关于引导和鼓励高校毕业生面向基层就业的意见的通知》等政策性文件,[①] 发布各项激励就业政策，技师学院高级工班、预备技师办和特殊教育学院职业类学生参照高校毕业生就业政策享受就业补贴政策。首先，鼓励基层就业给予补贴的政策，开发农村、中西部、边远地区基层机关事业单位基层岗位，对到基层任职、服务和创业毕业生发放工作生活补贴、政府购买岗位、学费补偿和助学贷款代偿；其次，为基层成长创造条件，包括培训、晋升、职称评定、提高待遇等；再次，专门的项目支撑，如村官政策、“三支一扶”政策、志愿服务西部计划等以及鼓励中小微企业和社会组织吸纳毕业生给予补贴的政策，如对小型微型企业和社会组织招收毕业生达到一定比例的，为这些聘用机构提供社会保险补贴、小额担保贷款，并享受财政贴息；提高岗前培训补贴，如专账资金补贴性培训扩大到中高等职业院校（含技工院校）毕业生，开展项目制培训，衔接补贴政策；[②] 创办小型微型企业的，在工商登记、场地支持、保险、贷款等优惠政策；对离校 2 年内未就业毕业生灵活就业后缴纳社保费的，按规定给予一定的社会保险补贴。[③]

4. 就业帮扶政策

国家出台了《关于进一步做好高等学校残疾人毕业生就业工作的通知》等政策,[④] 指出了将零就业家庭、城乡低保家庭、农村贫困户、残疾等就业困难的未就业毕业生列为重点对象，实施重点帮扶，促进其

---

① 中办发〔2005〕18 号、国办发〔2007〕26 号、国办发〔2009〕3 号、中组发〔2011〕13 号、国发〔2012〕14 号、国办发〔2013〕35 号、国办发〔2014〕22 号、国发〔2015〕23 号、中办发〔2016〕79 号、国发〔2017〕28 号都包含补贴政策。

② 人力资源社会保障部，财政部，教育部．关于扩大院校毕业年度毕业生参加职业技能培训有关政策范围的通知．人社部发〔2021〕31 号 . 2021 – 05 – 24.

③ 国务院办公厅．关于应对新冠肺炎疫情影响强化稳就业举措的实施意见［Z］．国办发〔2020〕6 号 . 2020 – 03 – 20.

④ 人社部发〔2010〕25 号、国发〔2011〕16 号、国办发〔2013〕35 号、人社部发〔2013〕41 号、国发〔2015〕23 号、国发〔2017〕28 号、人社部发〔2016〕100 号包含帮扶政策内容、国发〔2017〕28 号。

尽快就业，包括免除考录费用、发放求职补贴、专项活动优先、残疾人帮扶四个方面措施。不断扩大帮扶毕业生范围，除了以上的四类毕业生，将国家助学贷款的年度毕业生、贫困残疾人家庭、建档立卡贫困家庭和特困人员中的毕业生也纳入了帮扶范围。

近年来，随着毕业生就业压力加大，出现部分就业困难群体，包括困难职工家庭毕业生、残疾人毕业生就业困难的问题，有关试用期维权、遭遇就业歧视、非正规就业等问题出现。为了保障就业弱势群体就业权益，反对不同形式的就业歧视问题，国家持续不断对就业困难群体制定倾向性的保护措施，维护毕业生就业公平，将困难群体毕业生分为家庭困难，残疾，就业困难和家庭困难，家庭困难和残疾，就业困难和残疾，就业困难、家庭困难和残疾类型，主要由与学生接触密切的二级学院辅导员主抓这项工作，做到一人一策，做好帮扶台账（帮扶记录）。

困难职工家庭毕业生就业保障。从 2005 年开始，每年毕业生就业工作都将困难家庭毕业生就业作为一项重要内容，出台了诸如一对一就业服务和重点推荐；求职补贴；提供公益性岗位等措施，帮助他们顺利就业。对困难家庭学生就业资助主要体现在助学贷款政策方面，从 1987 年，国家发布了给予家庭困难学生以无息贷款的政策，支持学生继续完成学业。[①] 2006 年，发布助学贷款代偿自助政策，将助学贷款与毕业生就业联系起来。规定西部地区和艰苦边远地区基层单位就业，服务期在 3 年以上（含 3 年）的高校毕业生（含高职），国家代为偿还在校贷款本金及利息，一定程度上为西部和艰苦地区吸纳建设人才，帮助减轻家庭经济困难学生的经济负担。2009 年，又扩大了毕业生就业的中西部地域范围。2020 年，进一步调整了就业助学贷款政策，贷款条件逐步放宽，受惠面显著扩大。[②] 助学贷款还本宽限期、助学贷款期限

---

① 国家教委，财政部．普通高等学校本、专科学生实行贷款制度的办法［Z］．1987－07－31.

② 教育部，财政部，中国人民银行，银保监会．关于调整完善国家助学贷款有关政策的通知［Z］．教财〔2020〕4 号．2020－07－14.

分别延长至5年、学制加15年（最长不超过22年）、减助学贷款利率等，不断减轻贷款学生的压力。同时，针对帮扶建档立卡贫困家庭毕业生，实施“专升本专项计划”，采取单独优先录取和基层服务项目优先录用，结对帮扶等政策，重点援助52个未摘帽贫困县毕业生。[①] 2021年，教育部统筹各部委实施“宏志助航计划”，开展就业能力培训，帮助低收入家庭毕业生提升素质。

残疾人毕业生就业保障。大多数国家促进残疾人就业的做法是制定法规管制型政策、平衡型政策和替代型政策，[②] 我国政府一直高度重视残疾人事业发展，《宪法》《劳动法》《残疾人保障法》和各部委残联的规章制度提供了制度保障，2018年，教育部等四部门发布政策，[③] 鼓励高等职业院校与特教机构共同培养残疾学生，相应的就业服务机构要开展“一对一”就业创业指导，提高就业创业能力；落实残疾人就业保证金征收政策，鼓励用人单位雇佣残疾人从事适当工作，不得歧视残疾人；开展形式多样的职业技能培训和创业培训，使残疾学生以一技之长，就业创业，更好地融入社会，平等地参与社会生活，实现人生的价值。

另外，2015年，“十三五”规划首次在政策层面提出新就业形态，促进零工市场和灵活就业等就业形式健康发展，随着灵活就业人员的增加，需要探索跨平台、多雇主间灵活就业的权益保障、社会保障等政策，[④] 依法纠正拖欠劳动报酬等违法违规行为。[⑤] 加大对困难灵活就业

---

① 人力资源社会保障部，教育部，国务院扶贫办．关于进一步加强贫困家庭高校毕业生就业帮扶工作的通知［Z］. 2020－07－15.

② 赖德胜，孟大虎，李长安等. 2011中国劳动力市场发展报告——包容性增长背景下的就业质量［M］. 北京：北京师范大学出版社，2011：268.

③ 教育部等四部委．关于加快发展残疾人职业教育的若干意见［Z］. 教职成〔2018〕5号. 2018－07－04.

④ 国家发改委，网信办，人社部等．关于支持新业态新模式健康发展激活消费市场带动扩大就业的意见［Z］. 发改高技〔2020〕1157号. 2020－07－14.

⑤ 国务院办公厅．关于支持多渠道灵活就业的意见［Z］. 国办发〔2020〕27号. 2020－07－28.

人员帮扶力度，及时按规定纳入最低生活保障、临时救助范围。

5. 户籍制度

从1958年开始，以我国《户口登记条例》为标志，严格限制农村人口流向城市为核心的户口迁移制度形成。当时计划分配制度不仅包分配，而且包城市户口和包干部身份，户籍作用凸显。针对高等职业院校学生，1999年试行按新的管理模式和运行机制举办高等职业教育的政策中规定，高等职业院校录取的考生不办理迁户手续，毕业时农户学生凭毕业证和有关证明办理"农转非"手续。[①] 之后国家发布《关于引导和鼓励高校毕业生面向基层就业的意见》(2005)、《家职业教育改革实施方案》(2019)和《关于推动现代职业教育高质量发展的意见》(2021)等政策，[②] 强调了进一步清理制度性障碍，落实对用人单位招聘普通高校专科以上毕业生的落户政策（不包括直辖市），积极推动职业院校学生在就业、招聘和职业发展等方面与普通高校学生享受同等待遇。

另外，与户籍制度和就业协议制度相联系的还有干部人事管理制度，涉及选拔录用、调配、培训、任免、考核、奖惩、工资福利和退休等，目前发生作用的主要是毕业生就业后的档案管理，毕业生档案包括学生学籍、奖惩、成绩、党团等材料，个人转正定级、职称申报、办理养老保险等方面均需要使用档案，必须妥善保管。一般学生毕业后档案会转到用人单位，单位负责保管档案，也有的用人单位将学生档案托管到社会的中介部门。

6. 技能人才保障制度

为了促进高等职业院校学生职业发展，将技能人才纳入国家的人才管理体系，成为就业保障制度的重要内容。2003年，国家出台了《关

---

① 教育部，国家计委．试行按新的管理模式和运行机制举办高等职业技术教育的实施意见[Z]．教发〔1999〕2号．1999-01-11.

② 中组部教育部等14部委教学字〔2006〕8号、人社部发〔2010〕25号、国发〔2011〕16号、教学〔2011〕12号涉及户籍政策。

于进一步加强人才工作的决定》，规定了人才观、人才衡量的原则和标准，明确技能人才是我国人才队伍的重要组成部分。[①] 2005 年，国务院专门制定了加强高技能人才工作的政策，确定了以能力和业绩为导向，高技能人才考核评价、合理流动和社会保障机制，实施对技能人才奖励政策和激励方法，提高技能人才的社会地位和经济收入，[②] 逐渐形成高技能人才培养、使用、考核、保障、交流和服务的政策体系，[③] 2008 年，国家出台政策首次将技能人才纳入享受国务院政府特殊津贴之中。[④] 2021 年，"十四五"就业促进规划中，强调实施"技能中国行动"，畅通技能人才的职业发展通道，进一步完善高技能人才的保障制度。[⑤]

（二）就业保障制度对就业的影响

我国政府出台了诸如就业协议、就业帮扶等就业保障制度，保障全体学生的就业权益。第一，为了适应市场的需求，高等职业院校与企业签订就业协议，由于其就业能力与市场的对接性较高，降低由于技术更新和产业结构变化而造成的结构性失业，极大地提高就业率和就业质量。第二，扩大了企业的选择范围，一定程度上促进人力资源的配置。为选拔适合的人才，校企对接顶岗实习、订单式、现代学徒制和工程师学院等培养方式，强化就业指导，不断提高学生的职业能力和职业素质，避免用非所学、学非所用，造成知识和人才浪费，提高了选人用人的效率。第三，国家出台就业帮扶、就业补贴、技能人才发展等多项就

---

① 中共中央，国务院．关于进一步加强人才工作的决定［Z］．中发〔2003〕16 号．2003－12－26.

② 国务院．关于大力发展职业教育的决定［Z］．国发〔2005〕35 号．2005－10－28.

③ 中共中央办公厅．关于进一步加强高技能人才工作的意见［Z］．中发〔2006〕16 号．2006－06－13.

④ 中共中央组织部，中共中央宣传部，中共中央统战部，人事部，劳动和社会保障部．关于高技能人才享受国务院颁发政府特殊津贴的意见［Z］．国人部发〔2008〕24 号．2008－03－10.

⑤ 国务院．关于印发"十四五"就业促进规划的通知［Z］．国发〔2021〕14 号．2021－08－23.

业制度，不仅为高等职业院校学生提供就业机会，创造就业条件，为困难群体学生的就业提供兜底保障，也为畅通技能人才的职业发展提供通道。

虽然我国政府部门每年都出台毕业生就业相关的制度和政策，但是高等职业教育、劳动力市场对人才需求均发生了变化，原来的部分规定难以适应发展的需求。第一，高等职业教育制度与就业制度不相契合。1999年，高等职业教育试行新的管理模式和运行机制，制定了“三不一高”政策，即不转户籍、不转档案、不发派遣证，收取较高学费，取消了高等职业院校的优惠政策，比普通高校提前试点，但是在教育教学和学校管理方面，依然简单延续“学历升级”的思路，无异于“拔苗助长”。[①] 这是计划经济时代供给导向型的思路，与市场化条件下的需求问题的交锋所必然产生的后果。[②] 第二，行业企业参与职业教育缺乏可操作的制度规定。校企合作政策，存在针对性不强、时效性欠佳、政策体系不完善等困境，[③] 在支持企业参建产业学院与技能培训中心、参与人才培养与实习实训等诸多方面尚不清晰。[④] 企业参与职业教育的权利义务不明确，参与不足导致需求与培养脱节，[⑤] 造成现行制度低效运行状态。第三，禁止就业歧视的法规范围覆盖较窄。《中华人民共和国劳动法》等法律法规明确禁止民族、身体残疾等就业歧视，但如身份歧视、学历院校、经验歧视等没有具体的规定，个人的歧视性偏好是市场歧视的基本决定因素，是形成劳动力市场分割的一个原因。[⑥] 在实

---

① 李进．新中国高等职业教育发展纪实［M］．上海：上海教育出版社，2013：30－32.

② 曾湘泉等．变革中的就业环境与中国大学生就业［J］．经济研究，2004（6）：87－95.

③ 潘海生，宋亚峰，王世斌．职业教育产教融合政策框架建构与困境消解［J］．吉首大学学报（社会科学版），2019（4）：69－76.

④ 王玉龙，郑亚莉．职业教育高质量发展的问题诊断与路径选择［J］．中国职业技术教育，2020（13）：58－63.

⑤ 胡劲松，欧阳恩剑．职业教育校企合作的法律制度建构——法律制度生成理论的视角［J］．教育研究，2018（1）：74－82.

⑥［美］加里·S．贝克尔．人类行为的经济分析［M］．王业宇，陈琪，译．上海：上海三联书店，上海人民出版社，1995：34.

际招聘中，高等职业院校学生与本科以上学生相比，他们更容易遭受院校、学历和生源的就业歧视。此外，互联网成为就业市场中重要的求职招聘渠道，但是近年来一些不法企业发布虚假招聘信息，进行网络欺诈招聘，实质上是传销、校园贷、网络刷单、赌博彩票，侵害毕业生权益，警示网上保障毕业生权益的必要性。

第三节　高等职业院校大学生就业正式制度的逻辑分析

高等职业院校大学生就业制度变迁过程中，政府、教育和市场三种力量相互作用，密切关联，相互博弈，受不同的制度环境的约束，力量对比最终使劳动力市场资源配置呈现不同的形式，在总结历史经验和直面现实问题的基础上，剖析了高等职业院校大学生就业正式制度在政府、教育及市场方面的制度趋势：在政府层面，呈现由保障不足到普遍保障；在教育层面，呈现由效率优先到效率与公平兼顾；在市场层面，呈现由供给驱动到需求驱动的制度逻辑。

一、政府层面：从保障不足到普遍保障

对高等职业院校大学生的就业保障是政府部门责无旁贷的职责，纳入了社会公共就业服务体系。改革开放后，我国政府就业职责由宏观管理向指导服务转变，陆续出台了多项促进学生多渠道就业的具体政策，涉及基层就业、就业指导、就业服务、就业援助、就业补贴、权益保障、自主创业等方面，逐步形成较为配套的就业制度体系。高等职业院校大学生就业正式制度的生成与实施体现保障性的就业制度，核心价值在于学生处于非就业状态享有生存和体面劳动的权利，包括求职就业期间的平等就业权利，在职场中公平的发展权利和没有工作时的社会保障

的权利。总体看，我国保护性就业制度正在从保障不足向普遍保障转变。

第一，就业期间平等就业权保障。高等职业院校大学生初次或再次进入劳动力市场，需要用人单位公正和平等的对待，不因非工作能力或职业资格方面的因素而被歧视。[①] 禁止和消除就业歧视是国际组织和各国都普遍接受的原则，治理就业歧视也是我国权利保护的核心内容，第二节中已经阐述了我国就业保障制度的现状，保护范围尽量覆盖全体学生人群。规范清理影响职业院校毕业生公平就业的政策，排除如城乡、性别、身份限制等制度性壁垒，任何单位不得歧视职业院校学生。[②] 第二，工作中权利保障。高等职业院校学生签订就业协议后，进入工作场所，通过劳动合同确立劳动关系，学生拥有平等权、知情权、隐私权和报酬权，同时，政府的政策更多关注技能人才职业发展，真正认可技能人才的价值，将培养技能人才纳入人才管理体系中。提高技能人才的社会地位和经济收入，实行技能人才奖励政策和激励方法，[③] 建立技能人才培养、使用、评价考核、社会保障、人才交流和服务等制度体系，[④] 落实将技能人才纳入享受国务院政府特殊津贴的制度和优秀专业技术人才同大城市落户制度。第三，没有工作时的社会保障权利。对未就业高等职业院校大学生，如果因病、因残、因老、因丧失劳动能力而退出劳动力市场的状况，纳入社会保障体系，健全失业保险、医疗保险、工伤保险、生育保险和养老保障等制度。此外，就业保护制度也关注了求职就业期间就业歧视、户籍等方面立法、司法等制度的缺位，需要进一步加强制度建设和立法工作。在职业发展阶段出现劳动争议，通过调解、仲裁和诉讼依法解决，推行依法调整，双方自主协商的劳动关系。

---

① 杨伟国．转型中的中国就业政策［M］．北京：中国劳动社会保障出版社，2007.

② 国务院．关于加快发展现代职业教育的决定［Z］．国发〔2014〕19 号．2014－06－22.

③ 国务院．关于大力发展职业教育的决定［Z］．国发〔2005〕35 号．2005－10－28.

④ 中共中央办公厅．关于进一步加强高技能人才工作的意见［Z］．中办发〔2006〕15 号．2006－06－13.

二、教育层面：从效率优先到效率与公平兼顾

任何教育政策的制定都面临价值选择。改革开放初期，恢复高等职业教育制度及其就业制度都是为经济和社会发展服务，注重效率优先，相对忽视公平和人的多元化需求。2004 年，“以就业为导向，以服务为宗旨”的职业教育政策理念转向为产业发展服务，就业的经济功能放大，导致有的高等职业院校片面追求就业率，扭曲了就业的真正意义。2005 年，第六次全国职业教育工作会议提出，职业教育要面向人人，给人们指明了学业和职业发展路径，标志着职业教育注重效率的同时，开始关注学生的职业发展。2009 年开始，为了保障就业弱势群体就业，国家发布多项就业制度，持续不断对就业困难群体提供倾斜性的保护措施，维护就业公平，如给家庭困难学生实行无息贷款，帮助就业困难的学生申请职业鉴定补贴等。[①] 2014 年，习近平总书记在全国职业教育工作会议，提出了要加大对农村、民族、贫困地区职业教育支持力度，让每个人都有人生出彩的机会，为职业教育面向人人，实现公平就业，提供了根本遵循和重要指引。

正如胡德强调政策工具的选择不能是野蛮的（Barbaric），它必须符合某些伦理道德准则。这些伦理道德准则包括正义、公平等，在实践上是在作选择时运用负责任的程序与态度。[②] 表 3－2 所示计划经济和市场经济下用工制度的变迁，体现了两种就业制度在主体、方式、保障、选拔标准及制度去向的差别和发展变化，双向选择的就业制度体现了对个别差异的尊重，激发企业的积极性，讲究效率的同时兼顾公平。在社会主义市场经济条件下，高等职业院校大学生就业制度从重点支持经济

---

① 教育部．关于加快高等职业教育改革促进高等职业院校毕业生就业的通知［Z］．教高〔2009〕3 号．2009－02－26.

② 丁煌，杨代福．政策工具选择的视角、研究途径与模型建构［J］．行政论坛，2009（3）：21－24.

社会发展到兼顾个体的就业需求，保障学生依法享受教育的权利，平等地享有就业机会，对就业困难群体提供倾斜性的保护措施，体现了从追求效率优先到兼顾公平的转变。

表3-2　就业用工制度①

就业制度	用工主体	用工方式	劳动保障方式	选拔标准	制度取向
计划经济	国家	行政配置	配给制	人均有岗	公平
市场经济	企业	市场配置	购买制	择优上岗	效率-公平

三、市场层面：从供给驱动到需求驱动

20世纪60年代以来，通过教育和培训增强人的就业能力，提高就业收益的人力资本理论得到广泛认同，即人力资本的积累可以加速经济增长，发达国家政府采取了以人力规划为基础的供给驱动模式，通过对将来的技能需求在规模、类型、设置专业、招生人数等方面的评估，为人们提供更多的教育培训机会。这种模式特点在于政府对教育和培训的管理和规划，保证经费的投入，但是忽视了学生的就业问题，没有顾及市场需求，导致供求之间错位、政府政策失灵和毕业即失业的现象。1991年，世界银行发起了需求驱动运动，此后，需求逐渐成为各国职业教育改革的驱动力，满足市场需要，保证技能供求的协调。②

我国在计划经济条件下，是典型的供给驱动模式，随着社会主义市场经济体制改革，高等职业院校大学生就业制度从不包分配到自主选择转化，以市场为导向，政府、高等职业院校和学生、用人单位共同参与的就业格局逐步形成，这一改革过程不仅是合理配置资源的过程，而且是供给向需求变迁的过程，反映了就业主体角色的转变、功能的转换、

① 陈晓云．就业行为管理［M］．上海：上海人民出版社，2007：124.

② 王雁琳．从供给驱动到需求驱动：职业教育和培训的制度变迁［J］．教育与经济，2013(4)：42-46.

不同价值取向和就业制度的演变。第一，政府不再拥有毕业生的强制分配权，从计划分配转为宏观调控、政策引导和法治保障，角色从人才的提供者转为裁判者和服务者。第二，高等职业院校可以通过改革将学科专业设置、人才培养与就业市场结合起来，主体地位增强，成为市场所需人才的供给方，为学生就业提供政策引导、就业指导和信息服务。第三，劳动力市场合法化。表现在用人单位拥有了自主权。1985 年，《关于进一步扩大国营企业自主权的暂行规定》，赋予用人单位在人事劳动管理、工资奖金发放等自主权，其次是劳动力市场合法化，1994 年《中华人民共和国劳动法》《关于建立社会主义市场经济体制若干问题的决定》的推行，使劳动力市场成为市场体系的重要组成部分和深化教育改革的主要内容，[①] 供需见面、双向选择成为主要的招人用人方式，对高等职业院校大学生提出了更高的要求。

注重政府干预的供给驱动和全部依赖市场调节的需求驱动都难以实现供求协调，因此，进入需求驱动时代，首先，高等职业院校办学要围绕社会需求，依据产业调整和技术进步，科学设置专业，加强产教融合和校企合作，满足企业需求基础之上满足个性需求，从而既能使企业获得好员工，又能使学生获得“有职业、好职业、新职业”的能力。[②] 其次，促进政府部门和高等职业院校共同建立毕业生就业市场，就业信息由原来单一的计划传输向全国性、地方性、行业性的现场和网络招聘服务转变，定期发布就业质量状况，沟通供需信息，推动供需匹配，同时，构建国家资历框架制度，强化资格证书配置人力资源和信号筛选机制的功能，促使人才供给和劳动力市场的需求相一致，合理配置毕业生资源。

---

① 中央委员会．关于建立社会主义市场经济体制若干问题的决定 [Z]．1993-11-14.

② 姜大源．职业教育：供给与需求辨 [J]．中国职业技术教育，2008：4.

第四章 高等职业院校大学生就业非正式制度研究

美国经济学家、历史学家道格拉斯·诺思（Douglass C. North）认为，正式规则只是决定选择约束中的很小一部分（尽管非常重要），大量的支配结构主要是由行为规范和习俗来确定。[①] 可见，非正式制度普遍存在，其来自社会传递的信息，是文化传承的一部分。高等职业院校大学生就业非正式制度是满足高等职业院校大学生就业需要，被社会共同认可的行为规范，体现在价值观念、意识形态、传统文化和风俗习惯等方面，具有自发性、滞后性和区域性等基本特征。而传统的就业文化理念、固有的职业价值观以及社会资本与现实劳动力市场容易发生冲突，则是构成就业困难壁垒的主要原因之一，比如职业院校学生被贴上低能力的社会标签，影响了他们的自我期望和社会认同。[②] 本研究将就业非正式制度设定为就业文化理念、职业价值观和社会资本，通过梳理我国高等职业院校大学生就业非正式制度的历史变迁过程，诠释了就业非正式制度对高等职业院校大学生就业的影响，深入剖析政府层面、教育层面及市场层面的制度逻辑。

① ［美］道格拉斯·C. 诺思．制度、制度变迁与经济绩效［M］．杭行译，译．上海：格致出版社，上海三联书店，上海人民出版社，2014：43.

② Hallinan M，Williams R. Students'Characteristics and the Peer－influence Process［J］. Sociology of Education，1990，63（2）：122－132.

第一节 高等职业院校大学生就业非正式制度历史变迁

从需求角度看，高等职业院校大学生就业制度供给面对社会和个人两种需求，一是国家发展职业教育，针对社会分工的需求而提高劳动者职业技能，进一步服务经济社会。二是职业教育有助于提高受教育者自身素质和能力，满足其就业需求，丰富发展途径，从而带来一定的经济收益，并改善生活和实现人生价值。高等职业院校大学生就业制度在于加强调控和协调这两种定位，体现着两方面需求的价值。

导向是目标和评价标准的反映，职业价值的目标和评价标准具有发展性，[①] 社会需求导向和个人需求导向，经历了包括专家学者、学生家长等社会公众的期待和评判，这其中也是一个社会认同的发展过程，这种就业文化与公众的价值观共同影响高等职业院校大学生的就业观念，体现就业非正式制度。以下从社会需求和个人需求导向两个发展阶段，分别阐释高等职业院校大学生就业非正式制度历史变迁过程。

一、社会需求导向阶段（1978~2010年）

改革开放后，我国各项事业百废待兴，人才匮乏，国家发展最迫切的任务是多出人才、快出人才。1980年，南京等地方政府积极筹建职业大学，为地方紧缺行业培养专门人才。到1987年，我国职业大学达122所，[②] 但教育在扩张发展过程中，职业大学是否要突出地方性、职业性，以及专业设置特殊性方面，都饱受争议，尤其是面临高等职业教

---

① 孙玫璐．就业导向的职业教育——当今我国职业教育的发展的阶段新选择［J］．职教论坛，2004（5）：13－15.

② 李蔺田．中国职业技术教育史［M］．北京：高等教育出版社，1994：554.

育应培养什么人，怎么培养人，职业性如何落实等核心问题，由于许多职业大学仓促上马，除了师资短缺，规模过小等问题之外，自费、走读、不包分配、推荐就业也是主要特征，但是择优录用的市场化举措在当时计划分配大环境下，显得与社会格格不入，不被家长和学生理解。1991 年，国家教委提出职业大学分流政策，一部分以培养高级技艺人才为目标的高等职业教育，一部分可以办高等专科学校，[①] 分流政策又掀起了办学模式的大讨论，有的学校期望国家赋予其专科学校的待遇，解决经费紧张和毕业生分配方面等问题。有的学校则坚持职业性特点，采取灵活多元的方式，邀请企业共同办学，吸引毕业生到乡镇企业就业，而有的则将分流当作了升格本科院校的大好良机。当时，如何发展高等教育成为从中央到地方政府的办学重点。1993 年，国家出台了“三改一补”政策，即对现有职业大学、成人高校和部分高等专科学校调整专业方向及培养目标，改革、改组、改制发展高等职业教育，可利用少数具备条件的重点中专改制或举办高职班做补充，体现国家在解决职业大学专科化与高等专科学校压缩化问题上的思路，但有学者认为“三改”学校本身基础比较薄弱、条件差、地位低，不能担当高等职业教育发展重任，[②] 这些学校仓促上马，对职业教育理解存在误区，高校表面上招收高等职业院校学生，实际上教材还是使用普通高校教材。[③] 此外，中专学校举办高等职业教育，家长、学生和社会公众认为是中专学校变通升格为高等职业院校，反而给高等职业教育的发展带来了负面影响。

整个 20 世纪 90 年代，高等职业教育改革围绕着服务地方经济和社会发展，培养了一部分紧缺的实用型、技能型人才，但是在高等性和职业性上缺少特色。普遍认为职业院校与本科院校是层次上的差距，而不

---

① 国家教委．加强普通高等专科教育工作的意见［Z］．教高〔1991〕3 号．1991 - 01 - 06.

② 张社宇，李运萍等．中国职业教育制度分析——基于教育公平的视角［M］．北京：高等教育出版社，2015：138.

③ 转型期中国重大教育政策案例研究课题组编．缩小差距——中国教育政策的重大命题［M］．北京：人民教育出版社，2005：318.

是类型上的差距。表4-1为社会需求导向下就业正式制度与就业非正式制度的对比。

表4-1　社会需求导向下就业正式制度与就业非正式制度对比

发布时间	就业正式制度	就业非正式制度
1980年	职业大学实行自费、走读、不包分配、择优录用的就业制度	1. 专家学者：职业大学是突出地方性、职业性，还是专业设置特殊性； 2. 家长和学生：自动舍弃就业的统包统分，显得与社会格格不入，不被家长和学生理解
1996年	“三改一补”：对现有职业大学、成人高校和部分高等专科学校调整专业方向及培养目标，改革、改组、改制发展高等职业教育，仍然不满足时，可利用少数具备条件的重点中专改制或举办高职班做补充	1. 专家学者：“三改”学校本身基础比较薄弱，条件差，地位低，不能担当高等职业教育发展重任； 2. 专家学者：有的高职院校仓促上马，对发展方向没有头绪，招录学生是高职院校学生，使用教材却是普通高校的教材； 3. 家长和学生：中专办高职，搞变通升格给高职教育带来负面影响
1999年	“三不一高”：高职毕业生不包分配，不使用就业派遣报到证，不转户籍，学生缴费高	1. 专家学者：需要扶持的高职教育，承担改革重任，有失公平； 2. 家长和学生：收取较高学费，谁甘愿负重；降分收费，对培养质量怀疑
2004年	以就业为导向：高等职业教育应以服务为宗旨，以就业为导向，走产学研结合的发展道路； 在培养模式上，实行校企合作，订单培养，推行双证书制度，培养学生的就业能力	1. 专家学者：就业之于职业教育，就像治病之于医生，是其责任和功能； 就业导向只是面对严峻的就业形势，职业教育为纠偏而采取的阶段性政策导向； 2. 家长和学生：面对就业难，就业观念难以向大众化转变，就业制度出现认同困境

1999年，教育部、国家计委实施了新管理模式和运行机制，提出毕业生不包分配，不再使用就业派遣报到证、不转户籍、学生缴费较高的“三不一高”的政策，这无疑是高等职业教育适应社会主义市场经

济发展的重要改革举措，但是有学者认为，需要扶持的高等职业教育，承担如此重任，政策价值与目的分离，暗含教育歧视，有失公平。[①] 高等职业院校学生每年要收取比本科生高 1.5 ~2 倍以上的学费，谁甘愿背此重负?[②] 社会上有家长认为，收取较高学费、降分录取，进而对学校的培养质量产生怀疑。在 1999 年和 2000 年，高等职业院校学生数分别增长了 42.9% 和 42.3%，2003 年，高等职业院校招生数达到 382 万，毕业生就业难和技工荒矛盾同时凸显，培养的学生无法顺利进入劳动力市场。为了解决就业结构性矛盾，从中央到地方政府展开广泛的调研，2002 年 7 月，召开了全国第四次职业教育工作会议，强调职业院校要适应经济、社会发展和劳动力市场需求。2003 年 4 月，国务院专门部署就业工作，要求各高校及时公布当地毕业生就业率，将就业率与学校其他 18 个方面业绩挂钩评价；并且不断健全就业指导机构，要求其承担就业教育，转变学生就业观念，发布就业信息等职能，以就业和社会需求为导向首次出现在政策文本中。

真正的职业教育在于它是一种为装备青年人走向认知职业而设计的教育模式，从而保证毕业生“与经济活动的实际需求相一致”。[③] 就业之于职业教育，就像治病之于医生，是其责任和功能。[④] 2004 年，教育部发布了以就业为导向、深化高等职业教育改革的政策，实行校企合作、订单培养、推行双证书制度，培养学生的就业能力，推动计划向市场转变，给高等职业教育发展带来积极成效。但这也只是面对严峻的就业形势，职业教育为纠偏而采取的阶段性政策导向，忽视了育人目标。[⑤] 由于就业难，政策宣传和社会舆论要求高等职业院校大学生转变

---

① 张社宇，李运萍等．中国职业教育制度分析——基于教育公平的视角［M］．北京：高等教育出版社，2015：138.

② 李均．我国高等职业教育法规与政策探析［J］．职业技术教育，2003（04）：13－15.

③ Snedden，D. Fundamental distinctions between liberal and vocational education［R］．NEA Proceedings，1914：155，160.

④ 孙玫璐．就业导向的职业教育——当今我国职业教育的发展的阶段新选择［J］．职教论坛，2004（5）：13－15.

⑤ 徐涵．就业导向的职业教育反思［J］．教育与职业，2006（15）：5－8.

就业观念，到基层、企业、农村就业，先就业再择业，灵活就业、自主创业等。但学生和家长的就业倾向和价值取向却正好相反，他们要在体制内就业、大单位就业和大中城市就业，充满了对体面工作的期望和认可，从能就业到就好业是就业质量的差别，反映了人们对就业制度的认同困境。①

二、个人需求导向阶段（2010 年至今）

在终身教育理念和大职教观的推动下，国际组织和世界发达国家将职业教育贯穿于一个人的生涯发展全过程，注重培养学生的适应力和迁移能力，从而开展了系列化的研究探索。比如世界经济合作与发展组织（OECD）发起了职业教育过渡到工作的研究，美国开始实施学校到生涯，欧盟（2006 年）提出了实现职业教育现代化，满足个体生涯发展和终身学习的需求。

我国在就业导向的政策实施后，虽然高等职业院校学生就业率逐年攀升，但也出现了薪资低、不稳定，缺乏职业发展前景等问题，有人认为高等职业院校教育就等同于谋职教育和岗前培训，② 就业导向关注了教育的经济功能，而个人发展则服从于经济社会发展，一定程度上忽视教育的育人功能和学生的生涯发展。随着我国经济社会发展进入新常态，产业结构逐步升级，对技能型人才的要求则进一步提升，这就要求高等职业院校培养多类型、多规格、多层次的应用型人才。同时，随着终身教育理念的推进，学习型社会建设成为我国国民经济和社会发展的重要目标之一，所以，重视内涵式教育发展，提高学生就业质量，成为高等职业教育发展的重要任务。

2010 年，《国家中长期教育改革与发展纲要（2010—2020）》确

---

① 桑锦龙．教育转型与专科毕业生就业［M］．北京：社会科学文献出版社，2008：93.

② 张瑶祥．高职院校“好就业、难招生”现象分析——基于社会分层视角［J］．教育研究 2013，34（05）：90－95.

定了满足人民群众需要和经济发展需求的现代职业教育体系建设目标，职业教育要面向人人、面向社会，培养学生的职业道德、职业技能和就业创业能力，核心是要提高人才培养质量。我国政府需要创新高等职业教育办学理念，期望每个学生成长成才，构建尊重技术技能人才的文化价值观。[①] 2014 年，我国第三次全国职业教育工作会议召开，创新发展职业教育成为全国的共识，高等职业教育的发展路径更加明晰，以促进就业为导向取代了以就业为导向的理念，个人生涯发展成为现代职业教育的办学理念。由此表明传统的就业文化理念和职业价值观并不符合社会和人的发展需求，无法培养与之匹配的高素质技术技能人才，现代职业理念以人为本、关注人的生存和发展、关注人的心灵净化与觉醒。[②] 表 4－2 为个人需求导向下就业正式制度与就业非正式制度的对比。

表 4－2　个人需求导向下就业正式制度与就业非正式制度对比

时间	就业正式制度	就业非正式制度
2010 年	国家中长期教育改革与发展纲要： 职业教育要面向人人、面向社会，培养学生的职业道德、职业技能和就业创业能力，确定了满足人民群众需要和经济发展需求的现代职业教育体系	1. 专家学者：以人为本、关注人的生存和发展、关注人的心灵净化与觉醒 2. 家长学生社会共识：更新观念，让每个孩子成为有用之才，建设尊重技术技能人才的文化价值观
2014 年	加快发展现代职业教育的规定及实施方案： 建立现代职业教育的指导思想，以促进就业为导向，取代了以就业为导向，体现了终身教育理念，对个体发展与需求指明了各种发展路径	1. 专家学者：生涯导向职业教育的核心理念在于满足学生的个性化生涯发展需求 2. 家长学生社会共识：坚持育人为本，职业教育面向人人，面向全社会

① 鲁昕．推动教育结构科学调整让每个孩子都成为有用之才．（2017－11－17）［2020－05－11］．http：//old. moe. gov. cn//publicfiles/business/htmlfiles/moe/moe_ 176/201211/144865. html.

② 杨金土．职业教育的“现代”理念［J］．中国职业技术教育，2006（7）：5－7.

续表

时间	就业正式制度	就业非正式制度
2019 年	国家职业教育改革实施方案： 职业教育是教育类型之一，完善学历教育与培训并重的现代职业教育体系 职业院校毕业生在落户、就业、职业发展方面与普通高校毕业生同等待遇	1. 专家学者：更关注个体的多样化、差异化需求，职业教育关注技术技能提升，注重职业素质和个体生涯发展 2. 家长学生社会共识：机关和企事业单位招聘不得歧视职业院校毕业生

第二节　高等职业院校大学生就业非正式制度对就业的影响

道格拉斯·诺思（Douglass C. North）指出非正式制度源自于有价值的文化传统，非正式制度的诸多构成要素以观念形态呈现。马克·格兰诺维特（Mark Granovetter）则认为，制度总要嵌入特定的社会结构与社会文化中，经济主体的行为在一定程度上会受到文化和价值规范等因素的影响，体现“社会嵌入性”。由此可见，制度的路径依赖性与嵌入性揭示了非正式制度安排在就业中的重要性，通过影响就业制度主体的价值取向与思维方式，规范与约束就业制度主体的行为选择，促进就业制度的变迁和创新，推进就业制度改革建设进程。高等职业院校大学生就业非正式制度是就业主体共同认可的行为规范，人们所接受的价值观念、意识形态、风俗习惯和文化传统等因素，在潜移默化地规范着就业行为。本研究从就业文化理念、职业价值观和社会资本等方面探讨非正式制度对高等职业院校大学生就业的影响。

一、就业文化理念对高等职业院校大学生就业的影响

（一）就业文化理念的内涵与特点

《辞海》中关于理念的界定是：看法、思想、思维活动的结果，也

有理论、观念的意思，通常指思想。理念与观念联系紧密，观念是古希腊哲学家德谟克利特最早使用，柏拉图将观念描述为理念，并以事物的本质和共性的形态出现，马克思主义哲学则主张，观念是移入人的头脑并加以改造，人们的观念总是和特定的价值标准以及信仰紧密联系在一起，上升到理性高度的观念叫理念。关于文化的界定，联合国教科文组织认为文化应被视为一个社会和集团的精神和物质、知识和情感的所有与众不同的显著特征的集合总体，除了艺术和文学，它还包括生活方式、人权、价值体系、传统以及信仰等。文化是在人们的生存和发展中形成并通过人们的各种活动而表现和传承的行为方式、价值观念、风俗习惯、语言符号、知识系统的整体。① 从文化理念的角度分析就业，就业文化理念是人们在就业方面表现和传承的价值观念、风俗习惯、行为方式等，是人们在长期开展就业活动的过程中形成的，是对就业的无意识的、相对稳定的认识和反映。

就业文化理念特点在于，第一，内生性。制度生成的过程是经验积累、多因素作用渐进的过程，是与人们的思维方式、理念等紧密地联系在一起，制度提供了一个认知框架，个体嵌入于由风俗和惯例组成的制度中，是内生的，决定着个体行动者的自我认同、角色定位和偏好。从个体层面，就业文化理念具有个别差异性，从国家和社会层面，就业文化理念以文化的形式对就业产生持久影响力。第二，相对稳定性。就业文化理念形成后，具有路径依赖的特征，在实践运行过程中很难改变，除非内外部制度环境发生变迁或者创新，就业文化理念才会随之逐渐发生改变。第三，区域性。就业文化理念是与特定区域的经济社会、制度政策、文化传统等联系在一起，具有鲜明的区域特征和地方特色。第四，阶段性。就业文化理念体现的是某一特定历史阶段的特点，一定程度上反映了其所处时代的阶段要求和任务内容。新中国成立之初，我国教育发展借鉴前苏联模式，是基于职业教育发展理念适合新中国发展的

---

① 石中英．教育学的文化性格［M］．太原：山西教育出版社，2007：86.

需要，改革开放以来，以社会需求导向和个人需求导向非正式制度的变迁，我国政府逐渐认识了职业教育在社会经济发展和人的发展中的重要作用，体现了就业文化理念阶段性的特点。

（二）就业文化理念对高等职业院校大学生就业的影响

文化传统在不同民族、不同社会有不同表现，融汇与制约教育的各个方面，使教育形成与文化传统相契合的本土特色。[①] 长期以来，受社会本体论哲学思想影响，中国传统文化偏好，强调群体的规范性，一定程度上束缚了个性化发展。在教育思想方面，容易引导人们养成了重义轻利，重集体轻个人的倾向，同时也严重束缚了人的思想，缺乏独立的创新精神。[②] 新中国教育思想是在继承传统教育并在吸收外来教育的基础上逐步形成的，其中，既包含优秀的教育理念和制度，也有消极的落后的教育思想、就业理念和人才观念，还没有完全摆脱传统的思想观念的影响。改革开放后，我国把发展职业教育作为经济社会发展的重要基础，为经济发展服务成为高等职业院校改革与发展的基本价值追求，同时也为社会弱势群体开辟了成才通道，与此同时，也产生了对高等职业教育及就业的传统偏见，甚至一直延续至今，表现为重视社会需求，忽视个人的多元化需求。第一，我国主流的教育观念受社会本位论的影响，在计划经济体制下得以肯定和确认，主张教育应该承担为国家与社会服务的责任。如高等职业院校办学更偏重于满足经济社会的发展需要，以提高受教育者个人素质满足经济社会发展需要，培养对国家社会有用的人才。在这个过程中，把人的价值归结为对经济社会发展的贡献，容易忽视个人的多元化需求。第二，片面强调职业教育的经济功能，与职业教育的社会功能相互矛盾。如高等职业教育为不利群体获得高等教育机会，发挥职业教育的社会功能，而就业导向关注了教育的经济功能，个人的发展服从于经济社会发展，一定程度上忽视教育的育人

① 郑金洲．教育文化学［M］．北京：人民教育出版社，2005：375.

② 顾明远．中国教育文化的基础［M］．太原：山西教育出版社，2018：103－115.

功能和学生的生涯发展。

二、职业价值观对高等职业院校大学生就业的影响

（一）职业价值观基本内涵

我国《现代汉语词典》对“职业”的解释是个人从事的社会工作，主要指满足生活来源的需要。职业的出现与社会分工相联系，与个人拥有的知识技能相联系，与获得基本生存需要的报酬有关。价值观在《辞海》中的解释是一种评价的结果，是个人对外在世界以及自身行为的作用、意义的总体评价。在哲学概念中，价值观是人们对价值的信念、理想和标准的总称。伦理学概念中，价值观是人们所追求的最重要、最值得的观点和评价标准。关于职业价值观概念，学者凌文辁认为价值观在职业选择上的体现就是职业价值观，指个人对职业生活之能力意愿及态度倾向，以支持或指导个人行为。① 余华和黄希庭认为，职业价值观是反映人们职业方面的人生价值观，是对社会职业需求的评价。② 本研究认为，“道不同不相为谋”，其中的“道”就是文化和价值观。用人单位会选择并任用“志同道合”的人才，选用那些与单位价值观一致的人。个体也更倾向寻找与自己价值观契合的组织，只有为自己认同的目标工作时，才能专心投入，释放活力。

（二）职业价值观对高等职业院校大学生就业的影响

本研究认为，高等职业院校大学生的职业价值观是学生对待职业的态度、信念和职业价值取向的总和。在社会生活中，通常是主流价值观支配着人们的职业选择。某个职业体现的经济条件、政治地位、社会意义以及是否符合个人兴趣，构成了毕业生进行职业选择的主要参照系

---

① 凌文栓，方俐洛，白利刚．我国大学生的职业价值观研究［J］．心理报，1999（3）：342－348.

② 余华，黄希庭．大学生与内地企业员工职业价值观的比较研究［J］．心理科学，2000（6）：739－740.

统。[①] 联合国教科文组织曾提出，职业教育应将培养学生的人格、道德观念、职业价值观及责任心放在重要的位置，[②] 强调职业教育在培养学生职业价值观中的重要意义。职业价值观对高等职业院校大学生就业的影响，在不同国家表现出较大的差异性，比如西方传统学徒制中就包括着对技艺保密的职业精神。还比如在德国文化中，职业是上帝委派的，是一个人一生的使命，劳动者对自己的职业有强烈的自我认同感。[③] 德国有句谚语“鞋匠，别离开你的楦子”，则是对每个人都应当恪尽职守，兢兢业业做好本职工作的最好诠释。[④] 正是这样的职业价值观，为以职业为导向的职业教育制度运转提供了强大的思想支撑。[⑤] 随着工业社会的兴起，对工作的高度负责、团队精神、忠诚、主动进取成为职业价值观的代名词。但是到了20世纪70年代，在欧洲就业危机中，年轻人心中产生了集体幻灭的失望感。布厄迪剖析发现由于学历竞争的白热化改变了社会各阶层与教育制度的关系，进而扭曲了文凭与岗位之间的联系，[⑥] 极大地改变了年轻人的期待，带来了忧郁、模糊和可逆性的工作观变化。

我国高等职业院校大学生职业价值观深受就业文化理念的影响，第一，中国的传统教育提倡读书救国，教育兴国，但也滋生了“学而优则仕”“读书做官”的价值观，形成士农工商的等级观念，扭曲了对其他职业的评价。第二，鄙薄职业教育，重学历轻学术，信奉“劳心者治人，劳力者治于人”，鄙视劳动，成为能工巧匠不是人们主动的职业选择，反而是社会底层弱势群体及其子女迫于生计的谋生手段。近代将科学和技

---

① 高宇．当代大学生就业价值观问题研究［M］．沈阳：辽宁大学出版社，2015：23.

② 联合国教科文组织．关于技术与职业教育的建议［R］．1963.

③ Greinert W. The German philosophy of vocational education［C］// Clark，L. & Chrisopher W. Vocational education：international lapproaches，developments and systems Oxon：Routledge，2007：55.

④ 陈莹．论德国职业教育本质特征及其发展动力［M］．上海：上海三联书店，2015：180.

⑤ 陈莹．论德国职业教育本质特征及其发展动力［M］．上海：上海三联书店，2015：41.

⑥ ［法］劳伦斯·罗兰—伯格．走出西方的社会学——中国镜像中的欧洲［M］．胡瑜，译．北京：社会科学文献出版社，2014：32－33.

艺视为奇技淫巧和末流，不仅为人所轻，甚至离经叛道，当时学校不传授技术，加上工业化不发达，职业教育一直没有被纳入正规，对职业教育的偏见和歧视一直延续至今，有的人认为职业教育是低层次的教育类型，许多家长和学生认为选择中高等职业教育是不得已的就学行为。

职业教育以就业为导向的价值观影响着学生的就业和职业发展。以就业为导向的政策虽然体现职业教育的本质要求，有利于推动毕业生就业，但接受职业教育纯粹为了就业就会引起学校片面地将职业教育视为就业教育，将毕业生就业率作为评判职业教育质量的唯一指标。矫枉过正，反而损害了职业教育的真正价值，忽视了学校教育的整体发展。随着就业制度的变迁，毕业生自主择业意识明显增强，重视福利待遇和自身发展等方面逐渐成为职业选择的标准，个人本位的价值观得到广泛的认同，求职意向呈现多元化趋势。[①]

三、社会资本对高等职业院校大学生就业的影响

（一）社会资本基本内涵

一项好的制度变迁并不一定必然产生好的制度绩效，但制度绩效很大程度取决于社会资本。非正式制度源于社会关系网络，这种网络由个体形成并在互动中不断强化，体现了亲密团体中群体成员的利益和偏好。有研究认为，东亚国家经济的发展是新儒家文化和谐、重人际关系的结果，体现了社会资本的内容。我国著名学者费孝通先生提出了中国社会存在的差序格局，为认识与理解我国社会结构、人际关系及现代管理产生了重要影响。

社会资本被定义为社会关系和社会网络资源，首次提出是在 20 世纪 70 年代后期，[②] 法国社会学家布尔迪厄（Bourdieu）改造和发展了马

---

① 贾金玲．当代大学生职业价值观的分析与思考［J］．教育与职业，2005（32）：26－28.

② Hanifan，Lyda J. The Rural School Community Center［J］. Annuals of the American Academy of Political and Social Science，1916（67）：130－138.

克思的资本理论，提出“场域”和“资本”的概念。[①] 其中，“场域”是以各种社会关系、形式多样的场合或领域，提出经济资本、文化资本和社会资本的分类；而格兰诺维特（Granovetter）将社会资本分为强弱社会关系，强调人类社会互动过程中，源于社会关系网络的非正式制度与正式组织规则的相互作用，使整个制度结构表现出冲突与融合的多种不同形态。在社会资本与正式制度相互作用下，制度结构呈现不同的状态，对社会生活也产生不同程度的影响。

（二）社会资本对高等职业院校大学生就业的影响

尽管现代教育理念强调职业教育对推动就业匹配、就业能力养成和淡化社会资本等观点获得更多的支持，但在就业市场中，具有相同人力资本的个体，因为社会资本的差异，导致就业状况不同。欧洲社会学家认为，友情网络便于年轻人分享资源，在求职中相互帮助，发挥重要的作用。年轻人求职是一种符号经济活动，依靠介绍、信任和格尔茨所说的面对面交流、强弱连带在不同劳动力市场中相互转换。[②] 在我国，传统文化注重人际关系，对人际关系的过度依赖和个人权力的介入，常常使权力和关系成为资源配置的推动力。在教育领域，学校的单位制度是计划时代的产物，是科层制度与宗法制度的集合点，同时也是行政制度、企业制度与户籍制度的交互点，单位制度下非正式关系体现了纵向的庇护关系和横向的私人“圈子关系”。[③] 当就业正式制度无法提供足够的供给资源和保障利益的时候，就业者就会通过关系网络渠道争取更多的就业机会。学校除了满足社会和家长的求学就业期待，还要与用人单位进行感情投入，以便用人单位接收更多的本校毕业生。用人单位也会接受通过校友、朋辈和亲友途径推荐的毕业生，以便获得更高的人职

---

① ［法］皮埃尔·布迪厄．文化资本与社会炼金术［M］．包亚明，译．上海：上海人民出版社，1997：202.

② ［法］劳伦斯·罗兰—伯格．走出西方的社会学——中国镜像中的欧洲［M］．胡瑜，译．北京：社会科学文献出版社，2014：30－31.

③ 张继焦．市场化中的非正式制度［M］．北京：文物出版社，1999：25－26.

匹配效率。

第三节　高等职业院校大学生就业非正式制度的逻辑分析

在分析高等职业院校大学生非正式制度历史变迁和影响就业的基础上，本节剖析高等职业院校大学生非正式制度在政府、教育及市场方面的制度逻辑：在政府层面，呈现为经济发展服务到以人民为中心的发展；在教育层面，呈现从单一的社会本位到社会与个人兼顾；在市场层面，呈现从就业偏好走向灵活就业。

一、政府层面：为经济发展服务到以人民为中心的发展

国际劳工组织（ILO）倡导实现所有劳动者体面劳动是政府实施教育、培训与终身学习工作的首要目标。[①] 纵观职业教育发展变迁过程，非正式就业制度方面的价值导向变革是重要的变革之一，在国家制度层面上，经历了从教育为经济发展服务到以人民为中心的发展理念转变。改革开放以后，以经济建设为中心成为中国社会的主导思想和主要任务，这一理念反映到教育领域，要求高等教育为社会主义建设做贡献，承担着科教兴国、提高劳动者素质和开发人力资源的职责。整个90年代到新世纪初期，虽然教育产业化的提出遭遇短暂的争议，但是教育为社会主义市场经济建设服务仍然得以延续。

21世纪初，国家加强了就业制度建设，将就业问题解决的成效作为衡量政党治国理政的标志，将就业与民生发展，教育的目标与人民满

---

① ILO. Recommendation Concerning Human Resources Development：Education，Training and Life Learning［R］. Hugo Barretto Ghione，2004（195）：136.

意联系起来，突出以人民为中心的发展理念。2005 年，党中央、国务院提出了就业是民生之本，在实施积极就业政策的基础上，对就业再就业工作进行部署，[①] 将就业问题的解决，提高到衡量政党执政和治国的高度。党的十六大期间，党中央将就业和再就业放在更加突出的位置，就业制度作为改革发展稳定的重要内容确定下来。2010 年，新世纪第一次全国教育工作会议上，确立了教育以人为本的主题，回归教育的育人本质。2012 年，党的十八大相继提出了办好人民满意的教育，推动高等教育内涵发展，实现就业更高质量发展。2015 年 10 月，党的十八届五中全会首次提出了以人民为中心的发展思想，从人民最关心的教育问题解决为出发点，促进人的全面发展和满足人民对美好生活的需要作为落脚点。2017 年，党的十九大报告指出要加快教育现代化，办好人民满意的教育，实现高质量就业和更充分就业的目标。2022 年，党的二十大报告强调了实施就业优先战略，强化就业优先政策，加强困难群体就业帮扶，消除就业歧视，使人人通过勤奋劳动实现自身发展的机会。

可见，坚持以人民为中心的发展理念，彰显了人民至上的价值追求，贯穿于党中央治国理政的全部实践之中。进而在职业教育领域，我国政府以人民为中心的发展思想的重大转变无疑是对过去职业教育制度的调整、变革和创新，既要满足经济社会的发展，又要凸显人的发展因素，实现经济社会的发展和人人发展的协调和统一，这对高等职业院校大学生就业制度的价值理念产生连带影响。[②]

二、教育层面：从单一的社会需求到社会与个人需求兼顾

在大职教观视野下，现代职业教育体系满足现代社会发展的需求，

---

① 国务院．关于进一步加强就业再就业工作的通知［Z］．国发〔2005〕36 号．2005－11－04.

② Baker，R.，Education for Employment：Programmatic Propositions［M］．Auburn，Al：Center for Vocational Education，Auburn University，1984：9.

包含了经济社会、社会群体和职业人个体三个层面的需求，① 从职业教育价值方面，体现从社会本位向社会与个体本位兼顾的转变。

第一，满足经济社会的发展需求。第二次世界大战以后，世界各国不断推动高等教育的大众化和普及化，同步推进了技术技能人才的培养，为各国经济社会发展提供了人才支持，与此同时，各国也出现了就业难的问题，许多国家将职业教育作为重点路径进行规划和发展，旨在解决就业问题。我国改革开放至今，中高等职业教育规模增长快速，布局更加合理，可以更好地服务区域和地方的经济建设和社会发展，但目前以就业为导向的价值在于，要求社会高度关注职业教育面临的严峻就业形势，重视劳动力市场对职业教育的挑战和影响，② 充分发挥职业教育满足经济社会发展需求的作用。

第二，满足人民群众的需求。在经济社会新常态下，工作世界发生变化，使得我们无法预测特定人群将要从事什么样的工作、如何从多种工作中选择合适的工作及今后四十年工作生活的特点是什么。③ 主要体现在技术技能人才的工作模式发生根本变化，工作过程去分工化；人才结构去分层化；技能操作高端化；工作方式研究化；服务生产一体化，过去的学习或者培养方式显然不足以适应这种变化。④ 因此，发展现代职业教育，就是要满足人民群众适应工作世界变化的强烈需求。

第三，满足学生个体的成长需求。人类接受教育和从事劳动就业，业已成为自身生存和发展的基础活动，只有教育才能使人成为人，这是教育的责任。⑤ 而且教育面对的是充满思想、情感的鲜活个体。教育的

---

① 陈鹏．大职教观视野下现代职业教育体系的构建［J］．教育研究，2015（6）：70-78.

② 孙玫璐．就业导向的职业教育——当今我国职业教育的发展的阶段新选择［J］．职教论坛，2004（5）：13-15.

③ Baker，R.，Education for Employment：Programmatic Propositions［M］．Auburn，Al：Center for Vocational Education，Auburn University，1984：9.

④ 徐国庆．智能化时代职业教育人才培养模式的根本转型［J］．教育研究，2016（3）：72-78.

⑤ 项贤明．泛教育论——广义教育学的初步探索［M］．太原：山西教育出版社，2004：535.

最终目的不是传授已有的知识，而是引导人的创造力。[①] 新制度经济学是以人为本的，重视学生的职业发展，满足人的发展需求。[②] 这种生涯发展的理念在于避免单纯为就业引起的工具性价值，实现社会价值和人的发展价值的统一，体现了终身教育的理念。[③]

我国建立现代职业教育体系关注以人为本，要求职业教育满足经济社会与人的发展需求，倡导高等职业院校落实立德树人的根本任务，培养全面发展的社会主义接班人和建设者。这一转变无疑是对过去职业教育制度和就业制度的调整、变革和创新。现代职业教育的价值取向，主张教育为个人发展服务与为国家服务的关系，不是矛盾的，而是一件事情的两面，是和谐统一和矛盾的消解。[④] 在以人民为中心发展理念指导下，现代职业教育人才培养关注社会需求和产业变化，专业建设覆盖社会上多数职业，并且体现层次性，同时，注重学生的专业知识和专业技能，重视职业生涯发展，兼顾职业教育的经济功能和社会功能，充分发挥职业教育的价值。[⑤] 当前社会所推崇的职业教育价值取向应该实现社会需要和个人需要的辩证统一，实现社会本位和个人本位的均衡发展。[⑥]

三、市场层面：从就业偏好到灵活就业

面向市场是高等职业教育的主导思想，高等职业院校在办学、人才培养和就业工作中始终遵循着这一方向。在高等职业院校办学理念中，需要适应经济社会发展、产业升级和技术进步状况，制定符合社会需求

---

① 闫广芬．研究生教育的理性思考［J］．学位与研究生教育，2005（12）：1－6.

② 郝天聪，石伟平．就业导向，还是生涯导向？——职业教育发展两难抉择的破解之策［J］．教育科学，2017（4）：59－65.

③ ［美］约翰·杜威．民主主义与教育［M］．北京：人民教育出版社，1990：335.

④ 石中英．教育学的文化性格［M］．太原：山西教育出版社，2007：289－290.

⑤ 石伟平，匡瑛．职业教育［M］．北京：科学出版社，2018：64.

⑥ 杨金土．以人为本的职业教育价值观［J］．教育发展研究，2008（1）：65－68.

导向和个人需求导向的长远规划；在专业设置和调整方面，需要积极适应地方行业产业结构、规模和效益；在人才培养目标、规格和模式方面，与地方产业、行业、企业岗位需求相匹配，产教融合、校企合作、工学结合是必由之路；就业方面，面向市场，自主择业，使高等职业院校学生知识、能力和素质符合企业职业岗位，保证培养质量，满足劳动力市场需求，体现了毕业生就业偏好到灵活就业的转变。

就业偏好是指就业主体对某种职业的认识、态度和倾向，以及所要达到的目标期望，包括对行业、地域、单位性质、收入等方面的偏好。基于就业制度在市场化改革过程的分析，毕业生就业偏好主要表现在两个方面，第一，就业期望偏高。有的学生没有摆脱计划体制的影响，在择业时偏重于大中城市、东南沿海，青睐机关、事业单位和国企等，有的还过分依靠家庭背景、父母的社会关系就业，缺乏竞争意识与职业风险意识，最终由于求职面狭小而出现就业阻滞问题。第二，有业不就。有的毕业生希望找到工作环境、工资待遇、福利待遇和发展前景都比较好的工作，这种高标准的择业目标无法实现，毕业生又不愿意降低标准，只能选择“有业不就”或者“慢就业”。

随着社会主义市场经济体制的建立，一方面，大学生的自主意识、竞争意识、责任意识和强烈的个人成就感等价值观念得到极大的增强，同时，个人主体地位确立使个人价值与社会价值结合和实现的方式发生变化，而高等职业院校就业制度变迁促进了毕业生从选择专业学科向主动择业、积极就业转变，进而更加重视个人能力、兴趣爱好、薪酬待遇和自身发展，考虑自我价值实现。另一方面，劳动力市场呈现就业形态多元化，比如升学出国、灵活就业、自主创业等多种就业方式出现。过去被学生偏好的正规稳定工作，正在被自由职业、自主创业、非全日制工作等灵活就业方式所补充，包括临时性就业；非全日制工作；临时介绍所工作和其他多方雇佣关系；隐蔽性雇佣关系和依赖性自雇就业。[①]

---

① 国际劳工组织．世界非标准性就业：理解挑战、塑造未来［R］．2016.

近年来，新型业态大量涌现，我国电商平台、分享经济和自主创业的发展都推动了灵活就业的兴起。2020 年 7 月，国务院颁布了《关于支持多渠道灵活就业的意见》，将支持灵活就业作为稳就业和保就业的重要举措，转变固定就业观念，灵活就业将成为大学生就业去向的新选择。

第五章　高等职业院校大学生就业制度实施机制研究

高等职业院校大学生就业制度变迁历程发现，政府主导实施了这一进程。长期以来，我国对职业教育的认可度不高，如果没有政府的宏观管理，就不可能实现每个阶段制度要达到的目标，惠及相应的目标群体。在这期间，政府、学校和企业等就业主体的职能发生了变化，2004年，教育部等七部门联合制定《关于进一步加强职业教育工作的若干意见》指出，[①] 政府参与职业教育的职能由直接管理向宏观引导转变，发挥地方政府统筹，校企合作办学的作用。2022 年，新修订实施的《职业教育法》进一步强调了职业教育实行政府统筹、分级管理、地方为主、行业指导、校企合作、社会参与，为促进毕业生就业创业，建设现代职业教育体系提供了法律依据。本章阐述了高等职业院校大学生就业制度实施机制的历史变迁过程，明晰就业制度实施机制运行状况，深入剖析表现在政府层面、教育层面和市场层面的制度实施机制逻辑。

第一节　高等职业院校大学生就业制度实施机制历史变迁

改革开放后，我国恢复了中央统一领导两级管理的高等职业教育。

① 教育部等七部门．关于进一步加强职业教育工作的若干意见［Z］．教职成〔2004〕12 号．2004－08－16．

20 世纪 80 年代，为了鼓励地方政府和学校的办学积极性，国家将高等职业教育调整为中央、省、中心城市三级办学，毕业生不包分配，实行择优推荐录用的就业机制。20 世纪 90 年代，高等职业教育改革围绕教育主体扩充开展，拓宽了高等职业院校的办学路径，逐步实行学生和用人单位双向选择的就业机制，1999 年至今，国家下放了院校审批设立权，形成了中央和省级政府两级管理、地方统筹管理为主的模式，毕业证责权下放到省政府和学校，实行毕业生自主择业机制，这种新模式的转变标志着我国高等职业院校大学生就业制度实施机制从集权管制到分权治理的历史变迁。

一、统一领导分级管理阶段（1978～1999 年）

1978 年 2 月，国务院发布《关于恢复和办好全国重点高等学校的报告的通知》，[①] 指出少数重点高校由国务院直接领导，多数院校以部委为主，接受部委和地方双重领导，面向地方的重点高校则由相关部委给予支持，原则上由地方领导。1979 年 9 月，国家恢复了中央统一领导、两级管理的高等教育机制。1980 年，第一所短期职业大学金陵职业大学在南京成立，接着常州职业大学、江汉大学（武汉）、杭州工业专科学校等 13 所同类型学校创办，成为最早一批的高等职业院校，这一时期，毕业生不统一分配，而实行择优推荐录用的就业机制。[②] 1983 年以后成立的高等职业院校，由主管地方人民政府和中央各部委分别审批，报教育部、国家计委备案。1985 年 5 月，国务院发布了《中共中央关于教育体制改革的决定》，完善办学管理体制和就业机制。[③] 实行中央、省、中心城市三级办学体制，激励政府和高校的办学积极性，逐

① 国务院．关于恢复和办好全国重点高等学校的报告的通知［Z］．国发〔1978〕27 号．1978－02－17.

② 叶春生．二十年的实践与探索——高等职业技术教育论文集［M］．北京：高等教育出版社，2004（6）：219－220.

③ 国务院．中共中央关于教育体制改革的决定［Z］．1985－05－27.

步实行学生和用人单位双向选择的就业机制，各地开始举办由学校与各省市、部委主管部门面对面大型分配洽谈会。1989 年，国务院批转国家教委改革高等学校毕业生分配制度报告，即“中等改革方案”，要求各地、各有关部门和高校成立就业指导机构，此后，各省市、自治区毕业生就业指导中心先后成立，开展毕业生就业指导与服务。

1993 年，《中国教育改革和发展纲要》指出，[①] 做好高等专科学校和高等职业学校审批下放的试点工作，逐步形成中央、省两级办学为主、社会各界参与的办学体制，提出“三改一补”改革方案，即改革职业大学、高等专科学校和成人高校办学模式，少数重点中专学校举办高职班方式作补充。1996 年《职业教育法》的颁布，助推高等职业教育进入了快车道。由于毕业生人数增加，供需矛盾缓减，各地出现了限制外地生源进入本地就业的现象。1998 年，国家实施教育振兴行动计划和全面推进素质教育进程，强调要有计划有步骤大力发展高等职业教育。在就业机制上，国家成立了教育部、省市、自治区和高校各级就业指导机构，分别承担不同层级的就业职能，各级人力资源和社会保障部门，统筹全社会的就业和社会保障政策，建立职业技能培训制度，制定就业援助制度和毕业生就业政策。

二、新管理模式和运行机制阶段（1999 年至今）

（一）确立省级政府为主的高等职业院校新管理模式和运行机制[②]

1999 年后，在高等职业院校管理模式上，国家下放了院校审批设立权。第一，坚持实行共建、调整、合作、合并方针，1998 ~ 2001 年，国家通过调整改革，将高等职业教育的招生、考试、日常管理和毕业证的责权下放到省政府和学校，确立了省级政府为主的高等职业教育的管

① 中共中央，国务院．中国教育改革和发展纲要［Z］．中发〔1993〕3 号．1993 - 02 - 13.

② 教育部，国家计委．试行按新的管理模式和运行机制举办高等职业技术教育的实施意见［Z］．教发〔1999〕2 号．1999 - 01 - 11.

理体制。第二，建立职业教育工作部际联席会议制度。2004 年，由教育部牵头，国家发改委、财政部、人事部等七个部门组成，部际联席会议统筹全国职业教育工作，各省、自治区、直辖市建立省级机构，高等职业院校学校内部管理实行党委领导下的负责制。2019 年，《国家职业教育改革实施方案》规定由国务院分管教育的领导同志作为召集人，部际联席会议参与部门由 7 个拓展到 9 个部门和单位。第三，设立国家职业教育指导咨询委员会，为职业教育和就业制度改革提供重大政策咨询，同时，各行业牵头成立的职业教育教学、就业指导委员会，为毕业生就业提供保障。

（二）建立与高等职业院校新管理模式和运行机制相适应的就业机制

确立省级政府为主的高等职业院校新管理模式和运行机制，职业教育工作部际联席会议统筹全国职业教育工作，2009 年，国家进一步加强以教育部、人力资源和社会保障部门统筹省市县三级毕业生就业的组织机构建设，健全就业工作领导机构和协调机制。近年来，从中央到地方建立了就业联席机构统筹毕业生工作，其中，教育部门开展在校生就业创业教育和职业生涯发展教育，提升职业素质和求职技能；发布毕业生就业信息，搭建线上线下双向选择对接服务平台。人力资源和社会保障部门会同教育部门统筹相关资源，建立职业指导师联系毕业班制度，引导毕业生转变就业观念，主动积极就业。发挥学生就业见习、职业技能培训、完善社会保障等公共服务职能。2021 年，教育部牵头成立了全国普通高校毕业生就业创业指导委员会，通过搭建高校与用人单位沟通协作机制，推进产教融合，促进人才培养和社会需求对接。

第二节 高等职业院校大学生就业制度实施机制对就业的影响

道格拉斯 · 诺思（Douglass C. North）从制度可实施的角度提出制

度与组织之间的关系，认为制度是博弈规则，组织的出现和演化受制度的影响，而组织（包括政治团体、经济团体、社会团体、教育团体）是促成制度变迁的主角。[①] 我国高等职业院校大学生就业实施的主体有政府、高等职业院校、行业企业等，在《普通高等学校毕业生就业工作暂行规定》（1997）中明确规定各主体职能。[②] 各个主体相互联系、相互作用，构成劳动合同关系、市场供求关系和政策指导关系，构建了政府主导、高校指导、市场引导、社会督导的实践框架，通过探索政府、高等职业院校、市场协同治理的新型关系，做到市场机制有效、微观主体有活力、宏观调控有度，为新时代高等职业院校就业多元主体治理指明了发展方向，保证了高等职业院校大学生就业有序持续地开展。

一、形式机制：行政计划机制指导服务机制和监督服务机制实施

本研究就业实施机制从就业主体和目标群体的角度，探讨形式机制和功能机制对毕业生就业的影响。形式机制包括计划行政机制、指导服务机制和监督服务机制，功能机制包括激励机制、约束机制和保障机制（如图 5－1 所示）。

（一）行政计划机制

我国高等职业院校大学生就业制度由行政机构分层分级，有计划有步骤实施。首先，全国和地方各级人民代表大会及其常务委员会制定相关就业法律法规，构成就业法律执行和监控的制约机构。其次，在国务院领导下，建立了职业教育工作部际联席会议（2004 年），[③] 主要发挥统筹协调、配套衔接、督促落实的机制，解决包括毕业生就业在内的职

---

① ［美］道格拉斯·C·诺思．制度、制度变迁与经济绩效［M］．杭行，译．上海：格致出版社，上海三联书店，上海人民出版社，2014：5.

② 国家教委．普通高等学校毕业生就业工作暂行规定［Z］．教学〔1997〕6 号．1997－03－24.

③ 国务院．关于大力推进职业教育改革与发展的决定［Z］．国发〔2002〕16 号．2002－08－24.

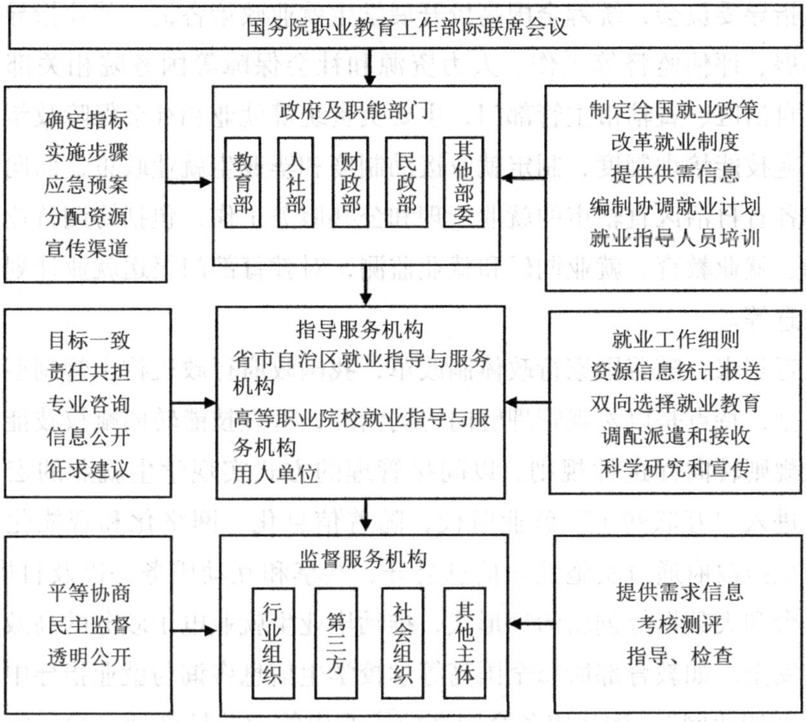

图 5－1　高等职业院校大学生就业制度实施机制

业教育重大问题。《国家职业教育改革实施方案》（2019 年）改革了职业教育工作部际联席会议制度，联席会议参与部门更多、级别更高，职责进一步提升。再次，以行政隶属关系为主线，建立了国家教育部门、人力资源和社会保障部门等从上到下的职业教育及其就业工作机构，制定和实施学生就业的发展战略、规划、制度、标准，行使计划、人事、指挥、协调、报告和预算等机制，① 做好保基本、促公平和可持续发展。

其中，教育部（国家教委）面向全国，从就业制度改革、就业法规政策制定、发布供求信息、编制就业计划、协调就业方案、开展就业指导和就业调研等。2021 年，教育部牵头成立的全国高校毕业生就业

① ［美］莱斯特·M·莎拉蒙．政府工具——新治理指南［M］．北京：北京大学出版社，2016：13.

创业指导委员会，统筹全国高校开展学生就业政策咨询、就业指导、岗位拓展、评估监督等工作。人力资源和社会保障等国务院相关部委和省、自治区、直辖市主管部门，主要负责统筹就业和社会保障政策，建立职业技能培训制度，制定就业援助制度和毕业生就业政策，面向各部委和各省自治区直辖市的就业管理和公共服务工作，包括协调就业供需活动、就业教育、就业调研和就业监测，对教育部门报送就业计划和需求信息等。

近年来，随着国家行政体制改革，我国政府行政机构由管制型转向服务型，特点是以宏观管理转向协同治理，管理技能转向赋权技能，控制性规则转向促进性规则，以间接管理的方式实现学生就业的宏观调控。进入“互联网＋”就业时代，随着信息化、网络化和智能化的发展，虚拟政府通过实施就业信息公开、共享和互动服务，以及自媒体、云平台和大数据等创新治理形式，推动毕业生就业电子政务的高效、优质和安全。如教育部所属全国高等学校学生信息咨询与就业指导中心依托“新职业网”，构建服务全国高校毕业生的示范性就业平台，收集发布就业岗位信息，搭建线上线下双向选择对接平台。以“全国高校毕业生就业管理系统”为依托，加强毕业生就业数据统计分析，建立电子学籍档案库、就业派遣数据库和就业调研数据库，推动毕业生就业基础数据的伴随式收集和互通共享，推进就业工作诊断与改进制度建设，构建覆盖面广、协同服务、全网互通的就业资源云服务体系。

制度能否有效实施依赖于人们对规则的认同，如果社会成员认同制度的约束，将会服从并自觉遵守，不仅能够提高制度的实施效率，也会减少第三方监督成本，否则，则会适得其反。改革开放后，我国高等职业院校大学生就业制度实施机制，总体上是中央政府自上而下强制推行，通过借鉴国外做法，减小了毕业生就业制度设计的成本，加速了实施机制的发展进程。然而，与之相匹配的就业文化理念、价值观念等非正式制度并非能在短时间内为人们所认可，如果缺乏其他就业主体的配合，制度实施就会产生偏差、冲突和提高成本，甚至背离制度设计的初衷，出现制度的非均衡状态。

在制度实施过程中制度是否具有合法性合理性、协调性、稳定性和公平性等因素会影响实施的效果。[①] 第一，制度合法合理性方面，有的就业制度执行链过长，部分地方制度虽然延续了国家的相关制度，但是执行力度各异。如学生两年缓冲期的就业制度，导致许多学生不积极主动就业，“慢就业”模式由此产生。[②] 第二，在制度协调性方面，有的就业制度是由教育、人力资源和社会保障等多部门联合发文，由于各部门权责不不清，协调难度加大，分离管理模式制约就业制度的实施效果。如学历证书和职业资格证书制度的制定分别隶属于不同的部门，制度体系、实施方式各有侧重，无法实现融通，两个证书、两个学习目标，难以在同一个课程体系和教育过程中落地，实际上加重了学生的学业负担。由于各部门沟通不畅，政策极易执行偏差，表现为替代性执行、选择性执行、象征性执行、附加性执行、残损性执行、机械性执行等。[③] 如就业准入制度执行不严，形同虚设，影响了高等职业院校执行双证书制度的积极性，学生具有双证书的就业优势，并没有体现出来。第三，在制度稳定性方面，有的制度执行迟缓，使用效力减弱。第四，在制度公平性方面，有的制度没有相应的配套细则，导致目标无法落地，例如到中小企业和非公有制单位就业的学生，制度规定要与国有企业员工一视同仁，但是在职称评定和人事档案管理方面，由于没有相应的配套细则跟进，制度无法落到实处。

（二）指导服务机制

人力资源和社会保障部门会同教育部门统筹各方就业资源，省市级政府设立高等职业院校就业指导机构，开展就业指导服务，主要表现在宣传就业方针政策；建立毕业生供需信息库，为用人单位推荐毕

---

① 周佳．教育政策执行研究［M］．北京：教育科学出版社，2007：74.

② 韩春光，许艳丽，王智丽．高校毕业生到中小微企业就业政策执行分析［J］．中国高等教育，2017：54－55.

③ 祁占勇．职业教育政策研究［M］．北京：教育科学出版社，2019：147.

业生；开展就业指导和就业政策咨询；组织供需见面会；培训高等职业院校就业指导人员以及调研社会需求和毕业生使用情况。高等职业院校开展大学生职业生涯和就业指导课程，通过教师讲解就业形势，树立正确的择业观，同时向大学生提供就业信息、传授求职策略与技巧，帮助大学生在了解自身的基础上，做出正确的择业选择。2021年成立的全国高校毕业生就业创业指导委员会拥有就业指导的职能，牵头研究制定大学生学业与职业发展指南，提升大学生职业生涯教育水平，开展师资队伍能力培训、学术研讨、经验交流，建设专业化就业工作队伍。

高等职业院校实施就业指导服务机制还表现在，依据国家权力机关的法律法规和就业制度，制定毕业生就业建议计划和工作细则；审查毕业生的资格；报送毕业生资源情况；组织就业教育、就业指导、政策宣传和心理咨询，推荐毕业生和组织双向选择活动；开展毕业生就业调研和监测，为高等职业院校人才培养和专业设置提供质量保证，使毕业生的就业期望与就业结果相符合；就业结果反馈给高等职业院校教育教学环节，有利于高等职业院校调整专业设置和提高人才培养质量，提升学校和学生的声誉。目前，利用高效便捷的互联网收集和接收就业信息成为学生择业的重要渠道，高等职业院校应用互联网开展就业指导服务，与学生在咨询、应聘、面试和权益保障等方面进行交流互动，促进学生就业。

作为高等职业院校大学生的需求一方，行业企业、用人单位自主用工，遵守市场的用工制度，用人单位的实施指导服务机制主要有报送招聘计划和公布人才需求信息；在双向选择活动中负责招聘和反馈毕业生就业等信息。面对主要由结构性失衡造成的毕业生就业困难问题，通过产教融合、校企合作和工学结合的改革，发挥企业在大学生就业指导中的作用。近年来，新型业态在高等职业院校大学生就业中发挥着越来越多的作用，有的企业尝试O2O电子招聘方式，社会组织机构建立的网站、微博、微信等虚拟社区，为高等职业院校大学生提供高效便捷的就业指导服务。

（三）监督服务机制

高等职业院校大学生就业制度形成了在国务院领导下，分级管理、地方为主、政府统筹、社会参与的实施机制。中央层面高等职业教育主管部门，除了负责政策方针的制定和发布，协调各就业分管部门之间的关系，还有监督和调控高等职业院校和地方政府部门执行就业政策。国家职业教育工作部际联席会议对就业制度的实施拥有统筹协调、配套衔接和督促落实的职能，[①] 国家职业教育指导咨询委员会、各个行业职业教育教学、就业指导委员会，是行业主管部门、行业组织牵头组建的专家组织，是督促职业教育与产业结合的重要力量，是保障职业教育发展和就业制度建设的重要机制。现代职业教育要求在职业教育中引入市场机制，激励第三方等社会力量监督就业政策执行，以《高等职业院校适应社会需求能力评估暂行办法》为依据，采取定期督导评估和专项督导评估相结合的方式，开展专业层面的高等职业院校人才培养工作诊断改进工作，倒逼高等职业院校专业设置和人才培养改革。高等职业院校大学生就业质量年度报告是社会认识高等职业院校人才培养质量的基本途径，通过深入分析高等职业院校学生学业、就业和满足社会需求的基本状况、特点和趋势，接受社会、行业企业及家长的监督。但在高等职业院校大学生就业制度实施过程中，由于部分实施监督机制缺失，影响就业制度目标的实现。比如我国职业教育存在行业协会参与学生职业资格证书认定的管理缺位，原因在于我国采用政府主导的学校职业教育模式，职业教育的质量监督与评价主要由教育部门、人力资源和社会保障部门管理，行业组织成员虽然可能被邀请参与质量管理，但是其职能发挥有限，很少能够实质性地参与职业教育培训的质量监督与评价。

---

① 国务院．关于大力推进职业教育改革与发展的决定［Z］．国发〔2002〕16 号．2002－08－24．

二、功能机制：激励机制约束机制和保障机制的实施

就业制度通过积极的激励机制、避免负面影响的约束机制和保护合法权益的保障机制，实现就业制度功能机制，成为促进高等职业院校大学生就业和提高就业质量的措施和手段。

（一）激励机制

自20世纪后期以来，激励机制逐渐被各国政府采纳，不仅成为政府管理的重要政策工具，而且增强了政府的活力，提高了政府的绩效。政府通过向民众提供承诺，实施激励机制，更容易获得民众的认同、支持和服从，它比约束或者惩罚更文明，更为人所尊重，比保障机制更适合作为政策的长效机制。高等职业院校大学生就业制度激励机制主要表现在以下几个方面，第一，赋予中小企业接收毕业生的合法性，民营企业与国有企业一视同仁，鼓励接收毕业生。如2012年，为支持小型微型企业健康发展，国家决定持续对小型微型企业给予1年的社会保险补贴。① 第二，加强公共服务。如2009年，提出简化和完善接收毕业生的手续，给予到基层就业的毕业生代偿学费、助学贷款、入伍退役后考学升学优先等优惠政策。② 2020年，延长毕业生报到接收、档案转递、落户办理时限等就业政策。第三，财政金融激励。金融机构对自主创业或从事个体经营的职业学校学生，提供贷款支持。第四，信贷贷款支持。劳动密集型小企业招用一定比例的登记失业毕业生，可以享受小额担保贷款扶持。第五，发挥专项资金的引导和激励作用，如建立实训基地、建设师资队伍、教育科研等投入专项资金；鼓励企业建立高技能人才技能职务津贴和特殊岗位津贴制度，以此激励高技能人才的职业发展。

---

① 国务院．进一步支持小型微型企业健康发展的意见［Z］．国发〔2012〕14号．2012－04－19．

② 教育部．关于加快高等职业教育改革促进高等职业院校毕业生就业的通知［Z］．教高〔2009〕3号．2009－02－26．

（二）保障机制

我国高等职业院校大学生就业制度平等地保障全体学生就业的权益，保障他们拥有知情权、报酬权和福利保障等权利。主要体现在以下方面：第一，签订就业协议。如 1998 年用人单位可以委托学校培养学生，这种形式必须通过签订就业协议和劳动合同保障毕业生就业权益。[①] 第二，保障“弱势”毕业生群体实现就业，重点帮扶零就业家庭、城乡低保家庭、农村贫困户、残疾等就业困难毕业生，将国家助学贷款资助的毕业生、贫困残疾人家庭、建档立卡贫困家庭和特困人员纳入帮扶范围，主要采取免除考录费用、发放求职补贴、专项活动优先、残疾人帮扶四个方面措施。如对困难家庭学生就业资助主要体现在到中西部地区和艰苦边远地区基层单位就业的学生可以获得国家减免助学贷款资助，还比如对 52 个未摘贫困县建档卡贫困家庭毕业生提供政策岗位、专场招聘等举措。第三，缩小高等职业院校与普通本科院校生均预算内拨款标准差距。如 2011 年，逐步推广将国家示范高等职业学校生均预算内拨款标准按本地区本科院校标准执行。此外，保障机制体现在开展顶岗实习工伤和意外伤害保险等政府补贴试点等方面。

（三）约束机制

高等职业院校大学生就业制度实施的约束机制主要有两种方式：第一，制约或规范就业行为，如 1997 年，《普通高校毕业生就业工作暂行规定》对违反就业协议或不履行定向、委托培养合同的单位依法承担赔偿责任。[②] 还比如部分政策明确规定要规范清理影响职业院校毕业生公平就业的条款，[③] 在就业、落户、晋升等方面，与普通学校毕业生享受同等待遇。第二，对政策的深度、广度和进程进行干预和控制。如

---

① 国家教委、国家经贸委、劳动部．关于实施职业教育法加快发展职业教育的若干意见［Z］．教职〔1998〕2 号．1998－03－16.

② 国家教委．普通高校毕业生就业工作暂行规定［Z］．教学〔1997〕6 号．1997－03－24.

③ 教育部等六部门．现代职业教育体系建设规划（2014－2020 年）［Z］．教发［2014］6 号．2014－06－16.

2004年，对就业率连续三年低于全省平均水平的专业，要减少或停止招生，撤销与市场和社会需要不相匹配的专业。① 2014年，就业政策规定各级单位招聘不得歧视职业院校学生，消除城乡、性别等影响平等就业的制度障碍。② 教育部坚持落实就业签约“四不准”要求，严密防范招聘欺诈、求职陷阱等行为。这些约束机制进一步体现了强制性政策工具的应用，反映了“法律视角对政策工具的选择要求的合法性原则和法律价值”。③

第三节　高等职业院校大学生就业制度实施机制的逻辑分析

在高等职业院校大学生制度实施机制历史变迁的研究基础上，本节将剖析高等职业院校大学生就业制度实施机制在政府、教育及市场方面的趋势，在政府层面，呈现了从管制保障到指导服务的职能转变；在教育层面，呈现自上而下和自下而上双向交替的实施方式；在市场层面，呈现制度非均衡到监测、再到均衡的表现形态。

一、政府层面：从管制保障实施到指导服务实施

高等职业院校大学生就业制度从计划分配向自主择业的过渡，表面上是正式制度安排单向推进就业市场化的进程，就业制度各个主体职能和角色转换的过程，但从本质来说，则是权力由集中到分散的分权化过程，政府职能由集权管理向宏观管理转变。在高等职业教育恢复与发展

① 教育部．关于以就业为导向深化高等职业教育改革的若干意见［Z］．教职成〔2004〕12号．2004－04－02.

② 国务院．关于加快发展现代职业教育的决定［Z］．国发〔2014〕19号．2014－06－22.

③ 丁煌，杨代福．政策工具选择的视角、研究途径与模型建构［J］．行政论坛，2009（3）：21－24.

初期，中央政府主导的自上而下的管理模式，为高等职业教育发展提供了强有力地支持，有力推动了高等职业教育的快速发展。然而，高等职业教育权力高度集中在政府部门，缺乏高等职业院校、企业以及社会力量的参与，这种状况不仅难以实现毕业生高质量就业，也不利于高等职业教育内涵式发展。因此，2004 年，教育部等七部门改革职业教育具体实施机制，[①] 明确政府参与职业教育的职能由直接管理向宏观引导转变，职业学校人才培养培训，从计划培养向市场导向转变，引导毕业生就业观念从选择专业学科向主动择业、积极就业和与职业相匹配的岗位转变，政府和学校的角色从毕业生就业分配管理者向提供就业指导服务者转变。

第一，中央层面设立职业教育主管部门，负责方针政策的制定和发布，协调各就业分管部门之间的关系；在办学体制方面，职业教育主管部门的部分职权转移到省级，赋予学校在招生就业、教育教学方面的权力，监督和调控高等职业院校和地方政府部门执行就业政策。另外，高等职业教育管理重心下移，地方政府和高等职业院校的自主权得到增强，权力空间变大，特别是在学校自主权等问题上得到重大的突破，学校设立就业指导机构专门负责落实学生的就业工作，联合企业开展“订单培养”，利用企业资源促进学生就业，贯彻执行中央和地方主管部门的就业制度。

第二，教育、人力资源和社会保障等政府部门及高等职业院校共同建立学生就业市场，就业信息由过去单一的计划传输向全国性、地方性、行业性的现场和网络传输转变，推动高等职业院校学生资源的合理配置。同时，加强第三方机构的监督，保障各方权益不受损害。高等职业院校大学生就业制度实施机制变迁，体现了由计划分配的就业制度到自主择业就业制度的变革，也是强制性制度变迁向诱致性制度变迁的关

---

① 教育部等七部门．关于进一步加强职业教育工作的若干意见［Z］．教职成〔2004〕12 号．2004 - 08 - 16．

键转折点，这种市场机制有效、微观主体有活力、宏观调控有度的就业制度实施机制，为新时代高等职业院校就业多元主体治理模式指明了发展方向，有助于理顺和明确学生就业中的责权利，探索政府、院校、市场（企业）协同治理的新型关系。

第三，就业指导服务机制方面。1994 年，劳动部发布《职业指导办法》提出，就业培训机构应开设职业指导课程，由专兼职教师对参与就业和专业训练的劳动者开展职业指导。1996 年《职业教育法》《高等教育法》相继明确了高等职业院校开展针对学生的职业指导和服务。同时，高等职业院校建立了学生就业服务组织机构，开展学生就业与职业发展指导、就业政策的宣传和咨询，就业手续的日常管理等，将学生就业从离校后不完善的市场外部风险提前到就业前的学校教育，将择业成本降低到最低，不仅保证了就业制度改革顺利实施，还将高等职业院校教育教学质量与学生就业紧密相连。此外，在 2009 年高等职业教育改革中，政府强调高等职业院校、学校专业建设指导委员会、职业技能鉴定机构、人力资源和社会保障部门等机构要互相协调，完成教育教学、专业建设和职业鉴定等职能，旨在通过各部门协作高效的服务工作，加强高等职业院校学生的职业技能培训，促进学生顺利就业。[①]

二、教育层面：自上而下与自下而上的双向交替实施

我国的高等职业院校大学生就业制度变迁中，主要表现为强制性的自上而下与诱致性的自下而上双向交替的实施方式。改革开放初期，我国一些发达地区率先出台了不包分配的就业制度，开始了由下至上的诱致性变迁过程。然而，这一阶段我国的行政管理又处于“强政府”阶段，政策子系统的复杂程度相对较低，政府对政策工具的选择以强制性

---

① 教育部. 关于加快高等职业教育改革促进高等职业院校毕业生就业的通知［Z］. 教高〔2009〕3 号. 2009－02－26.

的政策为主，采取由上至下的政府命令、法律植入和实施政策较多。比如1997年，教育部规定对违反就业协议或不履行定向、委托培养合同的单位依法承担赔偿责任。[①] 2009年，规定应取消企业招聘专科以上毕业生时的落户限制。这些政策从法律视角体现了政府对政策工具选择要求的合法性原则和法律价值。[②]

随着我国高等教育相继进入大众化和普及化，毕业生就业人数激增，就业供需出现结构性矛盾，政府采取了以鼓励就业创业为主的大学生就业政策导向，按照豪利特（Howlett）和拉米什（Ramesh）的观点，当国家能力强和政策子系统复杂程度较高时，会造成政策目标对象的类型和数量较多，各政策彼此冲突，难以对其政策效果判断优劣，此时，自愿性政策工具（市场、市场自由化）将会被较多地采用，通过市场这只看不见的手来配置资源。[③] 因此，这一时期，我国政府采用的高等职业院校大学生就业政策工具带有明显的市场化特征，如市场自由化（毕业生的跨省就业和基层就业等）、民营化（中小企业、民营企业接收毕业生等）。1998年，我国实行高等职业院校面向市场自主办学，学生自谋职业的试点工作。1999年，按照新的管理模式和运行机制举办高等职业教育定位为专科层次学历教育，提出“三不一高”这样具有很强市场化信号的政策。随着我国高等职业院校毕业生就业市场的深化改革，政府协同社会力量、团队和个人结成伙伴关系，更多地利用社会资源实现高等职业院校大学生就业的公共管理和政策目标实现，体现了强制性制度向诱致性制度变迁的特点。这一阶段，政府更多地采用混合型政策工具，如信息劝诫（信息共享、示范等）、用者付费（高等职业院校大学生收费、违反就业协议者缴纳违约金等）、签订合同（毕业生与用人单位签订就业协议和劳动合同等）、公私伙伴关系（政府给予接

① 国家教委．普通高校毕业生就业工作暂行规定［Z］．教学〔1997〕6号．1997－03－24．

② 丁煌，杨代福．政策工具选择的视角、研究途径与模型建构［J］．行政论坛，2009（3）：21－24．

③ 迈克尔·豪利特，M·拉米特．公共政策研究——政策循环与政策子系统［M］．庞诗等，译．北京：三联书店，2006：144．

收毕业生的企业以补贴、贷款和税费减免等）和契约（服务外包等）。参与就业制度实施的共同体成员自下而上进行制度的转换、替代以及创新，因此，这些制度接收度高，具有很高的执行效率。

三、市场层面：从非均衡到实施监测再到均衡的表现形态

道格拉斯·诺思（Douglass C. North）探索的制度变迁模型隐含着制度过程中均衡和非均衡两个阶段，本研究高等职业院校大学生就业制度实施过程表现为从非均衡到监测，再到均衡的形态。非均衡主要表现在：一是总量失衡。工作岗位与毕业生数量的供过于求或供不应求；二是结构失衡。虽然供求总量相等，但在毕业生层次、专业不匹配，出现就业难的问题；三是毕业生个人偏好，在生源地区、职业价值观和社会资本与市场上提供的岗位之间的差距；四是用人单位的用人偏好，对毕业生的岗位要求与毕业生的期望之间的落差，提高用人标准，造成人才浪费。而均衡是对既定制度安排和结构的满足状态，是供给与需求的平衡，是一种理想的制度表现形态。正如前面理论部分所述，制度所带来的结果永远无法完全预知，制度实施之后的监测跟踪显得至关重要。如果将制度建议当作一种假设，那么所有的假设都是建立在关于原因和结果的先前经验和假设的基础之上，如果不用结果对假设进行验证，那么这些假设至多只是经验推测罢了。① 通过对高等职业院校大学生就业制度变迁过程进行调查监测，发现制度实施中的问题，及时纠正制度执行中的偏差，减少就业制度目标达成的损失，趋向制度均衡。

纵观西方发达国家以及国际组织的变迁过程，监测已经成为政府最重要的政策工具之一，它覆盖了政策制定到完成的全部环节。② 主要包

---

① ［美］威廉·N·邓恩．公共政导论策分析［M］．北京：中国人民大学出版社，2010：334.

② 路德维珂·科拉罗，胡咏梅，梁文艳．国际组织教育政策监测与评价体系的架构及其对中国的启示［J］．比较教育研究，2011（2）：70－75.

括监测主体、监测客体、监测方式和监测作用等要素。监测主体由实施监测活动的个人、团体和组织等构成；监测客体是指监测的对象；监测方式主要有社会系统核算、社会实验、社会审计和综合实例研究；监测的作用主要包括解释、核算、审计和监察等。有效的监测系统包括监测实施者、监测指标和采集分析及发布信息等。[①] 在教育领域，我国借鉴国际组织的经验，完善监测模式，由一次线性监测向动态周期循环监测转变，实施以结果为导向的监测与评价，确保政策的科学性、合理性和可行性。近年来，我国在教育领域的政策监测，主要有教育经费、义务教育均衡化、教育成本补偿、本科教学评估、高校毕业生就业状况和研究生培养质量等项目。

随着我国就业制度变迁，特别是我国高等教育扩招政策的实施，大学生就业行为转变及劳动力市场运行情况已经成为具有研究价值的学术问题，[②] 在这样的背景下，我国开始开展高校毕业生就业调查，对就业制度变革后毕业生就业政策实施监测。我国从 1993 年组织高校毕业生（本专科）就业率统计工作，各学校将就业数据报送到省市教育主管部门，由省市教育主管部门再上报到教育部，标志着我国毕业生就业监测工作的正式开展。1998 年，北京大学文东茅向教育部门建议成立专门的机构开展长期的毕业生就业调查研究，为监测就业政策运行提供信息，使政府的决策和高校的规划建立在事实和科学理论的基础上。[③] 1999 年，随着扩招政策实施后，教育部首次公布毕业生就业率。2003 年，教育部委托北京大学教育学院，以国家重点课题研究形式开展对全国高校毕业生就业状况的调查，当时全国七省市 47 所高校参加，以后隔年调查一次，每两年发布就业状况调查报告，逐渐建立毕业生就业数

---

① ［美］威廉·N·邓恩．公共政导论策分析［M］．北京：中国人民大学出版社，2010：334.

② 闵维方，文东茅．学术的力量——教育研究与政策制定［M］．北京：北京大学出版社，2010：204.

③ 闵维方，文东茅．学术的力量——教育研究与政策制定［M］．北京：北京大学出版社，2010：209.

据库，对毕业生就业制度的运行进行动态监测。2004 年，国务院提出建立完善毕业生就业监测体系，要求各地院校及时公布当地毕业生就业率；2010 年，教育部使用全国大学生就业信息服务一体化系统，建立部委、省市、院校三级网络，该系统于 2014 年覆盖全国高等院校，要求各院校定期发布毕业生就业质量报告；2015 年至今，全国毕业生就业数据开始报送到就业管理与监测系统，该平台监测统计主体由各院校调整到教育主管部门，负责核查每位毕业生基本信息、就业去向等就业信息；公布学生就业质量报告，推动更多的就业信息向社会公布。

第六章 北京高等职业院校大学生就业制度研究

《国家职业教育改革实施方案》明确提出高等职业院校要培养服务区域发展的高素质技术技能人才，依据分区规划、分类指导的原则，必须紧密结合各个地区的实际情况。北京作为首都，是教育政策的发源地；作为职业教育发达区域，北京高等职业院校大学生就业制度改革对全国制度的设计与实施具有先行示范效应。2011 年，北京职业教育分级制改革试验项目被列为国家教育体制改革试验项目，并且制定了国内首个由政府和行业制订的校企合作制度，[①] 在全国最先开展了课证融合等校企合作就业新模式。2019 年，北京拥有中国特色高水平高职院校 7 所，占北京市高等职业院校的 28%，有 7 个高等职业院校的 10 个专业入选中国特色高水平专业（群），北京地区高等职业教育的层次结构问题、职教层次高移的必要性和可行性比其他省份表现得突出和迫切，北京的做法或者思路对其他地区有借鉴作用，[②] 本章通过调查研究法，访谈与案例相结合，了解和掌握北京高等职业院校大学生就业制度状况。首先，以北京探索国家资历框架制度和高等职业院校就业保障制度进行分析，体现了北京高等职业院校人才培养与就业正式制度的有效衔接；其次，分析北京高等职业院校大学生就业非正式制度，从就业文化理念、职业价值观、以人为本方面，论证就业非正式制度对学生职业能力

① 北京市教委，北京市交通委．北京市交通行业专业职业教育校企合作暂行办法［Z］．教职成函〔2011〕54 号．2011 - 07 - 01.

② 邢晖．职业教育发展论纲［M］．北京：高等教育出版社，2004.

和职业素养的影响；再次，北京高等职业院校大学生就业制度实施行政计划机制、指导服务机制和监督服务机制，发挥激励、约束和保障的功能；最后，应用北京地区高等职业院校大学生就业数据，监测就业制度对就业结果的影响，验证实施机制的效果。

第一节　北京高等职业院校大学生就业正式制度分析

改革开放以来，北京高等职业院校大学生就业正式制度变迁经历了三个阶段。

第一阶段：不包分配择优录用的改革探索阶段（1978～1999年）。1978年10月开始，北京市举办了36所走读制大学分校。1983年年初，北京职业大学机电学院和经济管理学院、北京海淀走读大学实行收费走读，不包分配等办学模式、招生就业制度改革探索，[①] 同时，北京市决定举办10所大学郊区分校，学校从高等学校统一招生中录取各区县考生，定向培养、不包分配、不转户口，学制2～3年，毕业颁发专科学历，开始了高等职业教育的试点工作，到1999年，试办高等职业专业的普通高等学校有46所，开办200多个专业。

第二阶段：新机制新模式下快速发展阶段（1999～2009年）。全市按照新的管理模式和运行机制，[②] 高等职业院校实施学校推荐、自主择业，不包分配、不办理就业派遣证、不转户籍和收取学费，即“三不一高”就业政策，虽然承受了新政策和改革带来的巨大压力，但是允许多元办学，学校规模呈现快速发展趋势，高等职业院校达到25所，10年新增高等职业院校17所。

---

① 邵和平．北京职业教育改革与发展历史回眸（1978－2010）［M］．北京：高等教育出版社，2014：250.

② 北京市教委、北京市计委．关于北京市按新的管理体制和机制举办高等职业技术教育的通知［Z］．京教计〔1999〕20号．1999.

第三阶段：国家教育体制改革试验促进就业质量提升阶段（2009年至今）。2010 年，北京启动了职业教育分级制改革试验项目，标志着北京高等职业教育和国家资历资格的创新和发展。10 月，大兴区、石景山区及其高等职业院校开展地方政府促进高等职业教育发展综合改革试点。2011 年，市教委、市交通委联合制定了《北京市交通行业职业教育校企合作暂行办法》，是国内首个由政府和行业制定的校企合作制度，是对现代职业教育制度的创新，此后教育部将此办法转发全国加以推广。① 2013 年，北京市为深入落实国家毕业生就业政策，引导学生到中小微企业、到村认职、基层项目任职，开展对未就业毕业生信息衔接和服务接续，离校未就业学生和家庭困难学生的帮扶政策，作为就业援助的重点，提供一次性求职补贴。② 2018 年，对有求职意愿的困难家庭毕业生发放求职创业补贴，提供最低的就业保障。③ 2019 年，提出了终身职业技能培训制度，对毕业生等重点群体持续开展职业技能提升行动。④ 2020 年，北京市提出了支持灵活就业、鼓励企业积极吸纳毕业生等 8 个方面政策，为毕业生就业创业提供支持。⑤ 目前，北京有独立设置的高等职业院校 25 所，其中，中国特色高水平高等职业院校和专业建设高等职业院校 7 所、北京市特色高水平高等职业院校 8 所，分别占北京高等职业院校总数的 28% 和 32%。2021 年，在校生总数达到 5.9 万人，招生数 2.1 万人，毕（结）业生数 2.2 万人。⑥

---

① 北京市教委，北京市交通委．北京市交通行业专业职业教育校企合作暂行办法［Z］．教职成函〔2011〕54 号．2011－07－01.

② 北京市人民政府办公厅．北京市贯彻国务院高校毕业生就业工作文件实施意见［Z］．京政办发〔2013〕28 号．2013－06－19.

③ 北京市人力资源和社会保障局，北京市教育委员会，北京市财政局．关于做好普通高等学校毕业生求职创业补贴发放工作的通知［Z］．京人社毕发〔2018〕44 号．2018－02－28.

④ 北京市人民政府办公厅．北京市职业技能提升行动实施方案（2019－2021 年）［Z］．京政办发〔2019〕18 号．2019－09－27.

⑤ 北京市人力资源和社会保障局，北京市教育委员会，北京市财政局．关于应对新冠肺炎疫情影响促进高校毕业生就业工作的若干措施［Z］．2020－07－03.

⑥ 北京高等职业教育质量报告［EB/OL］．（2023－02－02）［2023－02－16］．http://jw.beijing.gov.cn/bjzj/gdzyreport/gdreport/202201/P020220913546096123681.pdf.

在北京高等职业院校大学生就业正式制度变迁中，形成了自己的制度模式和区域特点，本节对北京高等职业院校就业指导中心老师和教育专家进行访谈，了解和认识北京高等职业院校大学生就业正式制度的现状，以北京市探索国家资历框架制度和就业保障制度开展研究。

一、北京高等职业院校探索国家资历框架

在国家政策引导下，北京教育行政部门积极开展了现代职业教育体系建设和国家资历框架的推进工作，落实高等职业院校学生的双证书制度，提升就业竞争力。通过访谈北京高等职业院校就业指导中心老师，发现多数学校执行了国家的双证书制度，但是效果各有不同，有的学校培养方案中体现双证书的要求，并一直在执行，但是证书通过率不高。有的学校则采取“三证换一证”，有多证书要求，接近职教 20 条的标准。有的学校老师则认为职业资格证书认定的部门不同，标准不同，作用也各异。

A1：我校在 2000 年有高职招生就执行“三证换一证”制度，也就是凭计算机证书、英语三级证书、专业技能证书换毕业证，就是现在职教 20 条要求的双证书制度。

A4：我一直在高职院校从事就业工作，工作过程中了解的高职毕业生的就业政策，双证书和就业准入制度是高职办学之初就提出的制度要求。我校从 2000 年开始办高职教育，在人才培育方案中就明确提出了双证书要求，这些年一直在坚持，但是双证书取证率比例不高。

A8：现在高校就业制度已经形成教育部门和各个相关部门所出台政策的框架体系，职业资格准入和特殊群体就业保障制度，与劳动社会保障部对接；而这个职业资格准入，在我们学校是由各院系来负责这些证书的，它的作用，好像不是必需的。

A9：目前高职学生考取职业资格证书主要以行业企业准入为主，证书的使用及认可以行业认定为准。随着国家就业准入制度的日趋完

善，劳动力就业的门槛已经在提高。这对职业院校教学目标的确定、课程内容和授课方法的选择有一定的指导意义。

北京教育主管部门、高等职业院校和职业鉴定机构在实施双证书和国家资历框架的推进工作中，主要实施了职业教育分级制度、课证融合制度和国际职业资格证书制度，体现了在现代职业教育体系中人才培养与就业制度的衔接，为探索建立国家资格框架奠定了基础。

（一）北京职业教育分级制度

2006 年，北京市教委组织启动在职业教育分级制度中搭建职业技能证书的项目研究。2010 年，该项目纳入国务院批复的“构建现代职业教育体系试验”，设计完成了《职业教育分级制度》方案，《北京中长期教育改革和发展规划纲要（2010—2020 年）》明确该项目为改革试验项目，2011 年，这项改革项目被列为国家教育体制改革试验项目和现代教育体系建设的重点任务。在改革实践的基础上，该项目作为国家社科基金教育学重大课题和北京市教育科研重大课题，继续开展理论研究。①

1. 基本内容

孙善学（2011）认为，双证书制度形成了两种教育的目标，显然是不科学的，研究探索北京职业教育分级制度框架，建立了一套新的资格框架制度，是对双证书制度的突破。② 北京职业教育分级制度，建立以初中后教育为起点的 5 + X 分级结构模型，将现行职业教育培养体系纵向设置为 1 级至 5 + 级，其中从 1 级和 2 级开始的中等职业教育到 5 + 级的研究生教育，不同级别对应现在的教育层次和培养目标，设计了各个层级的标准和功能，有意向接受职业教育的学生可登记入学，职业教育学校集聚教育教学资源，整合学习内容和培养目标，面向学生和社会学员，满足人们求学和终身教育的需求，尝试建立学历体系与职业资格框架相互融通的制度。

---

① 孙善学．职业教育分级制度理论与实践［M］北京：高等教育出版社，2018.

② 杨蕊竹，孙善学．我国国家资格框架制度形成路径研究［J］．中国人民大学教育学刊，2016（4）：5 –28.

2. 改革实践

（1）专业论证。包括职业和专业的对应关系、研究职业分级与教育分级的关系、构建某个职业领域的职业仓模型，选取典型职业的代表性工作任务或职业活动。

（2）建立标准。分级标准是职业教育目标分类，包括基本内涵、内容、专业名称、职业教育级别、适用范围、人才培养目标（使用“职业仓”分析模型和职业分析技术，形成职业教育不同层级的培养目标、规格和要求）、标志性任务、职业发展方向和职业教育学历证书级别等方面，还包括编制机构、标准设置、入学制度、评价机制和教学模式等。

（3）教学实施。课程称为课相，是以学习者为中心，教、学、训、做、评相融合的教育教学组织模式。

（4）提供就业与职业发展指南。这项改革试验特点是适应劳动力市场人才需求，行业企业用人单位的人力资源结构，行业企业参与顶层设计，体现从职业出发的理念，改革试验为职业教育分级制度建立提供了实践支撑。职业仓提供了分析模型。通过分析某专业未来对口的职业、结构和特征，形成这种职业的集合。每个专业对应一个职业仓，教学标准来自职业仓的职业规范，这样从事职业教育教学就有了导向。同时，为学生提供了明确的就业指向、学习目标和学习路径。学习者通过分析职业仓获得自己从事工作的岗位，实现自己目标的学习路径，包括标准、内容、形式、时间长短等。这种个性化、多样化的教育方案，能够指导学校分类别、分层次、分方向培养人才，对接人才供给与职业需求，为学习者提供了职业指引和职业发展方向，成为学习者职业生涯发展与终身教育的重要形式。

目前，北京市25所职业院校、30多家企业联手投身到改革实践中，开展了14个专业的试点应用，项目成果吸纳到国家资格制度设计中，[①]

---

① 侯兴蜀．新中国成立70年来北京职业教育发展的回顾与思考［J］．教育与职业，2019（10）：39－45．

其内涵兼具就业与职业发展，是校企合作、产教融合的集中表现，对高等职业院校大学生就业制度方面，则是高技术技能人才出口的有益探索。

（二）课证融合——北京市国家示范（骨干）高职院校为例

“课证融合”中的课和证分别代表课堂教学和职业资格证书，课证融合模式，以教学标准与证书标准融合；学习任务与岗位工作任务融合；教学评价与证书考核评价融合，[①] 这也是最能体现高等职业教育职业性和高等性之处。“课证融合”模式在北京市国家示范（骨干）校重点专业中开展试点，主要特点有，第一，评价主体方面，由学校和鉴定中心共同组织，教师和技能专家实施的评价，创建了区域层面的教育部门、人力资源和社会保障系统跨部门联动机制。第二，课程考核方面，包括专业知识、职业技能与职业素养三个考核，分别依据课程标准、研发考核方案及细则，采取闭卷和现场实操考核方式，形成教育考核评价与职业技能鉴定，学历制度证书与职业资格深度融合。第三，评价方式方面，关注专业知识、职业技能与职业素养三个维度，将职业标准与职业精神融入专业考核评价，并渗透到以课程、教学、考核、就业的全过程，打通了高端技能型人才培养和就业的通道，在全国开创了成功先例，惠及北京高等职业院校国家重点专业 16 个、市级重点专业 19 个，国家职业（工种）50 个，学生 14420 人。北京市两批证书参与的试点院校共有 32 所（中职学校 16 所、高等职业院校 16 所），试点学生规模 6668 人。其中，以北京劳动保障职业学院等 6 所国家示范性（骨干）高等职业院校的“课证融合”最为典型。北京劳动保障职业学院创新性地在全国实施了“课证融合”。[②] 分别实行了免除理论知识和操作技能的鉴定，发放职业资格证书的“双免”考核办法；免除理论知识考核，发放职业资格证书的“单免”考核办法，缩短了必备的知识与能

① 张学英，耿旭．1＋X 证书制度下的课证融合研究：基于英国 BTEC 的思考［J］．职教论坛，2020（10）：47－51.

② 卜玉辉．打造中国令人尊敬的高职院校［N］．中国教育报，2014－03－14（8）.

力叠加的培养时间。北京信息职业技术学院以电子行业第一职业技能鉴定站为依托，与劳动部门职业技能鉴定机构、行业企业认证机构深度合作，面向校内学生和社会开展认证程序员、网络安全工程师等职业技能鉴定和认证服务。北京电子科技职业学院，探索构建课证融通型（S）、专业复合型（C）、创新实践型（I）SCI系统化人才培养体系。

2019年，为了贯彻职教20条，北京高等职业院校申报1+X证书制度试点，结合教师、教材、教法改革，开展X证书培训，促进“课证融合”。北京劳动保障职业学院申报了老年照护、智能新能源汽车等专业，获批6个1+X试点项目，涉及6个专业630名在校生。北京信息职业技术学院确定了建筑信息模型（BIM）等10个专业的1+X证书试点，为此，跟进课程教师培训，实现专业设置与产业、教学内容与职业标准、教学过程与生产过程的“三个对接”。北京工业职业技术学院以学校教改课题立项形式开展了Web前端开发、工业机器人应用编程等10个专业1+X证书试点，根据专业教学标准，将证书标准和培训大纲内容融入人才培养方案，开展教师培训，开设相关新课程，实现课证融通。北京农业职业技术学院教师研究网店运营推广专业证书标准，将职业技能等级培训内容及职业技能要求融入核心课程模块中，探索课证融合新路径，力争实现“1和X”有机衔接。北京财贸职业学院申报物流管理、智能财税等6个专业1+X试点，将1+X证书考核技能点转化为若干教学模块纳入部分专业核心课程教学内容中，组织了首个全国性考试的1+X建筑信息模型（BIM）职业技能等级证书考试，完成北京市99名物流管理专业学生的组考工作，智能财税证书培训全国“第一课”在学校开课。

针对国家资历框架和1+X试点，通过访谈北京高等职业院校就业指导中心老师，发现有的学校减少职业资格许可和认定项目，是我国“放管服”改革需要，与就业准入的法规和政策保持一致。有的学校老师认为发挥国家资历框架的筛选功能，有助于劳动力市场人力资源的开发。还有的学校老师认为通过国家资历框架实现学分和各类教育的融通和衔接，充分发挥职业技能证书的功能与价值，满足人们多种途径成长成才的需要。

A6：高职院校的就业制度非常多，比如每年教育部、北京市教委都会发布当年的就业工作指导意见，人力资源部门也会发布一些就业指导措施。国家职业资格框架制度，国家针对人才培养提出了双证书制度，最近教育部又提出了"1+X"证书制度，现在该制度正在试点阶段。双证书制度就是毕业生毕业后除了获得毕业证书以外，还要获得与自己所学专业相关的职业资格证书，但是人力社保部门已经对相关的职业资格证书进行了整理和清除，仅限部分行业和职业可以取得相关职业资格证书。

A12：国家资历框架提供了文凭和证书，证明资格的工具，可作为人力资源配置筛选机制，为人力资源开发与管理提供依据。

A13：国家资格框架建立各种教育或学习系统互通互认，人人通过努力学习知识技能、实习实践、创业成果都能得到认可，为人们的学业、就业、职业发展和成长成才提供了多样化的路径。

（三）国际职业资格证书制度——以 IHK 职业资格证书制度为例

2001 年 12 月，北京市教育委员会决定在部分职业学校开始与国外合作开展国际职业资格证书的试点，①② 决定 34 所职业学校开展与国际职业资格证书接轨试点工作，学生经培训考试合格后，可获得英国伦敦城市行业协会颁发的国际职业资格证书。2010 年开始，北京市开启了与德国行业协会和大学合作开发 IHK 国际职业资格证书项目，在汽车机电师、数控切削师、机电一体化师等 5 项职业中引进资格证书合作项目，分别由北京劳动保障职业学院等 8 所高等职业院校作为项目学校，承担培养任务，学制 3.5 年。各院校 IHK 认证骨干教师分三批赴德国师

① 北京市教育委员会．关于在我市部分职业学校进行与国际职业资格证书接轨试点有关工作的通知［Z］．京教职成〔2001〕45 号．2001－12.

② 北京市教育委员会．关于扩大国际职业资格证书试点职业学校范围的通知［Z］．京教职〔2002〕32 号．2002－10.

资培训，考核合格后，取得认证考官资格。通过借鉴德国职业标准体系、课程体系、方法体系和考试评价，制订我国师资培训计划，实施在教育教学、实践和考试等环节的培养方案，这对推进我国高等职业教育改革和师资队伍建设具有重要意义。[①]

北京劳动保障职业学院参加了汽车机电一体化师的培养项目，从分析考试内容及典型案例入手，重点积累实践考试题库。汽车检测与维修技术专业教学团队基于德国双元制与我国职业教育的差异，对 IHK 项目方案重新设计，采取三变式人才培养模式，[②] 即学员身份、学习地点、学习内容的变化；构建学习领域 + 模块训练 + 岗位技能训练教学方案，校内实训室布局模仿工作过程，监控教学过程，注重过程性考核。北京信息职业技术学院借鉴德国培训规则和教学计划，依据 IHK 职业资格考试要求，对知识点进行了提炼分析，开发了实训项目，提升学生能力，满足学生将来职业的全面发展需要。北京电子科技职业学院开展了数控切削师国际化职业教育试点，取得 IHK 专业证书的毕业生，在首都现代制造业和生产性服务业的岗位上具有较强的竞争力。

二、北京高等职业院校就业保障制度

（一）就业协议制度——订单人才培养保障毕业生到企业就业

北京市校企合作教育早期得到市政府的支持，1987 年，政府部门面向市属高校根据院校和专业逐个落实生产实习单位，并对分散的合作教育进行统一的研究，为高等职业院校校企合作打下了基础。1992 年 3 月，全国产学研合作教育课题组吸纳了北京联合大学、首钢大学作为成员，列入试点高等职业院校。从 2005 年开始，政府提出改革传统人才

---

① 北京高等职业教育质量报告［EB/OL］.（2020 - 03 - 25）［2020 - 04 - 16］. http://jw.beijing.gov.cn/bjzj/gdzyreport/gdreport/201707/P020191230788529468520.pdf.

② 宁玉红，刘威，王显廷 . 基于中国国情的德国汽车机电师培养教学方案的改造设计研究［J］. 中国职业技术教育，2012（12）：70 - 75.

培养模式，推行工学结合、校企合作的培养和就业模式，北京市又先后开展了以企业为主的合作办学、互动式产学研模式，推动就业的探索。2011 年，《北京市中长期教育改革和发展规划纲要（2010—2020 年）》提出，推行工学结合、校企合作、顶岗实习的人才培养模式，着力培养学生的职业道德、职业技能和就业创业能力。同年，北京市教委与北京市交通委联合制定了《北京市交通行业专业职业教育校企合作暂行办法》，是国内首个由政府和行业制定的职业教育合作制度，鼓励校企在制定技能型专门人才培养方案，教育部肯定了这些举措，认为是促进现代职业教育体系建设的制度尝试，将此办法转发全国，要求各地区学习借鉴。

以就业为导向的订单模式在校企合作中比较普遍，从满足学生就业需求的角度，实质上是通过订单保障学生就业的模式，是高等职业院校和企业根据所需人才的具体要求，签订特定的人才委托培养协议和方案，校企双方应用各自在师资、技术、办学条件和实习实践等方面的优势资源，共同参与培养过程，完成预定人才培养目标，最终毕业生到企业就业的模式。访谈中，有的学校认为订单式培训就是就业协议，因为用人单位与学校签了订单，就意味着学生就业的方向和单位已经确定了，可见，订单培养 + 就业模式，开展产教融合、校企合作是高等职业院校学生就业的重要渠道和模式。其中，以北京工业职业技术学院等院校订单就业模式最为典型。

北京工业职业技术学院，通过“招生即招工、入学即就业”的订单培养 + 就业模式实现校企深度合作，合作企业从最初的数量规模向质量内涵转变，积累了多个行业的就业企业群，形成中央直属机关、航空航天、建筑、医疗、通信/计算机、互联网、司法、汽车行业就业企业群，订单企业扩展到世界 500 强企业。近年来，又形成了以北京地铁集团、北京自来水集团、北京燃气集团、北京电信工程局等为代表的市政各行业就业企业群，开展订单培养就业，为地方经济社会建设服务。

北京交通运输职业技术学院，推行订单式培养保障就业模式，交通工程、汽车技术服务专业对接汽车行业，道路工程对接北京路桥，基于地铁发展较快，专业人员缺口大，于2006年开始开设城市轨道交通专业，2009年与北京地铁签订定向培养协议，校企共同招生，开发课程教材、实施教学、组织考核评价，共同建立教学质量监控体系，“地铁订单班”定向培养定向就业，学习课程主要有城市轨道交通安全管理、运营调度管理、客运组织等，学校有车站综合控制模拟实验室，城轨交通行车调度模拟中心等课程供学生体验，毕业的学生从事站务、票务、司机、运营、机电、检修等工作，在地铁工作的学生人数从最初的每年200人上升到每年500人至600人。

北京高等职业院校订单人才培养模式保障毕业生到企业就业，除订单人才培养模式之外，北京高等职业院校还通过顶岗实习、现代学徒制和工程师制度，以双主体招生招工一体育人，引企驻校建设产教共同体，都极大地提升学生就业能力，有益于高等职业院校学生的就业。

（二）北京高等职业院校困难大学生就业制度

针对未就业学生和就业困难学生，北京出台了相关的制度及配套实施方案，如表6－1所示，将帮助家庭困难学生、残疾学生等就业困难学生的教育、指导、服务等方面的帮扶制度纳入就业工作大局之中。在就业制度实施中，一方面，各高等职业院校加强宣传和执行力度，落实各个就业主体职能，分类指导，精准服务，增强就业制度的有效性；另一方面，认真摸排，精准识别，实施扶持和救助措施，帮助毕业生顺利就业。

表6－1　　北京市困难学生就业政策

时间	文件名称	政策内容
2007年	关于在北京地区高校开展示范性就业中心建设工作的通知	注重做好就业有困难特别是家庭经济困难毕业生的工作，做到重点指导、重点推荐、重点服务，努力帮助他们顺利就业

续表

时间	文件名称	政策内容
2010 年	关于做好 2010 年北京地区普通高等学校科研单位毕业生就业工作的通知	加大对特殊群体的就业帮扶力度。高等学校要摸清困难学生的底数，建立专人“一对一”跟踪和帮扶机制，通过分类指导、技能培训、心理咨询、求职补贴等方式开展就业帮扶工作，并在各类就业项目实施过程中对困难群体毕业生给予优先推荐
2011 年	关于开展北京地区高校就业特色工作项目建设工作的通知	落实好个体咨询、优先推荐、技能培训、就业补贴等帮扶措施，为有就业需求的每个困难毕业生提供有效帮扶
2012 年	关于切实做好 2012 届未就业高校毕业生就业服务工作文件的通知	把符合条件的未就业高校毕业生纳入就业困难人员范围实施就业援助，提供岗位推荐、职业培训、就业见习等服务
2014 年	关于做好 2014 年北京地区普通高校毕业生就业工作的意见	建立就业困难群体毕业生数据库，在摸清底数基础上，制订就业帮扶计划，开展就业指导、岗位推荐、技能培训等，力争帮助他们在离校前落实就业岗位。将低保家庭毕业生求职补贴发放到毕业生手中。对离校未就业毕业生关心到底、重点推荐、跟踪服务，为有就业意愿的毕业生持续提供岗位信息和求职指导，促使年度内实现就业或参与到就业见习、技能培训等就业准备活动中
2015 年	关于印发北京高校高质量就业创业计划的通知	为困难群体毕业生建立详细台账，重点推荐，帮助他们尽快实现就业
2016 年	关于促进 2016 届尚未就业高校毕业生就业创业工作文件的通知	分门别类采取有效措施，帮助尚未就业群体实现就业创业。积极配合相关部门落实发放好求职创业补贴，持续提供个性化咨询辅导。对建档立卡贫困家庭毕业生和零就业家庭毕业生，各地要实施“一人一策”专项帮扶计划，通过开发基层公共管理服务岗位确保兜底就业；高校领导要亲自过问、指定专人具体负责，通过开发校内实习见习岗位、校友资源等渠道，想方设法帮助他们实现就业。主动与人社部门做好离校未就业毕业生信息衔接和服务接续，促使毕业半年内实现就业或参加到就业准备活动中

续表

时间	文件名称	政策内容
2018 年	关于做好普通高等学校毕业生求职创业补贴发放工作的通知	对家庭困难、有残疾和国家助学贷款的有求职或创业意愿的毕业生，可以申请一次性的求职创业补贴

为了进一步了解困难群体学生就业状况和就业帮扶政策实施情况，掌握就业帮扶对象具体需求，2019 年 11 月 ~2020 年 11 月，对教育专家学者、高等职业院校就业指导中心老师和已经离校的北京生源困难群体学生进行访谈，内容包括目前北京高等职业院校大学生就业制度状况、学校对困难群体学生就业精准帮扶的方式方法；离校后毕业生就业状态（就业或者未就业）、就业单位、就职岗位、薪资情况、满意度以及接受就业指导服务情况等。

1. 帮扶政策实施状况

在访谈中，教育专家和高等职业院校就业指导中心老师认为对高等职业院校就业困难学生实施就业帮扶，涉及就业培训、减免费用和求职补贴等方面。如高等职业院校职业资格培训工程，针对高等职业院校就业困难学生开展就业培训和技能培训，国家给予减免费用进行帮扶，这样的应急制度一直持续到现在，覆盖特殊群体的范围更加明确，如家庭困难、残疾学生；就业制度更加具体，从精准投放到系列服务，包括建立台账、一对一帮扶、一次性求职补贴，技能培训等。

A2：对就业困难的高职学生，由教育、劳动保障、人事部门联合组织开展高职学生职业资格培训工程，共同实施职业技能培训和鉴定。培训费由教育系统承担，劳动保障部门适当减免职业技能鉴定费等。

A6：特殊群体的就业保障方面，在这方面国家出台了相关制度措施，保障特殊群体的就业，比如社区再培训制度等等。但是该制度需要广泛宣传，获知此信息的途径不顺畅。

A9：高职院校就业制度保障主要体现在，给予一定的就业补贴，相同条件优先推荐、就业技能岗前培训等。

A10：近年来国家制定了专门针对困难群体的就业帮扶措施，比如对高校毕业生就业求职的一次性补贴，并对困难群体建立工作台账，为其提供就业推荐、政策咨询、简历诊断、心理辅导、职业能力测评、就业创业指导等系列服务。

2. 纳入社会公共服务政策和保障体系

高等职业院校就业指导中心老师和教育专家指出，目前高等职业院校大学生就业制度已经纳入我国就业公共服务政策和社会就业保障体系，如前文表6-1所示。

A2：我了解的高等职业院校大学生就业政策，已纳入公共服务政策，包括为毕业生落户和档案管理提供便利，离校半年以上毕业生未能就业纳入社会保障体系，到户籍所在地人社部门办理失业登记。

A11：世界上大多数国家将高职毕业生就业的制度或政策纳入社会就业保障体系中，设有专门的促进制度或政策。改革开放以来，国家层面颁布了大量的毕业生就业政策，笼统称为高校大学生（毕业生）就业制度或政策，实际上既包括普通高校本专科大学生（毕业生）就业政策或制度，也有针对高等职业院校学生的就业制度或政策。分管就业的两大政府部门，教育部门、人力资源和社会保障部门每年出台就业政策或者指导意见，各个省市、区域相应出台了促进和保障的就业办法和措施。

3. “三不一高”制度制定与执行不相一致

高等职业院校就业指导中心老师认为，“三不一高”制度中不转户籍，高收费的规定一直持续实施，而不转档案和不派遣的政策没有执行，由于涉及学生在校学籍记录和就业报到事宜，转移学籍档案和就业实行派遣规定一直实施至今。

A3：高职教育开始时，实行“三不一高制度”即不转户籍、不转档案、不派遣和收费高，随着时间的推移，不转档案、不派遣两项制度逐渐被淘汰。

A4：“三不一高”政策事实上有所变化，不转户籍和高收费政策一直没有改变，而对于档案转接的情况，由于学生的学习经历等学籍材料需要进入档案，学生档案转入了学校后随毕业转出。毕业生派遣手续从2005年（我校的情况）开始进行办理，以体现干部身份。目前北京毕业生派遣手续随着《北京生源毕业生离校后就业服务及人事档案接收管理有关问题的通知》（京人社毕发〔2011〕133号）的实施，逐渐简化了派遣手续。

A5："三不一高"政策中高职生一般不转户籍，档案学校一般免费为学生转，派遣现在执行人社局规定办理一次派遣，学校就业手续不向学生收取任何费用。

4. 学校落实就业帮扶政策情况

（1）认真摸排，建立台账，掌握帮扶对象需求。

访谈北京高等职业院校就业指导中心老师得知，为帮扶困难群体学生，学校学生工作处和二级学院的辅导员、班主任深入学生群体之中，准确确定就业困难群体，摸清就业困难学生的信息，同时建立帮扶学生台账和联系卡，分析学生就业困难的原因，在了解其就业需求的基础上，开展个性化辅导和提供相匹配的岗位信息。

B1：我校毕业生共1205人，其中困难群体毕业生196人，学校依据困难群体7个类型，做到一人一策，做好帮扶台账。每周在学校OA上发布就业快讯，即时更新困难群体帮扶情况，主要包括学生姓名、是否落实工作、未落实原因、帮扶措施、帮扶老师；每次学生工作会议上通报学校就业信息，着重强调困难群体帮扶情况。没落实工作的原因在于找到工作晚，还未签合同；学生家境富裕，本身不想就业，家长也不支持就业。

B5：我校出台《离校未就业毕业生帮扶行动方案》，建立就业工作台账，摸清底数，建立帮扶联系卡，联系记载帮扶责任人、联系电话、帮扶措施、帮扶进展、帮扶效果等信息，深入分析每一位贫困毕业生的状况，按照统一规范、集中管理、动态更新的要求，实时监控困难生的就业动态，不断调整策略。

（2）分类指导，精准服务，提供就业帮扶。

依据教育部对困难群体学生的规定，困难群体学生界定为家庭困难、就业困难和家庭困难、残疾、就业困难和残疾、家庭困难和残疾、就业困难家庭困难和残疾类型，[①] 各院校实施分类指导，协调学校各方力量，精准服务，做实家庭经济困难毕业生的就业帮扶工作。第一，学校就业工作人员与辅导员、班主任协同开展学生的职业生涯规划教育。第二，就业心理辅导。因为部分学生因为家庭经济原因处于自卑的状态，不愿意接受他人的资助，需要老师帮助他们树立正确的心态，接受合理的帮扶。第三，教务部门、学生工作部门提供就业实习信息，支持家庭困难学生勤工俭学。第四，从经济上给予支持，依据国家就业帮扶政策，发放求职补贴，包括通信费、专项补贴、赴西部偏远地区就业奖励和贷款减免学费等。

北京市教委从 2011 年开始，投入 150 万元资金开展“万人自强就业助力计划”暨北京高校就业困难及家庭经济困难学生就业帮扶工程，通过政府出资购买服务的方式面向就业困难、家庭经济困难学生、残疾学生和部分少数民族学生整合中公教育、新锦程教育、“V 播堂”等社会优秀培训资源，开展涵盖就业力训练、行政能力训练、职业 OFFICE 针对性的免费培训，提升大学生求职就业竞争力，到 2016 年，总计投入 700 多万元，完成 27000 名困难群体学生免费就业培训，各院校通过就业培训、就业资助、岗位推荐等模式予以重点帮扶，建立了详细的台账，发放一次性求职创业补贴等措施，对困难学生实行“一对一”帮扶，保持困难群体学生就业率始终高于总体平均水平。

对北京高等职业院校就业指导中心老师访谈得知，学校通过分类指导，精准服务，对困难群体学生提供就业帮扶。

B4：经济困难的学生会有国家、学校及相关政府部门的资金支持；

① 教育部．关于做好全国普通高等学校毕业生就业数据报送工作的通知［Z］．〔2014〕49 号．2014 - 12 - 12.

能力和身心方面主要是学校的老师来负责，开设心理健康课程、每周固定时间做心理咨询。各级领导及辅导员班主任也会高度重视，采取一对一的形式关注有问题的学生。过去有严重病史的及时联系家长，进行就医。在就业方面会优先困难群体学生，提前做好心理建设，引导学生认清就业形势及外部环境，减少他们的挫败感。另外教委和残联对残疾学生也有很好的帮扶政策，区县民政部门一对一为残疾学生落实就业单位，提供了很大的帮助。

B5：为落实精准就业，帮扶困难毕业生，我院设立“就业门诊”，为本院学生创业团队或企业提供政策咨询、金融对接、资金支持等服务；建立完善的精准化就业服务机制，通过就业信息网、就业 APP 平台进行信息化建档工作，优化就业信息网“就业状况标识与分类”“简历制作与投递”模块，设立“就业服务门诊”，开展定期优质对口企业推送、未就业学生座谈会、网络招聘周、五期精准帮扶工作等活动，实现“一生一策”动态管理，持续为学生提供就业信息和指导服务；积极联系社会组织开展帮扶，与中国社会福利基金会等社会组织建立了良好的合作关系。社会组织提供的多种资源，为我院学生的就业提供了有力的帮扶。目前学院共有各项奖励资助政策 20 余项，学生获得的最高单项奖励额可达 8000 元/年，一学年累计获得的奖助额度可达 21000 元。

5. 困难群体学生就业状况

对离校未就业的学生回访，是完善离校未就业学生的帮扶措施之一。北京市贯彻实施“离校未就业毕业生就业促进计划”，对实名登记的每一名未就业毕业生开展电话访问或家庭访问，一对一地开展服务。如表 6－2 所示，本次电话访谈针对 2019 届北京生源困难群体高等职业院校学生，从 9 名学生的访谈中，发现离校未就业学生的现状如下：

表 6－2　北京生源困难群体学生信息

序号	编码	性别	年龄	专业	访谈方式	困难类型	就业状态
1	C1	男	20	劳动与社会保障	电话访谈	家庭困难	已就业

续表

序号	编码	性别	年龄	专业	访谈方式	困难类型	就业状态
2	C2	男	22	行政执行	电话访谈	家庭困难	已就业
3	C3	男	20	劳动与社会保障	电话访谈	家庭困难	已就业
4	C4	男	21	劳动与社会保障	电话访谈	家庭困难	已就业
5	C5	女	21	护理	电话访谈	家庭困难	已就业
6	C6	男	22	法律事务	电话访谈	家庭困难	求职中
7	C7	男	22	劳动与社会保障	电话访谈	残疾	求职中
8	C8	女	21	会计	电话访谈	家庭困难和残疾	已就业
9	C9	男	21	嵌入式技术与应用（智能控制）	电话访谈	家庭困难	志愿服务西部计划

（1）近八成困难群体学生离校后顺利就业。访谈发现，9 名未就业学生中，有7 名已经落实工作单位，占比78%；其中，有4 名毕业生表示对当前工作岗位比较满意，平均月工资收入在4000 左右（起薪），基本能够满足个人的日常生活开支，没有流动意向，从事职业与所学专业的对口率较好。

（2）缺乏就业意愿是未就业的影响因素之一。访谈发现，对于已就业学生来说，已经不再需要家庭的支持。未就业的毕业生，虽然没有工资收入，尚未给家庭经济带来负担。可见，家庭困难不是导致其个人延迟就业的主要原因。有的学生因为与父母在一起生活，没有生存压力，由于这些学生对就业岗位有较高的期望，缺乏如期就业的强烈意愿，宁可花更多时间，找到更满意的工作。还有的学生缺乏清晰的职业规划，不知道自己想干什么，也是其未能如期就业的原因。

（3）学生对就业指导服务满意度较高。访谈显示，学生对学校就业指导服务比较满意，在校求职期间参加过就业指导课程和讲座以及学校组织的招聘会，离校未就业学生接到过多个就业部门的跟踪服务电话，不仅得到了教育部门的指导，而且得到了区县人力资源和社会保障部门的服务，可见，对离校未就业学生的帮扶政策得到了较好的贯彻落实，效果明显。有个学生通过学校推荐，得到大学生志愿服务西部志愿者的工作机会，奔赴西部边疆“三支一扶”岗位。毕业生普遍反映没有遇到过就业歧视。另外，残疾毕业生的就业相对较困难，对他们就业服务仍有待加强。

第二节　北京高等职业院校大学生就业非正式制度分析

北京市高等职业院校坚持立德树人、德技并重，强化就业文化理念和职业价值观等就业非正式制度的培育，形成了区域特点。就业非正式制度变迁过程分为两个阶段：

第一阶段，以就业为导向服务经济社会需求阶段（1980～2009年），20世纪80年代，北京市决定举办大学郊区分校，依据职业大学的理念，实行定向、不包分配、不转户口，开展高等职业教育探索和高等职业院校的试点工作，20世纪90年代，各大学分校组建北京联合大学，成立了北京海淀走读大学，普通高校、成人高校和重点中专举办高职班，率先实施就业不包分配，与学生家长对接受的教育和职业期待不相吻合，显得不合时宜。但是当时，北京产业结构调整，人才非常短缺，北京市建材总公司所属企业，引进了国外生产线，在安装设备时发现缺乏监控生产线运行的技术人员，由此建材总公司与北京联合大学举办了两年制的建材高职班。这个实例说明高等职业院校学生的短缺状况，为经济社会发展服务成为北京市大力发展高等职业教育的主要动因。

1999年，按照新的管理模式和运行机制举办高等职业教育，学生就业实行不包分配、不转户籍、不派遣和收费高的发展思路，引起社会广泛的关注，受到专家学者的质疑，认为对高等职业院校的歧视，不利于高等职业教育的发展，之后北京市将政策进行了部分调整，学生在校拥有学籍，一律不办理户口手续，毕业回生源省市就业，学校给予派遣。2004年，北京高等职业院校实施在招生、教学、实训和教师素质等方面的工程项目，开展人才评估。北京工业职业技术学院等4所高等职业院校成为国家级示范性高等职业院校，教育教学质量得以提升，2001~2010年，北京高等职业教育培养了33万高素质技能型专门人才，在服务首都经济建设和社会发展中发挥不可替代的作用。[①] 同时，实施了以就业为导向，高等职业院校以就业率为关键指标与办学的多项指标挂钩，政策宣传和社会舆论要求高等职业院校大学生树立务实的就业观念，引导到基层、中小企业和西部就业，但是从现实角度，学生和家长就业倾向和价值取向却正好相反，存在就业期望偏高和有业不就的问题，反映了人们对就业制度的认同困境。

第二阶段，以促进就业为导向兼顾经济社会和个人发展的阶段(2010年至今)。面对当时高等职业教育的现状，传统的职业教育理念和就业观念存在局限性，强调经济社会功能过多，个人发展的价值观体现得不够，亟须树立理念内涵的宽泛性、内容的全程性等大职教观。[②]

北京市实施了职业教育分级制度改革，制定校企合作规定等就业正式制度，促进高等职业教育与区域经济融合发展。但是由于就业非正式制度的缺位，导致正式制度的运行缺少舆论支持。表现在，第一，地方政府态度的模糊性。虽然长期形成的就业文化理念，成为发展职业教育的战略参照，推动了教育改革实践，影响着学生的就业和职业发展。但政府在落实就业政策时囿于地方特色的惯性思维，表现为对普通高校与职业院校学生就业的态度不一致。第二，就业育人意识不足。以就业导向政策下，只满足经济社会的需求，对人的全面发展，职业发展关注不

---

① 邵和平．北京职业教育改革与发展历史回眸（1978—2010）［M］．北京：高等教育出版社，2014：246．

② 邢晖．大职教观下的北京职成教发展趋势［J］．职教论坛，2002（9）：10－14．

够；校企合作就业育人有限。2010 年后，受终生教育和学习型社会思潮影响，现代职业教育面临着社会发展需求和学生求学需求的两个驱动，其价值表现为兼顾社会和个人本位，高等职业院校帮助学生学以致用，既要促进就业，又要为他们的职业发展提供支持，促进职业教育不断满足人民群众职业教育的需求，满足经济社会对高素质劳动者和技能型人才的需要。①

一、就业文化理念：服务经济社会和促进学生发展

（一）就业的传统偏见延续至今

改革开放后，我国发展职业教育为社会不利群体开辟了成才通道，但是对高等职业教育及其就业的传统偏见依然延续至今，如认为职业教育是末流教育，高等职业院校学生学历低，在升学、考研、考公方面仍有歧视，作为专业技术人员待遇低，社会地位不高，这些现象深层次的原因则是社会对高等职业教育及其毕业生的价值否定。

访谈北京高等职业院校就业指导中心老师发现，有的用人单位招聘以学历作为评价标准，而不是技术技能水平，虽然这些员工是企业需要的人才，但是却得不到应有的待遇，用人单位学历高消费的观念，自然延伸到社会上对技术技能人才有歧视的心态，这种现象折射出社会对职业教育的看法。有的老师认为如果社会上不认可职业教育和技术技能人才，对职业教育的投入也是浪费。有的老师指出传统文化观念对职业教育的轻视和对学生产生消极影响。

A5：一个简单的例子，北京大量的优质国企，央企在企业评价指标中存在员工学历层次的考核，这势必导致目前在学历层次弱势的职业教育学生被排除在外，外包派遣分包等“灵活”用人形式五花八门，

① 教育部．关于充分发挥职业教育行业指导作用的意见［Z］．教职成〔2011〕6 号．2011－06－23.

让人目不暇接，也让学生缺乏职业发展安全感，学生仍然需要花大量时间和金钱去弥补学历。这从社会教育成本来说是一种极大的浪费。职业教育不是招收低分学生办学，而是服务国家战略的人才输送高地，如果从劳动力市场不解决认知和认可问题，则职业教育的大量投入将大打折扣。

A8：这里有传统文化的影响，一个非常大的一个因素，“万般皆下品，唯有读书高”等类似观念，在潜移默化当中，贬低了职业教育的地位，学生也很自卑，这是特别大的影响。

“培养什么人、怎样培养人、为谁培养人”是高等职业教育的根本问题，而“人到哪里去”是回答这个根本性问题的应有之义。就业育人不仅要帮助学生找工作，还要树立“到哪里工作”“找什么工作”等正确的就业理念。2004 年以后，满足经济与社会的发展，以就业为导向政策实施后，虽然有利于高等职业院校学生就业率的提升，但是过分关注学生的就业，忽视了学校教育的整体发展，学生也无法获得职业生涯的可持续发展。这种把人的价值归结为对经济社会发展的贡献，忽视个人的多元化需求，非但无益于高等职业教育经济价值的实现，而且影响技术技能型人才的培养。2010 年后，在现代职业教育体系背景下，避免职业教育的工具主义倾向，迫切需要树立就业育人理念，建立以学生为中心，帮助学生树立正确的就业观、职业观和人才观。

（二）树立就业育人理念，“五育并举”，促进学生全面发展

1. 立德树人作为教育的根本任务

国无德不兴，人无德不立。北京高等职业院校把立德树人作为就业工作的出发点和落脚点，积极建设“课程思政”，通过专业课堂、实习实践和就业创业各环节，与就业育人互融互通，帮助学生树立技能强国理想、培养工匠精神和社会责任感。在全市职业院校开展“一校一品”德育品牌评选认定，积极探索德育长效机制。如北京农业职业学院“耕读传家”、北京经济管理职业学院“幸福学园”、北京青年政治学院“燧石工程”等，打造出一批特色鲜明的优秀德育品牌，形成了品牌辐

射效应，发挥示范引领作用，引导学生坚定理想信念，树立报国情怀，鼓励学子到乡村、到中小企业、到西部就业。

2. 提升学生适应产业结构的职业技能

高等职业教育要更好地服务于促进就业创业，必须加强职业技能培训，提升学生适应产业结构提升的能力。2011 年，北京市启动高等职业学校提升专业产业能力项目，以服务都市型现代农业、高端现代制造业、现代服务业、高技术和战略性新兴产业发展为主线，提升服务北京经济社会的能力。通过优化专业结构，目前北京高等职业院校的专业点支撑北京市支柱产业、高精尖产业和教育、医疗、养老等民生改善需求，分别达到约 60%、30%、30%。另有交通运输专业大类 40 个专业点支持北京市基础设施建设，专业设置与服务北京需求高度契合。

3. 将劳动育人纳入人才培养全过程

劳动教育是职业教育的特征，以劳树德、以劳增智、以劳育美、以劳创新是新时代中国特色社会主义劳动教育的重要特征。[①] 北京高等职业院校进一步引导大学生树立正确的劳动观，以就业为育人工作的载体，引导学生树立辛勤劳动、诚实劳动、创造性劳动的理念。北京农业职业学院依托学农基地，举办农耕文化节，将科普现代农业知识与弘扬工匠精神结合起来，构建具有都市农业职教特色的校园文化体系。第一，加强思想教育，通过开展主题班会、校园活动，引导学生形成正确劳动观念，养成劳动习惯。2017 年，学院着力构建“耕读传家”德育品牌。悠久的耕读文化中最典型的就是耕读传家，古代人耕以致富，读能容身的愿望，其实就是劳动教育的重要方式，其核心内涵是弘扬工匠精神，现在倡导耕读传家和工匠精神，目的是培养服务乡村振兴战略，知农爱农的社会主义的建设者和接班人。第二，强化劳动教育与社会实践有机结合，通过产教融合、毕业实习、劳动体验等多种途径，将劳动教育深入到社会实践活动，并构

① 徐长发．新时代劳动教育再发展的逻辑［J］．教育研究，2018（11）：12－17.

建劳动实践教学考核评价制度，将劳动态度、遵守岗位规范与劳动技术技能等作为考核评价的内容，对学生进行考核。

4. 补齐“五育并举”短板

北京高等职业院校贯彻落实中共中央国务院劳动教育、体育工作和美育工作的政策要求，结合学校专业特色，把培育和践行社会主义核心价值观融入育人全过程，在新一轮人才培养方案中补齐“五育并举”短板，通过开齐开足体育课，开设公共艺术课程和艺术实践课程，将促进学生全面发展落到实处，德智体美劳全面发展的技术技能人才，满足经济社会和学生全面发展的需求。

二、职业价值观：职业认同与工匠精神培育

（一）受传统文化影响的职业价值观矛盾复杂

我国高等职业院校大学生职业价值观深受传统文化影响，通过访谈北京高等职业院校就业指导中心老师，有的老师认为由于教育制度的设计，职业教育被认为是低层次的教育，这种偏见成为职业教育发展的瓶颈。有的老师认为目前高等职业教育不仅是低层次的，也是“断头的”教育，这种教育制度设计，最终会影响到生源和高等职业教育本身的生存和发展。有的老师认为，高等职业院校学生是国家经济社会发展的生力军，在其职业发展中，应该给予公平公正的对待。

A3：长期以来，一些人把职业教育当作是低于普通教育的一个层次，而不是一种具有自身规律和特点的类型。这是制约职业教育改革发展的一个十分关键的因素。

A9：高职教育在设计之初就是专科学历教育，而不是职业教育体系（专—本—研）。到目前为止，职业教育仍然被社会广泛认知的是专科学历层次。虽然国家在推动职业教育发展上明确了与普通高校毕业生同等待遇，但在实际需求上，无论是人才落户政策还是机关事业单位招考，各地区、各部门设置的门槛条件往往就是本科及以上。因此，构建

职业教育“立交桥”，将职业教育架构为一种类型的教育体系而不是学历层次，才能从根本上推动制度落地。

A6：对待高职院校毕业的学生，从公平、公正的角度，这类群体是实体经济中，从事具体工作的主力军，在单位招聘、职称评审和职级晋升等方面，应该公平对待，给予他们一定的空间。

随着就业制度变迁，学生重视福利待遇、职业地位、自身发展等方面逐渐成为职业选择的标准，个人本位的价值观得到广泛的认同，求职意向呈现多元化趋势。[①] 访谈中，有的老师认为学生缺乏就业信仰，对劳动力市场和现实职场状况缺乏认识，期望值过高，择业的个性化、功利化较突出，反映在职业价值观方面，对追求职业发展缺乏意志品质和吃苦耐劳的精神，近年来，“慢就业”群体在这些方面表现得比较突出。

A2：学生缺乏信仰。一部分学生缺乏就业信仰，缺乏吃苦耐劳的精神品质，缺乏自食其力、艰苦奋斗、幸福是奋斗出来的价值观。比如近年来的慢就业群体，没有就业意识。还有一些学生都期望从事金融、电力、能源高收入行业，而一些艰苦、工资低的行业却无人问津。

有的老师指出了在就业非正式制度存在价值冲突之处，包括就业观念和职业素养引导不足；在就业导向下，只注重学生是否就业和学校的就业率，忽视学生就业稳定性和满意度。

A9：就业帮扶措施大多停留在给予补贴，给予毕业生就业观念指导方面，对职业理想、工匠精神的宣传引导不够，毕业生有了工作，就代表完成任务，成为就业机构的考评标准，但是招录双方的满意度、就业可持续程度、社会价值体现程度等没有追踪和督导。

（二）职业认同与工匠精神培育相结合

以上访谈反映了高等职业院校学生就业中矛盾复杂的职业价值观，缺乏就业信仰，对劳动力市场和现实职场状况缺乏认识；期望值过高，

① 贾金玲．当代大学生职业价值观的分析与思考［J］．教育与职业，2005（32）：26－28.

择业的个性化、功利化较突出；对职业发展缺乏意志品质和吃苦耐劳的精神，原因在于学生的就业指导和职业生涯规划落后于学生价值观念的变化。因此，高等职业院校必须要加强职业精神培育，促进职业技能和职业精神高度融合，着力培养学生崇尚劳动、敬业守信、精益求精、敢于创新的工匠精神。[①]

高等职业院校学生主要面向生产、建设、管理和服务一线工作，有的就业岗位环境较艰苦，报酬较低，流失率高，在校期间不开展职业观教育，学生就会有畏难心理，会出现下不去、留不住和干不好的问题。因此，对学生来说，对行业、产业或职业文化的认同会成为支撑职业岗位的因素，需要高等职业院校从职业价值观教育入手，加强学生职前指导，关注其职业发展规划和多元化需求，实现从就业指导到生涯发展的转变，从好就业到就好业的转变。

北京高等职业院校首先推进产业文化、企业文化、职业文化进校园、进课堂，加强学生对职业的热爱、工作岗位的责任感，了解和认识职业精神、职业规范和职业礼仪，加深对未来职业的认知和企业文化的认同，形成“我该这样做”的认同效果。同时，引导学生合理定位，摆正心态，积极参与职业体验，拥有稳定的心理素质和坚强的意志品质，以便学生更好地融入职场。其次，把工匠精神培育当作学生理想信念和职业价值观的重要内容，在人才培养方案、课程建设、校园文化等方面，将工匠精神入脑入心，通过设立劳动教育必修课，要求劳动精神、劳模精神、工匠精神专题教育不少于16学时，开展“大国工匠”“劳模进校园”等讲座，组织师生参加劳动志愿服务活动，学习劳动模范和大国工匠对职业敬畏、对工作执着、对产品负责的劳动态度，培养爱岗敬业、精益求精、勤奋努力、严谨细致的工匠精神。如北京信息职业技术学院开展了专业领域科普讲堂，大数据、电子商务、自动驾驶汽车等领域的专家应邀而来，分享前沿科技趋势。北京交通运输职业学院

① 王扬南．努力让每个人都有人生出彩的机会［M］．北京：高等教育出版社，2019（9）：62.

邀请校友魏俊强走进校园，讲述了汽车维修工职业生涯中成长蜕变的故事，在娴熟技能的背后，是积极的劳动态度、创新精神和对社会的责任心，学生们近距离接触到首届汽修行业的北京大工匠，潜移默化地激励他们热爱专业，磨砺技能，在自己的专业领域实现大国工匠的职业理想。

三、以人为本：融合培养学生的职业素养和职业技能

（一）社会资本对就业的影响依然存在

社会资本有助于大学生就业，关系网络也便于提高人力资源的配置效率。但是有的学生依然没有摆脱计划分配职业偏好影响，有的老师描述了学生固守在行政事业单位等传统行业就业，期望过高和“慢就业”的状况。有的老师认为部分学生就业过程中依靠父母等他人帮助，代际效应明显，家庭背景对学生初职就业的影响没有弱化。

A6：现在的就业理念对大学生就业还是有一定的影响，比如还固守铁饭碗，还是想进事业单位等思想还是广泛存在。

A2：比如近年来的慢就业群体，没有就业意识。还有一些学生都期望从事金融、电力、能源高收入行业，而一些艰苦、工资低的行业却无人问津。

A15：毕业生就业过程中依靠他人帮助，尤其是父母等关系网络的占一定的比例，代际效应明显。为了维持地位优势或向上流动，不同家庭背景的学生在选择专业和就业渠道时，侧重采取有利于自身发展的优势资源。

（二）融合培养学生的职业素养和职业技能

近年来，北京高等职业院校借鉴国外的教育模式，以人为本，融合培养学生的职业素养和职业技能，从而提升高等职业院校学生的就业能力，胡格教育模式是其中之一。德国职业教育专家胡格（HUG）教授

及其团队基于人的大脑能记住所做过事情90%的数据支持，开展以行动为导向，强化学生职业素养、职业能力、人文精神的非专业能力（隐性能力）的教育模式。通过调整职业教育教学理念和师生关系，整合课程体系、教学实施和评价等，培养学生独立地、负责地、有效地完成工作任务的能力，融合职业素养和职业技能有效形成。[①] 胡格教育模式具有模块化、项目化和任务驱动的特点。

从改革实践看，2014年6月，北京市交通运输职业学院汽车维修机电一体化专业实施胡格教育模式，从2016年开始，由北京市教科院吉利教授主持组织了“职业素养与职业技能高度融合”的课程改革研究项目，以胡格职业素养培育为基础展开。吉利教授认为，研究表明，讨论、实践、教授给他人的学习留存率达50%～90%，这种主动的输出性学习效率远远大于听讲、阅读、观看演示等传统学习方法，应尽可能让学生说出来、写出来、做出来。这个项目由北京市教委与德国巴登·符腾堡州教育部合作实施，项目组挑选了北京17所中高职学校作为该模式课程改革试验试点校。2018年，《北京职业教育改革发展行动计划（2018—2020年）》中明确提出，推进德国胡格模式本土化，广泛开展有趣、有用、有效的课堂教学，形成以小班化、模块化、项目式教学和探究性、合作性学习为主要特色的培养模式。截至2018年10月31日，北京市教委已组织了十二期胡格模式试验项目的教师培训，系统地掌握了胡格教育模式教学方法，并陆续将其应用到专业教学中。其中，北京农业职业技术学院作为胡格教育模式试验学校，将胡格职业素质模式与信息化相结合，老师通过结合物流专业和休闲农庄专业，讲解国家农业农村政策，农业领军人物带动贫困农民共同富裕案例，培养学生立身农村大地，热爱农业，建设美丽乡村的责任意识。

---

① 北京高等职业教育质量报告［EB/OL］.（2020－03－25）［2020－04－16］. http：//jw. beijing. gov. cn/bjzj/gdzyreport/gdreport/201812/P020191230788934868224. pdf.

第三节 北京高等职业院校大学生就业制度实施机制分析

北京高等职业院校大学生就业制度实施机制变迁经历了中央宏观管理为主向北京地方管理为主转变两个阶段：

第一，中央宏观管理为主的阶段（1978～1999年）。改革开放后，中央恢复对高等职业教育的宏观管理，但是在办学体制上，北京市政府探索打破单一办学格局，引导行业、企业和社会力量参与办学机制。如1984年，北京海淀走读大学成立，面向市场，自主办学的办学机制，毕业生不包分配，实行择优推荐录用的就业机制，成为职业教育兼具办学改革的实验典型。同时，北京对大学郊区分校进行调整，将12所大学分校组建成北京联合大学，增加二、三年学制的专科。1985年，北京理工大学等6所普通高校在郊区分校相继举办高等职业教育班，北京师范大学一分校调整培养目标、招生对象和专业，面向中等职业技术学校培养“双师型”教师组建北京联合大学职业技术师范学院。1986年，北京联合大学、北京海淀走读大学等普通高等学校和北京市房地产总公司职工大学、北京市计划劳动管理干部学院等成人高校也开始试办高等职业教育专业，至1987年，北京市先后有8所独立设置的成人高校高职班，逐步实行学生和用人单位双向选择的就业机制。1993年，为了做好高等专科学校和高等职业学校审批下放的试点工作，北京市明确将北京联合大学建设成为北京普通高等职业教育中心，开始了高等职业教育试点工作，由1所学院扩大到联大的7所学院。1996年，市政府文教办公室、市教育局、高教局和成人教育局合并成立了北京市教委，统筹全市教育工作。成立了高等职业教育协调领导小组，定期研究高等职业教育工作。1997年，北京市为贯彻《职业教育法》试点扩展到北京海淀走读大学、北京青年政治学院和6所北京郊区大学分校。北京科技大学、北京工业大学、北京联合大学自动化工程学院与北京市计算机工业学校等 5 所中等专业学校试办 3 个高职班，对口招生。1993 ~ 1999 年，高等职业院校招生计划年增加 30%，试办高等职业专业的普通高等学校有 46 所，200 多个专业。在就业机制上，形成了教育部、北京市教委和各校就业指导机构，分别承担不同层级的就业职能，人力资源和社会保障部门，拟订就业援助制度和毕业生就业政策。

第二，北京市地方管理和运行机制阶段（1999 年至今），随着国家管理体制的改革，管理权限下移，将高等职业教育授权给地方政府，中央管理的高校划归地方，成立了市级职业教育联席会议制度，研究解决重大职业教育问题，明确了对市教育行政、劳动保障部门和区县政府的职业教育职责。这时期就业制度实施机制特点是，首先，办学规模呈现快速发展趋势，2001 年，北京地区独立设置高职高专院校 8 所，[①] 2010 年至今为 25 所，其中，中国特色高水平高等职业院校和专业建设高职院校 7 所、北京市特色高水平高等职业院校 8 所，分别占北京市高等职业院校 28% 和 32%，2021 年，在校生总数达到 5.9 万人，招生数 2.1 万人，毕（结）业生数 2.2 万人。其次，主要依靠政府办学向政府、企业、行业、社会力量参与的多元化办学，实行多途径就业格局转变，分别是 4 所为北京市教委所属、10 所为其他委办局或企业所属、2 所为区县政府所属、9 所为民办独立设置。此外，北京市还有 11 所普通本科院校以及 3 所大学分校举办了高等职业教育。再次，高等职业教育制度和就业制度实施前通过专家论证和质量监控基础上举办高等职业院校和专业设置，设立课题进行专门的论证。[②] 在专业建设方面，紧密围绕北京市产业结构调整和京津冀协同发展需求，北京市高等职业院校设置了 762 个专业，其中，北京电子科技职业学院等 7 个高等职业院校的 10

---

① 孙毅颖．技术技能人才培养——北京高等职业教育回溯［M］．北京：高等教育出版社，2015：34 - 36.

② 邵和平．北京职业教育改革与发展历史回眸（1978—2010）［M］．北京：高等教育出版社，2014：250 - 256.

个专业入选中国特色高水平专业（群）、北京农业职业学院等 15 个高等职业院校的 22 个专业（群）入选北京市特色高水平骨干专业（群）。北京职业教育专业结构与三大产业结构基本相符，对应第三、二、一产业专业数比例分别为 6∶1. 5∶1。[①] 2021 年，随着全国高校毕业生就业创业指导委员会的成立，设立了 19 个行业就指委和 7 个专家组，北京高等职业院校、北京市级就业服务机构可以应用此沟通协作机制，共同做好政策咨询、就业指导、岗位拓展、评估监督等就业工作。

北京高等职业院校大学生就业制度实施机制变迁中，形成了自己的区域特点，本节通过就业指导人员和教育专家的访谈，研究了北京高等职业院校大学生就业制度实施的形式机制（行政计划机制、指导服务机制和监督服务机制）以及功能机制（激励、约束和保障机制）。

一、北京高等职业院校大学生就业制度形式机制实施

（一）行政计划机制

在行政计划机制方面，通过访谈，有的老师认为政府的宏观调控政策在于拓宽就业渠道和对困难群体的帮扶，高等职业院校对学生开展就业教育，企业进校园，开展订单培养，凸显高等职业教育的特点和优势；有的老师认为就业制度由上至下实施，政府宏观调控和高等职业院校目标一致，方向一致，校企共同承担人才培养。有的老师则认为，职教 20 条主要意义在于更加明确三方的责任，尤其企业在高等职业教育中的责任，需要进一步的强化。

A2：政府出台的就业政策都是拓宽就业渠道，帮助弱势群体就业的惠民政策。高职院校主要是为学生提供多样的就业服务，专项的就业咨询、一对一的就业辅导和职业生涯规划、就业指导和创业相关课程，让学生提前认识自我，了解职业，在探索和实践中找到自己未来就业方

① 北京市教育委员会. 北京高等职业教育质量年度报告（2020）[R]. 2020.

向。同时一些世界500强或大型央企、国企也进入高职院校，进行校企合作、订单培养，学生从入学开始就成为了准企业人，毕业后到相关单位上班就业。总之，政府、高校和企业都在为就业出力。

A8：政府，高职院校和企业的责任是什么，其实看似是三方，但实际上可以简化成为两方，即政府和高职院校，高职院校办学等都依据按政府制定的方针政策执行，在很多方面是一致的，高校不违反政府的政策。政府是一个宏观调控，高校和企业的自主权应该比较强，政府对于就业的影响程度特别大，出台什么政策，大家都得执行。但是一些具体情况，政府这种影响力和在细微之处又没法发挥作用，有矛盾之处。

A4：国家职教20条为高职教育的发展提高了国家站位，在推进职教20条落地实施的过程中，在校企协同育人上还需要更加明确政府、高校和企业各自的责任，校企合作需要持续深化，特别是明确企业在用人上的使用责任和培育责任。

访谈中，多数学校强调实施行政计划机制的重要性，有的高等职业院校通过就业管理平台，实施学生入学到毕业全过程的就业教育，有效加强同用人单位沟通。有的学校就业制度实施以行政命令为基础，以指导服务为辅助，激励校企共同支持学生就业。

A1：高职院校管理上参差不齐，有的学校的学生直接请假来找我，也有家长来校来电说要转学来我们学校，因此管理很重要，通过建立统一的网络平台实现对高职学生的帮助和管理，学生入学就运用平台申请课程、查看分数、职业测评、面试单位以及单位实习等，对新生入学、二年级、毕业时、毕业后通过平台进行全面管理，便于及时了解问题，解决问题。

A6：在高职院校大学生就业制度实施方面，以行政命令为基础，以指导服务为辅助，高校、企业作为参与方，更能有效推动大学生就业，特点是要调动企业的积极性，政府应该出台针对企业在接收大学生就业方面的相关措施，鼓励企业与高校合作，对企业在税收、扶持资金等方面给予一定的政策倾斜。

（二）指导服务机制

在指导服务机制方面，有的老师认为，高等职业院校是就业指导的主体，加强市场调研，提供多样的全方位的就业服务。有的老师认为，对就业困难群体学生，学校要提升其综合素质，加强心理疏导，转变就业观念，以便更好地适应社会环境。有的老师则认为，高等职业院校的顶岗实习可以促进劳动与教育的同时同步发展，实现零距离就业。

A2：高职院校作为办学主体，应加强市场调研，依据市场和企业需求办学、找准办学定位，为学生提供多样的就业服务，专项的就业咨询、一对一的就业辅导和职业生涯规划、就业指导和创业相关课程，让学生提前认识自我，了解职业，在探索和实践中找到自己未来就业方向。

A3：对就业困难群体毕业生，他们自身的综合素质与社会就业环境的需求不相匹配，通过心理教育课堂完善弱势学生的心理状态，采用同学间互相帮扶的方式带动弱势学生正确认识就业环境，形成良好的自我定位，消除自卑心理，认识到可以通过自身的努力实现公平平等。同时，通过思想教育课程，完善学生自我的认知，树立积极向上，吃苦耐劳的精神品质，增加抗压能力，不轻言放弃，形成正确的择业与就业观念。

A7：高职院校就业指导与服务中讲解高职生的顶岗实习的重要意义，帮助学生在真实的场景中获得操作技能和实践经验，缩短与正式工作岗位的过渡期，实现零距离就业，推进现代职业教育中劳动与教育的同时同步发展。

（三）监督服务机制

在监督服务机制方面，有的老师认为就业监督服务机制有利于制度的高效执行。有的老师认为，各方合作参与就业制度建设，尤其需要第三方机构参与监督，才能保障制度的效果。有的老师认为，监督服务机制更有利于制度的实施，尤其是对用人单位和就业市场的监管。如就业培训机构许可准入机制，没有统一规范的标准，有可能损害就业培训学生的利益。

A8：一个完善的保障制度应该是配比合理的，这是个机制融合的问题，有的政策就是应该按行政命令来执行，高校应该提供就业指导服务。具体效果如何，应该由第三方来监督。需要第三方监督，倾听更多参与方对某件事情的看法，就业制度是需要一个保障体系，这个制度不是单一的某一方面。

A2：我认为监督服务机制更有利，因为高职院校学生有一部分要走向民营和中小微企业。有些单位运营不是很规范，在招工时承诺给学生的工作内容、待遇、环境，与学生入职后相差甚远；有些单位为了节约成本，打着招聘的幌子，无偿或者是低价使用实习生，学生毕业后，再以各种理由把学生辞掉，不招正式职工；有些单位拿着很多知名企业的营业执照进行招聘，说签的是正式劳动合同，最终签的是劳务派遣协议。就业培训中介机构培训质量良莠不齐，国家没有统一的政策要求和准入机制，有些培训机构误导用人单位，尤其是损害学生的利益，不利于大学生就业政策的高效执行。所以，政府应该加大监督服务机制，颁布相关制度，制止用人单位和培训机构的行为。

北京教育机构研究人员在访谈中指出，就业执行中缺乏就业政策的科学评估，缺乏监管机制，会出现虚假就业率，最终影响就业制度实施的效果。

A14：就业政策执行中缺乏评估。政府作为政策的制定者，又是政策的评估者，充当“守门员”和“裁判员”，由于缺乏第三方评估机制，出现虚假就业率，政府政策失灵现象，影响就业政策的实效性。

二、北京高等职业院校大学生就业制度功能机制实施

（一）激励机制

通过访谈北京高等职业院校就业指导中心老师，分析国家在资金补

贴、税费减免、社会保障等方面的激励政策。有的学校赞同企业接收学生，国家给予资金支持或减免税收；有的学校主张高等职业院校在招生、就业好的专业，国家应给予资金支持。为了保障就业政策的高效执行，明确政府、高等职业院校和企业的职责，尤其是就业指导人员“最后一公里”的指导作用，有益于形成良性的就业生态，这也是大多数访谈老师的看法。

A2：要建立起激励机制配套的保障制度，比如，真正实现同工同酬，按劳分配；对吸纳弱势群体的企业给以减免税收等鼓励政策；加大对自主创业毕业生的支持力度等。

A3：为了就业政策的高效执行，应该提高艰苦行业的薪资水平，提高技术工人的职称、工资待遇等。当然，政府财政经费有限，大幅补贴艰苦行业和技术工人，有些不现实，但如果只制定规则，让企业去实施，企业也有自己的难处。所以，要保障政策的高效执行，需要进一步完善和明确激励机制中政府和企业的职责。

A6：在激励机制方面，对高校而言，应该从资金支持、招生计划等方面有所体现，对就业好的专业或院校，在资金扶持方面要有所倾斜，在招生计划配比上有所倾斜。对企业而言，应该给予一定的资金帮扶政策，如对学生实习、就业等，根据接收人数给予资金支持。

A4：需要建立明确有效的激励机制，以体现明确的工作导向，体现执行者的贡献度，树立工作标杆，形成良性生态。

A1：就业工作人员帮助学生最后一公里的就业服务，沉下心来做实做细，针对各种情况迅速做出反应，需要有对他们工作支持的激励政策。

（二）保障机制

在保障机制实施方面，有的学校指出目前政府对困难群体学生的就业补贴，为学生提供了求职阶段的资助保障，有的学校提出了建立和完善职业标准和职业准入制度，从职业发展的角度对毕业生就业的持续发展提供保障。

A4：困难群体，每年市人社局统计申领就业补贴人数，家庭经济困难群体就业补贴1000元/生，在困难群体就业方面发挥了重要作用。

A5：要进一步建立和完善职业标准和职业准入制度。职业标准根据就业公平的基本原则制定职业入职的基本要求和认知资格，如果用人单位招聘没有任职资格的人员入职，涉嫌虚假招聘或者就业歧视，都要承担相应的责任。有了这样的标准，为劳动力市场的求职者和用人单位选人用人都提供了依据。

有的学校指出了目前学生就业政策和社会保障制度实施卓有成效，但是有的政策不相配套，建议建立全国统一的就业政策和社会保障政策，既可以支持学生就业，又可以满足就业政策的高效执行和可持续发展。

A5：为了就业政策的高效执行，增加劳动就业领域的公共财政投入，使求职者和用人单位都获得较大利益。我认为统一就业政策和社会保障政策，而不是两个政策各有成效，但综合效果并不理想。就业是社会保障的基础，社会保障能够化解就业风险，适应就业多元化的需要，建立统一可持续发展的就业与社会保障政策。

（三）约束机制

在约束机制方面，大多老师认为，约束机制能够保证就业政策的高效执行，有的老师认为约束机制目的是规范就业红线，是良法善治的重要体现。有的老师认为加强对政府立法进行审查，防范不适当的就业法规；执行政策时，加强联动机制，有利于政策纠偏和矫正不公正的行为。有的老师强调实施细则的重要性，可以约束行政机关和高等职业院校的不规范行为。还有的学校强调政府要规范企业招聘和用人监管。

A4：需要有约束机制，明确政策红线和高压线，可以规范就业工作，体现良法善治。

A5：加强对政府就业立法的备案审查制度，进行审查，以改变或撤销不适当的就业法规和规章；政策联动机制，由中央直接发文，约定相关部门就某项问题协同发布政策文件；对执行情况进行调查，及时纠矫不公正行为；加强司法机关对政府制度行为的规范；强化就业决策的责任追究制度，保证公正性与高效性。

A6：一是从宏观层面。国家应该有指导方针，省市级行政管理机构有相对明细的指导细则，并且提出考核细则和指标，如就业率、就业稳定率、专业对口率等指标，如果低于某一指标，专业要退出招生序列等；二是从微观层面，各高校结合国家大的政策要求，制定出自己的实施细则，落实“一把手”工程。在招生专业、人才引进、经费支持等方面严格落实。

A8：政府要加强监管和审核机制，规范企业的用工行为，严厉抵制企业不正当竞争。

访谈中，部分老师认为就业制度在落实中存在走样的问题。有的老师谈到了村官和基层社区服务项目政策，开始允许高等职业院校学生参加，但是2011年后这项政策再没有惠及高等职业院校学生。有的老师提到就业制度改革后，由于供需双方错位造成了就业难和用工难，其中有学生自身素质不高的原因，也有企业对学生的歧视有关，而企业对学生的歧视行为，违反就业公平性。因此，制度实施关键在于落实。

A8：北京村官政策以及到基层社区服务的政策，在刚开始的时候，高职学生是可以参加的，2006~2010年，我校毕业生到农村和社区很多。但是之后就规定高职学生没有资格参加这个项目。从这个例子可以看出来，国家政策非常好，但是现实执行走样。

A9：目前高职院校毕业生绝大多数是面向市场就业，市场上一些中小微企业面临招工难的问题还没有解决。但是，毕业生对自身的定位和企业对学生的歧视（刻板印象）造成了错位，致使就业难成为了择业难。制度制定关键还是看落实，企业的社会责任建立和履行还需要一个较长的过程。

制度实施中出现的问题，需要从政策执行角度加强约束规范。访谈中，有的老师认为，由于就业政策出台较多，但是落实宣传不到位。有的老师认为，职业资格证书在考核与鉴定中没有国家标准，考核标准和适用性往往良莠不齐，不严谨不规范，社会认可度不高，而且这个制度过分夸大职业资格证书的作用，不利于学生的素质提升和全面发展。

A8：现在的制度，该有的都有了，就是自主宣传以及制度的执行当中力度不够，这个是亟待解决的问题。

A9：职业资格考核与鉴定主要依靠行业协会等社会团体开展，没有国家标准，考核标准和适用性往往良莠不齐。同时，在当前市场经济条件下，职业院校学生考取职业资格证书的指挥棒，往往成了专业课程学分认定、课程转换的标尺，不利于通识教育，专业基础教育，不利于培养适应国家产业升级的可持续发展的职业人才。

第四节 北京高等职业院校大学生就业制度影响就业的调查监测

监测是政府最重要的政策工具之一，覆盖政策从制定到完成的全部环节。[①] 调查研究的方法是开展监测的主要方法，本节应用北京地区高等职业院校大学生就业数据，监测就业制度对就业结果的影响，验证实施机制的效果。访谈北京高等职业院校就业指导中心老师和教育研究人员，普遍认为通过学生就业状况调查，可以有效监测就业制度的实施效果。

A4：就业工作需要加强监测，需要深度调查研究，调研毕业生、调研就业市场、调研政府、企业、学校如何形成系统协同、形成合力，更加有力促进毕业生就业与职业发展。

---

① 路德维珂·科拉罗，胡咏梅，梁文艳．国际组织教育政策监测与评价体系的架构及其对中国的启示［J］．比较教育研究，2011（2）：70－75.

A6：现在教育部出台就业跟踪调查和核查工作，从我们学校的就业情况来看，对就业数据造假实行一票否决制，大学生就业造假的情况应该基本上没有。

A11：加强历年毕业生就业状况调查，成为监测就业制度和政策的有力支撑。

一、调查数据来源、信度和效度

（一）数据来源

数据质量是调查研究的生命线，本书的数据主要是北京高校本专科学生就业数据①。问卷调查对象为当年的应届学生，调查时间为当年5~7月。本书采用高等职业院校学生就业数据，验证就业制度对就业率、就业匹配、就业质量（就业起薪、稳定度和满意度）的影响，验证实施机制的效果。从量到质，探寻就业制度与就业结果之间关系，从中监测毕业生就业正式制度、非正式制度及制度的实施情况。

（二）信度和效度

调查问卷经过多年的实施，具有较高的信度和效度，以2015年调查问卷为例，信度系数就业部分为0.969，大于0.8，表明问卷信度良好，结果可靠；效度方面，各个部分KMO值均大于0.6，且Bartlett均小于0.05，因子提取后累计方差均超过50%，效度良好。

二、指标选择

（一）就业制度指标

本书北京高等职业院校大学生就业制度分为就业正式制度、非正式

---

① 韩春光，许艳丽．高职学生就业质量因素影响调查分析［J］．中国职业技术教育，2018（33）：56－64.

制度及其实施机制，高等职业院校大学生就业制度，包括就业正式制度，选取就业政策、户籍制度、就业协议制度和就业保障制度指标；就业非正式制度，选取职业价值观和社会资本指标；实施机制方面，选取就业指导服务等指标。如表 6－3 所示，分别在调查问卷中有相应的指标加以体现（详细见附录 D）。

表 6－3　　北京地区高等职业院校大学生就业制度指标列表

一级指标	二级指标	问卷中对应的问题
正式制度	就业政策	就业政策对您的职业选择直接作用是？
	户籍制度	您的生源地是？
	就业协议	您目前的毕业生去向？
		您已落实的就业单位在（省、自治区、直辖市）而且是？
		您已落实的就业行业？
		您已落实的就业单位类型？
	权益保障	您在已经落实的就业单位，享受保险和公积金的情况是？
非正式制度	职业价值观	您选择工作时，下列因素的重要程度如何？
	社会资本	父亲母亲受教育程度？
		家庭经济状况？
实施机制	就业指导服务	您对学校提供下列就业教育及服务的参与情况及满意程度如何？

（二）就业结果指标

就业率一项指标反映学生就业状况，只能考察量，不能体现质，既不全面也不科学，面对当前复杂多变的就业形势，评估大学生就业的指标将由就业率向就业质量转变。因此，本书就业结果指标选取就业率、就业匹配、就业质量指标。依据本研究实际情况，如表 6－4 所示，分别在调查问卷中有相应的指标加以体现（详细见附录 D）。

表 6－4　北京地区高等职业院校大学生就业结果指标列表

一级指标	二级指标	问卷中对应的问题
就业结果	就业率	您目前毕业生去向？
	就业匹配与去向	您已落实的就业单位在？ 您已落实的就业单位属于哪个行业？ 您已落实的就业单位类型？ 您所学专业与即将从事工作相关程度是？
	五险	您已落实的就业单位，享受保险和公积金的情况是？
	稳定度	预期在本单位工作的时间？

1. 就业率

评估大学生就业状况和就业制度影响因素指标，世界各国在内涵、时间、评估人和标准存在差异，国际劳工组织通常以就业率和失业率评估就业状况，2002 年，我国毕业生就业制度改革强调了以提高就业率为中心，突出了就业率在就业工作中的重要性。[①] 从此，就业率成为反映大学生就业状况的唯一指标，成为政府调整教育政策和高校招生计划、专业设置、学位评定的依据。依据教育部规定，就业率计算的公式为，就业率＝（深造人数＋已就业人数）/毕业学生人数×100%，按照每年毕业时间为节点进行计算。目前我国将出国、升学、就业服务项目等列入就业范畴，并且沿用待业率指标而不是失业率指标考核学生毕业半年后的就业状况。为推动高等职业院校的改革与发展，以就业为导向，将就业工作与院校事业发展、专业设置、评估结论相挂钩，对审批设立的就业率明显低于全国平均水平的高等职业院校，给予暂缓备案或不予备案。但是就业率只能反映已就业、未就业的数量信息，监测指标单一，只有将毕业生就业的量与质相统一，才能全面反映就业状况。为了客观准确统计毕业生就业去向，从 2021 年开始，就业率统计调整为就业去向落实率。

① 国务院办公厅．关于进一步深化普通高等学校毕业生就业制度改革有关问题意见的通知［Z］．国办发〔2002〕19 号．2002－03－02.

2. 就业匹配与去向

包括两个方面，①专业对口。指毕业学生所从事的工作、岗位与所学专业相符合，保持基本一致。专业对口与办学层次、学历层次和学科类别都有关系，如果学校设置专业与社会需求相协调，与市场需求相匹配，就会保证人力资源的配置最大化，不会出现人才浪费。②毕业学生的流向包括行业流向和区域流向。仅指择业时初次就业到哪些地方、单位和行业就业。由于我国经济社会发展存在地区、行业、单位和城乡的差距，以及户籍制度的影响，毕业学生从东南沿海、东部流向到中部西部逐渐递减，出现就业在地区之间的不平衡。尤其是高等职业院校毕业学生的跨省市流动受到限制是就业制度性障碍的突出表现。

3. 就业质量

本研究将收入、稳定性和满意度 3 个维度作为就业质量评价维度，[①] ①就业起薪。薪酬是指员工为企业或者雇主提供劳动而获得的回报，大多数管理部门倾向于货币性收入，不包括福利。[②] 毕业学生起薪指学生刚开始工作时的薪酬，体现了学生在劳动力市场上的地位和竞争力，反馈高校对人才培养回报率。起薪越高，一定程度代表该校学生在劳动力市场上的地位越高，竞争力越强。②稳定度。国际上，稳定程度指毕业学生持续工作 6 个月以上的可能性，用入职持续时间或者更换工作的次数来度量。[③] 从劳动力市场出发的宏观方面，稳定度是指劳动力的劳动参与量在相当长的时期内保持一定的比例，从员工个体的微观层面看，指劳动者参加工作后在一定期限内工作并维持生活水平的状

---

① United nations. Measuring the quality of employment in the EU – country pilot reports [R]. 2010.

② 刘昕．薪酬管理［M］．北京：中国人民大学出版社，2011：6.

③ 武毅英．转型期的大学生就业问题与对策［M］．广州：广东高等教育出版社，2009：22.

态。[①] ③满意度。是学生对于所获工作的一种主观感受，包括对学校人才培养、就业指导服务状况，特别是对学生本人落实就业单位的满意程度。从就业结果上，可以反映就业的质量；满意度反映在人力资本上，可以考察高等职业院校人才培养的质量。影响满意度的因素包括收入、升迁机会、同事、监督以及工作本身的性质等。[②]

三、就业制度影响就业结果的分析

（一）北京地区高等职业院校大学生就业结果描述分析

本研究选取北京地区高等职业院校大学生就业数据分析对比，进而监测高等职业院校大学生就业制度影响就业结果的现实状况，从就业正式制度、非正式制度和实施机制三个方面影响就业。如表 6－5 所示。

表 6－5　北京地区高等职业院校大学生主要就业状况数据

项目	内容	2015 年	2017 年	2019 年
就业率	就业	96.6%	98.3%	95.1%
就业匹配	专业对口率	66.7 分	71.5 分	75.6 分
就业质量	有保险有公积金	59.7%	59.0%	64.5%
	满意度	70.3 分	75.5 分	82.5 分
	稳定度	33.4%	—	—

1. 学生平等的就业保障与特殊群体权利的保护

研究结果表明，高等职业院校大学生就业制度环境下，从就业政策、就业协议制度和权益保障制度实施后基本保证高等职业院校大学生就业。他们在就业率、就业匹配和就业质量多项指标的统计中，占有较大的比例，但是仍有较小比例的人群没有就业，在就业匹配和就业质量

① 张一名，张再生．高校毕业生就业稳定性研究［M］．北京：经济科学出版社，2014：21.

② 岳昌君．中国高校毕业生就业满意度的影响因素分析［J］．北京大学教育评论，2013（4）：85－86.

上也差强人意，他们的权利需要就业帮扶政策进行跟进。原因主要有教育体制和就业体制之间的不契合，户口制度与工作岗位获得之间的制约关系，政策转变以及就业市场某些环节的垄断等。[①]

（1）就业制度保障毕业学生平等就业权益。

根据就业数据分析，截至当年10月31日，北京地区高等职业院校大学生就业率均在95%左右，就业形势总体基本稳定。

灵活就业政策对学生职业选择有直接帮助。针对就业政策对学生职业选择有直接作用的调查，半数以上的学生认为灵活就业政策有直接帮助。近年来，教育部、人力资源和社会保障部、北京市出台多项促进毕业学生的就业政策，扩大岗位供给，援企稳岗，提升网上就业服务能力。参军入伍、基层项目、自主创业、自由职业的比例均有所上升，较大程度上弥补了因岗位不足导致的签约率下降，应对疫情的稳就业保就业系列政策发挥了积极成效。

根据调查，就业协议制度影响京内外生源的就业方式。北京生源学生签署三方协议的比例高于京外生源，继续深造的比例则低于京外生源。由于在京就业不转户籍，京外户籍学生采取了单位用人证明、自主创业和继续深造的就业方式。相对来说，签订了就业协议的学生从稳定度、权益保障方面优于其他就业形式的学生。

从北京地区高等职业院校大学生落实就业来看，在京就业学生最终到各类型企业，包括三资企业、国有企业和其他企业，信息传输、软件和信息技术服务业是吸纳就业人数最多的行业。可见，高等职业院校学生在企业和第三产业工作的比例较高，体现了高等职业教育以就业为导向，面向生产、建设、管理、服务基层一线政策导向的作用。在就业的匹配度方面，高等职业院校学生专业与工作相关和很相关仍然有相当大的提升空间。

---

① ［法］劳伦斯·罗兰—伯格．走出西方的社会学——中国镜像中的欧洲［M］．胡瑜，译．北京：社会科学文献出版社，2014：28－29.

就业保障制度保障了学生报酬稳定增长，享有一定的保险、公积金的权益，近年来，满意度和稳定度的比例都有所增长，预期在现有岗位工作三年以上比例相对稳定，但是保障力度还需要加强。

户籍制度影响京内外生源学生就业率和就业去向。从近年北京高等职业院校大学生调查数据分析，就业去向方面，北京生源签署三方协议就业的比例高于京外生源，国内升学的比例低于京外生源；就业地区方面，北京生源比京外生源具有更高比例的人期望首选北京就业且最终落实在京就业，户籍地在北京的学生会比较容易留在北京就业。

（2）未就业特殊群体权益保障。

就业数据显示，仍然有部分学生未落实工作。在就业市场出现就业难问题，除了结构性供需不匹配的原因，还存在就业歧视等侵权行为妨碍就业的问题。有的单位面试看颜值、挑星座、限籍贯。[①] 专科免谈的人才高消费，看家庭背景的招聘潜规则，导致人才资源严重浪费、教育资源畸形流动及技能人才短缺问题。在高等职业院校学生就业歧视的研究中，[②] 有40.7%的高等职业院校学生遭遇过就业歧视，与本科以上学生相比，他们更容易遭受了院校、学历和生源的就业歧视。因此，针对未就业学生和就业困难学生需要在就业政策的实施中，有针对性地扶持和救助，增强就业政策的有效性。

2. 学生职业价值观个性化与职业偏好同时并存

（1）学生职业价值观体现个性化功利化。

2015年和2017年通过对学生16项职业价值观指标的分析，学生最看重的因素为磨炼个人能力，其次是家庭生活不冲突、施展个人的能力和特长等6项指标。近年来，学生最看重的因素分别是发展前景好、工作稳定、福利待遇好。学生总体价值导向共性较强，能否历练个人能

---

① 代丽丽．就业歧视“花样翻新”有些单位看颜值、挑星座、限籍贯［EB/OL］.（2017－08－15）［2017－08－16］. http://www.thepaper.cn/newsDetail_forward_1763653.

② 韩春光．高职学生就业权益保障影响因素调查分析——以北京地区为例［J］．职教论坛，2018（3）：160－164.

力，有利于个人发展前景是学生求职中最为关注的因素，充分体现了现代大学生所具有的追求变化和个性独立的群体特点。

职业价值观因子分析。因子分析中采用的因子提取方法为主成分法，因子旋转方法为 Kaiser 标准化最大方差法。结果中 KMO 检验统计量为0.892，说明变量之间的偏相关性较强，适合做因子分析，球形检验 p 小于0.001，说明变量之间存在较强相关性。如表6-6所示，通过对毕业生16项职业价值观指标的因子分类分析，归纳其共性特点，分别定义为成就实现、地位保障、社会促进和家庭维护四个主要因子，成就实现因子中主要包括施展个人的能力和特长、磨炼个人能力、发挥自己的创造性以及实现个人的抱负和目标；地位保障因子中主要包括周围人的羡慕、享受高地位的个人空间、感到受重视以及容易晋升到高地位；社会促进因子中主要包括改变目前令人担忧的社会现状、提高我国该行业的世界竞争力、为社会发展创造价值以及带给人激情；家庭维护因子中主要包括和未来配偶在一起、和家庭生活不相冲突、方便照顾父母以及有高于一般水平的年薪。

表6-6　　北京地区高等职业院校大学生职业价值观因子分析

因子名称	变量	因子1	因子2	因子3	因子4
成就实现	施展个人的能力和特长	**0.76**	.055	.057	.251
	磨炼个人能力	**0.71**	-.093	.200	.262
	发挥自己的创造性	**0.68**	.195	.362	.077
	实现个人的抱负和目标	**0.67**	.284	.326	.008
地位保障	周围人的羡慕	-.069	**0.83**	.106	.010
	享受高地位的个人空间	.175	**0.77**	.059	.199
	感到受重视	.329	**0.61**	.331	.036
	容易晋升到高地位	.415	**0.44**	.048	.326
社会促进	改变目前令人担忧的社会现状	.235	.285	**0.73**	.093
	提高我国该行业的世界竞争力	.251	.073	**0.65**	.310
	为社会发展创造价值	.411	-.022	**0.64**	.253
	带给人激情	.537	.348	**0.36**	-.072

续表

因子名称	变量	因子 1	因子 2	因子 3	因子 4
家庭维护	和未来配偶在一起	-.190	.364	.327	**0.49**
	和家庭生活不相冲突	.180	.108	.199	**0.65**
	方便照顾父母	.172	-.022	.190	**0.78**
	有高于一般水平的年薪	.308	.420	-.241	**0.52**
提取方法：主成份		旋转法：Kaiser 标准化最大方差法			
Bartlet 球形检验：卡方值 32523.887；自由度 120；显著性 0.000		KMO 样本的充足度衡量：0.892			

（2）学生职业偏好依然存在。

通过对社会资本调查数据（2015）分析，从高等职业院校大学生最终落实工作的渠道来看，约六分之一的学生是通过家庭或其他社会关系就业的，有 30.4% 的表示在其落实工作的过程中曾经得到过重要他人的帮助，帮助的人主要是毕业生的老师（23.8%）、亲属（22.7%）、父母（18.5%）和朋友（16.4%）。从提供帮助的形式来看，采用最多的方式是提供相关信息（41.9%），其次，通过直接安排面试提供帮助的也相对较多，占比达到了 30.3%。占比排在第三位的是介绍其他有帮助的人，占比为 22.8%。

从这些数据反映，学生就业过程中依靠他人帮助，尤其是父母等关系网络的占一定的比例，代际效应明显。代际效应指子代的社会经济地位受到家庭背景的影响并且很难脱离上一代的社会特征。[1] 学生没有摆脱计划分配传统的职业偏好影响，在择业时偏重大中城市、东南沿海，青睐机关、事业单位和国企，缺乏竞争意识与职业的风险意识，最终由于求职面狭小，出现就业阻滞问题。第一是就业期望偏高。包括在城乡选择方面偏好大中城市，期望与最终落实有不小的落差。第二是有业不就。有的学生没有找到工作环境好、工资待遇好、福利待遇好和发展前

① 杨中超．教育扩张对代际流动的影响研究［M］．北京：中国社会科学出版社，2017：44.

景好的工作，就选择“有业不就”或者“慢就业”，这方面京内生源相对比京外生源多一些。

3. 各方合作参与就业指导与服务需求质量的提升

（1）各方合作开展就业指导和服务，是促进就业的重要举措。

高等职业院校大学生就业制度变迁后，政府和学校的角色从就业学生的分配者成为提供就业指导的服务者，就业相关的组织机构既是组织者，也是参与者，政府参与就业指导体现在提供就业信息服务、就业相关政策咨询、开展就业指导讲座和困难帮扶，高等职业院校主要通过组织校园招聘会、就业指导课程、团体职业辅导、个体职业辅导、学校就业推荐、学院就业推荐进行就业指导和服务，企业参与的有就业实习宣讲会、就业实践、职业测评、工作坊与活动等。通过调查统计，近年来，学生对就业指导与服务参与度高的是就业实习/实践，就业指导课和校园招聘会/宣讲会；参与的就业指导与服务的满意度高的是困难帮扶、团体职业辅导、个体职业咨询和就业相关政策咨询。从近年数据观察，学生在就业实习/实践，对院校和企事业单位的指导和服务是最看重的，参与度、就业服务需求高，也渴望从各个渠道了解和使用这项服务，在努力提高技能的基础上，为自己将来的就业打下结实的基础。就业指导与服务的满意度最高的是困难帮扶，这项政策支持力度大，精准施策，得到学生的好评和满意。

（2）就业政策执行偏差落实有限。

在高等职业院校就业服务指导方面，学生对学校和企业提供的就业服务需求高，但使用率并不尽如人意。每年出台的就业政策累积起来也有不少，但是在政策出台后，在宣传环节往往落实有限，这主要与我国的职业教育管理体制有关，许多高等职业院校属于省市地方创办，有的属于教育、人力资源和社会保障部门及其他部门举办，主体过多，标准不一；各自为政，职能交叉，运行不畅，学校缺乏自主权，容易出现政策阻滞和执行偏差。

（3）行业企业参与职业教育动力不足，就业指导质量有待提升。

根据调查，校园招聘会/宣讲会的就业指导与服务质量都有待提升。国家政策出台了很多促进行业企业参与支持职业教育的政策，采取的订单式培养模式，帮助毕业生顺利就业，但许多政策多为指导性的意见，并没有规定行业企业参与职业教育的义务和措施，目前校企合作，企业负责实习实训，很难全程参与职业院校的人才培养。行业参与职业教育政策无法落实，企业参与职业教育的积极性和支持动力不足，就业指导和服务的质量有待提升。

（二）学生起薪、稳定度、满意度影响因素的回归分析

依据收入、稳定度和满意度三个维度作为就业质量评价维度，[①] 本研究将就业起薪、稳定度和满意度作为就业质量的维度。就业年薪以万为单位，1～60000 作为范围；稳定度以工作 1 年以内、1～3 年、3～5 年、5 年及以上四个维度测量；满意度以很不满意、不满意、一般、满意、很满意进行测量。本研究采用就业调查数据，建立计量模型，分析学生起薪、稳定度和满意度的影响因素。根据 2015 年问卷调查表的问题设计，将可能影响高等职业院校学生起薪、稳定度和满意度的因素分为以下九个方面。变量设置情况如表 6－7 所示。

表 6－7　　　　变量设置情况

因素		说明
微观指标	就业起薪	单位：万元；范围 1～60000
	稳定度	1 年以内、1～3 年、3～5 年、5 年及以上
	满意度	很不满意、不满意、一般、满意、很满意
就业政策	就业政策直接作用	鼓励灵活就业、帮扶困难家庭、应征入伍、没有直接影响（对照组）

① United nations. Measuring the quality of employment in the EU－country pilot reports [R]. 2010.

续表

因素		说明
就业协议	工作地点	直辖市或省会城市、非省会城市、乡镇或农村（对照组）
	毕业去向	签就业协议（对照组）、签劳动合同、单位用人证明、自由职业、自主创业、继续深造（无）、待就业（无）、拟深造，不就业、暂不就业（无）
户籍	生源地	直辖市或省会城市、非省会城市、乡镇或农村（对照组）
就业权益保障	社保和公积金	有保险有公积金、有保险无公积金、无保险有公积金、无保险无公积金（对照组）
职业价值观	成就实现	施展个人的能力和特长、磨炼个人能力、发挥自己的创造性以及实现个人的抱负和目标
	地位保障	周围人的羡慕、享受高地位的个人空间、感到受重视以及容易晋升到高地位
	家庭维护	改变目前令人担忧的社会现状、提高我国该行业的世界竞争力、为社会发展创造价值、带给人激情
	社会促进	和未来配偶在一起、和家庭生活不相冲突、方便照顾父母、有高于一般水平的年薪
社会资本	父亲母亲受教育程度	研究生及以上、大学/大专及同等学力、其他（对照组）
	家庭经济状况	特困、困难、一般困难、无（对照组）
学生情况	性别	男、女（对照组）
教育培养情况	成绩	前10%、11%~30%、31%~50%、51%~70%、71%~90%以及后10%（对照组）
	专业社会需求程度	社会需求很少、比较少、一般、比较多和很多（对照组）
	专业知识满足程度	满足职业发展需要很少、比较少、一般、比较多和很多（对照组）
求职过程情况	投递简历数	单位：份（含网投）
	面试邀请数	单位：个
	求职总花费	单位：元；包括置装费、交通费、资料费

第一个方面是学生的基本情况，选取性别变量，分为男、女（对照组）两类。第二个方面是教育培养情况，选取成绩的专业排名，包括前10%、11%~30%、31%~50%、51%~70%、71%~90%以及后10%（对照组）；所学专业社会需求程度，包括社会需求很少、比较少、一般、比较多和很多（对照组）；所学专业知识满足职业发展需要的程度，包括满足职业发展需要很少、比较少、一般、比较多和很多（对照组）。第三个方面选取求职过程为变量，包括投递简历份数；面试邀请数；求职总花费。第四个方面就业政策的直接作用作为变量，包括鼓励灵活就业、帮扶困难家庭、应征入伍、没有直接影响（对照组）。第五个方面选取就业协议作为变量，其中，落实工作地点，包括直辖市或省会城市、非省会城市、乡镇或农村（对照组）。毕业去向，包括签就业协议（对照组）、签劳动合同、单位用人证明、自由职业、自主创业、继续深造（无）、待就业（无）、拟深造，不就业、暂不就业（无）。第六个方面选取户籍生源地为变量，包括直辖市或省会城市、非省会城市、乡镇或农村（对照组）。第七个方面选取就业权益保障作为变量，其中，社保和公积金包括有保险有公积金、有保险无公积金、无保险有公积金、无保险无公积金（对照组）。第八个方面选取职业价值观作为变量，包括成就实现（施展个人的能力和特长、磨炼个人能力、发挥自己的创造性以及实现个人的抱负和目标）；地位保障（周围人的羡慕、享受高地位的个人空间、感到受重视以及容易晋升到高地位）；家庭维护（改变目前令人担忧的社会现状、提高我国该行业的世界竞争力、为社会发展创造价值、带给人激情）；社会促进（和未来配偶在一起、和家庭生活不相冲突、方便照顾父母、有高于一般水平的年薪）作为变量。第九个方面选取社会资本作为变量，包括父亲母亲受教育程度，包括研究生及以上、大学/大专及同等学力、其他（对照组）；家庭经济状况，包括特困、困难、一般困难、无（对照组）。

1. 起薪影响因素的回归分析

（1）建立多元线性回归模型，公式表示为 $y = \beta_0 + \sum_{i=1}^{p} \beta_i x_i + \varepsilon$。

其中 y 代表因变量，即在已落实的单位的转正年薪，x_i 表示自变量，即在工作落实单位转正年薪影响因素，回归系数 β_i 表示自变量对在工作落实单位转正年薪的影响程度，ε 表示随机扰动项。多元线性回归结果如表 6－8 所示。

表 6－8　　影响高等职业院校大学生工作起薪的回归分析

自变量		未标准化		标准化	t	显著性
	（常量）	5.339	0.767		6.957	**0.000*****
就业政策	直接作用：鼓励灵活就业	－0.112	0.246	－0.007	－0.454	0.650
	直接作用：帮扶困难家庭	0.192	0.456	0.006	0.421	0.674
	直接作用：应征入伍	0.370	0.573	0.009	0.646	0.519
户籍	生源地：直辖市或省会城市	0.166	0.274	0.011	0.604	0.546
	生源地：非省会城市	－0.309	0.379	－0.013	－0.817	0.414
就业协议	就业协议：签劳动合同	0.622	0.271	0.034	2.297	**0.022***
	就业协议：单位用人证明	－0.292	0.305	－0.015	－0.957	0.339
	就业协议：自由职业	1.648	0.747	0.032	2.205	**0.027***
	就业协议：自主创业	－4.814	7.555	－0.009	－0.637	0.524
	就业协议：拟深造，不就业	－0.286	7.539	－0.001	－0.038	0.970
	工作地点：直辖市或省会城市	－0.257	0.474	－0.012	－0.543	0.587
	工作地点：非省会城市	－0.394	0.611	－0.014	－0.645	0.519
就业权益保障	社保和公积金：有保险有公积金	0.427	0.337	0.027	1.265	0.206
	社保和公积金：有保险无公积金	－0.349	0.363	－0.020	－0.960	0.337
	社保和公积金：无保险有公积金	0.481	1.068	0.007	0.451	0.652
职业价值观	成就实现	－0.088	0.110	－0.012	－0.802	0.422
	地位保障	0.132	0.108	0.017	1.231	0.219
	家庭维护	0.113	0.111	0.015	1.015	0.310
	社会促进	－0.135	0.108	－0.018	－1.249	0.212

续表

自变量		未标准化		标准化	t	显著性
社会资本	父亲学历：研究生及以上	-1.374	1.395	-0.015	-0.985	0.325
	父亲学历：大学、大专及同等学力	0.029	0.342	0.001	0.085	0.932
	母亲学历：研究生及以上	8.783	1.984	0.067	4.427	**0.000** ***
	母亲学历：大学、大专及同等学力	0.752	0.363	0.036	2.071	**0.038** *
	家庭经济状况：特困	-0.118	0.601	-0.003	-0.197	0.844
	家庭经济状况：困难	-0.302	0.353	-0.013	-0.857	0.391
	家庭经济状况：一般困难	0.039	0.311	0.002	0.127	0.899
学生情况	性别：男	0.080	0.222	0.005	0.361	0.718
教育培养	成绩	-0.081	0.090	-0.013	-0.901	0.368
	专业社会需求程度	0.000	0.142	0.000	-0.001	0.999
	专业知识满足程度	0.092	0.136	0.011	0.676	0.499
求职过程	投递简历数	-0.001	0.002	-0.014	-0.769	0.442
	面试邀请数	0.008	0.007	0.023	1.137	0.256
	求职总花费	8.336E-05	0.000	0.161	8.924	**0.000** ***

注：* 表示显著性水平 $p<0.05$，** 表示 $p<0.01$，*** 表示 $p<0.001$。

（2）有显著影响的结果说明。

求职过程中求职总花费对大学生起薪有显著的正向影响。就业制度对高等职业院校学生起薪的影响表现为签订劳动合同和自由职业均对学生起薪有显著的正向影响，其他去向无显著影响。

2. 稳定度影响因素的回归分析

稳定度影响因素的回归分析结果如表6-9所示。

表6-9　影响高等职业院校大学生工作稳定度的回归分析

自变量		未标准化		标准化	t	显著性
	（常量）	1.192	0.094		12.643	**0.000** ***
就业政策	直接作用：鼓励灵活就业	0.054	0.030	0.027	1.775	0.076
	直接作用：帮扶困难家庭	0.143	0.056	0.038	2.557	**0.011** *
	直接作用：应征入伍	0.058	0.070	0.012	0.827	0.408

续表

自变量		未标准化		标准化	t	显著性
户籍	生源地：直辖市或省会城市	0.107	0.034	0.054	3.162	**0.002** **
	生源地：非省会城市	-0.100	0.047	-0.033	-2.149	**0.032** *
就业协议	就业协议：签劳动合同	-0.037	0.033	-0.016	-1.114	0.266
	就业协议：单位用人证明	-0.110	0.037	-0.042	-2.925	**0.003** **
	就业协议：自由职业	-0.126	0.092	-0.019	-1.377	0.169
	就业协议：自主创业	1.119	0.928	0.016	1.206	0.228
	就业协议：拟深造，不就业	0.671	0.926	0.010	0.725	0.469
	工作地点：直辖市或省会城市	-0.071	0.058	-0.025	-1.217	0.224
	工作地点：非省会城市	0.077	0.075	0.021	1.031	0.302
就业权益保障	社保和公积金：有保险有公积金	0.587	0.041	0.293	14.170	**0.000** ***
	社保和公积金：有保险无公积金	0.160	0.045	0.072	3.576	**0.000** ***
	社保和公积金：无保险有公积金	0.278	0.131	0.029	2.121	**0.034** *
职业价值观	成就实现	-0.041	0.013	-0.042	-3.076	**0.002** **
	地位保障	-0.055	0.013	-0.057	-4.186	**0.000** ***
	家庭维护	0.045	0.014	0.046	3.330	**0.001** **
	社会促进	0.030	0.013	0.031	2.279	**0.023** *
社会资本	父亲学历：研究生及以上	0.110	0.171	0.009	0.643	0.520
	父亲学历：大学、大专及同等学力	-0.033	0.042	-0.013	-0.774	0.439
	母亲学历：研究生及以上	0.024	0.244	0.001	0.098	0.922
	母亲学历：大学、大专及同等学力	0.102	0.045	0.038	2.289	**0.022** *
	家庭经济状况：特困	-0.153	0.074	-0.029	-2.080	**0.038** *
	家庭经济状况：困难	-0.140	0.043	-0.047	-3.223	**0.001** **
	家庭经济状况：一般困难	-0.020	0.038	-0.007	-0.523	0.601
学生情况	性别：男	0.080	0.027	0.041	2.943	**0.003** **
教育培养	成绩	0.026	0.011	0.033	2.342	**0.019** *
	专业社会需求程度	0.087	0.017	0.079	4.995	**0.000** ***
	专业知识满足程度	0.076	0.017	0.074	4.580	**0.000** ***
求职过程	投递简历数	0.000	0.000	-0.013	-0.748	0.454
	面试邀请数	-0.002	0.001	-0.048	-2.530	**0.011** *
	求职总花费	3.735E-06	0.000	0.056	3.254	**0.001** **

注：* 表示显著性水平 $p<0.05$，** 表示 $p<0.01$，*** 表示 $p<0.001$。

（1）建立多元线性回归模型，公式表示为 $y = \beta_0 + \sum_{i=1}^{p} \beta_i x_i + \varepsilon$ 。其中 y 代表因变量，即预期在工作落实单位工作的时间，x_i 表示自变量，即预期在工作落实单位工作时间的影响因素，回归系数 β_i 表示自变量对预期在工作落实单位工作时间的影响程度，ε 表示随机扰动项。

（2）有显著影响的结果说明。

学生的基本情况对高等职业院校大学生工作稳定度的影响。对于预期工作时间在各个水平的高等职业院校学生，男性的预期工作时间均显著高于女性。

教育培养与就业服务对高等职业院校大学生工作稳定度的影响。学习成绩会显著地影响学生工作稳定度；专业的社会需求程度对学生工作稳定度有显著影响；专业知识满足职业发展需要程度对工作稳定度有显著影响。

求职过程对高等职业院校大学生工作稳定度的影响。面试邀请数对学生的工作稳定度有显著影响；求职总花费对学生的工作稳定度有显著影响。

就业制度对高等职业院校大学生工作稳定度的影响。受到帮扶困难家庭的就业政策直接作用的学生工作稳定度显著高于没有受到直接影响的学生；户籍在直辖市或省会城市的学生工作稳定度显著高于户籍在乡镇或农村的学生，而户籍在非省会城市的学生工作稳定度显著低于户籍在农村的学生；就业协议中，拥有单位用人证明对学生工作稳定度显著高于签订就业协议，其他去向无显著影响；就业权益保障中，有公积金或保险的学生工作稳定度均显著高于没有两者的学生工作稳定度。

职业价值观对高等职业院校大学生稳定度的影响。成就实现对学生工作稳定度有显著影响；地位保障对学生工作稳定度有显著影响；家庭维护对学生工作稳定度有显著影响；社会促进对学生工作稳定度有显著影响。

社会资本对高等职业院校大学生稳定度的影响。母亲学历为大学、大专及同等学力的学生工作稳定度显著高于在此之下的学生；家庭状况为特困或困难的学生工作稳定性显著低于评定为无的学生。

3. 满意度影响因素的回归分析

（1）建立多元线性回归模型，公式表示为 $y = \beta_0 + \sum_{i=1}^{p} \beta_i x_i + \varepsilon$。

具中 y 代表因变量，即预期在工作满意度，x_i 表示自变量，即表示高等职业院校学生预期在工作落实单位工作的整体满意度的影响因素，回归系数 β_i 表示自变量对预期在工作落实单位工作的整体满意度影响程度，ε 表示随机扰动项。多元线性回归结果如表 6 - 10 所示。

表 6 - 10　　影响高等职业院校大学生工作满意度的回归分析

自变量		未标准化		标准化	t	显著性
	（常量）	2.037	0.084		24.114	**0.000** ***
就业政策	直接作用：鼓励灵活就业	0.118	0.027	0.065	4.348	**0.000** ***
	直接作用：帮扶困难家庭	0.098	0.050	0.028	1.948	0.052
	直接作用：应征入伍	-0.025	0.063	-0.006	-0.404	0.686
户籍	生源地：直辖市或省会城市	0.004	0.030	0.002	0.145	0.884
	生源地：非省会城市	-0.018	0.042	-0.007	-0.429	0.668
就业协议	就业协议：签劳动合同	0.093	0.030	0.044	3.137	**0.002** **
	就业协议：单位用人证明	-0.028	0.034	-0.012	-0.827	0.408
	就业协议：自由职业	-0.042	0.082	-0.007	-0.516	0.606
	就业协议：自主创业	1.656	0.832	0.026	1.992	**0.046**
	就业协议：拟深造，不就业	0.363	0.830	0.006	0.438	0.661
就业权益保障	工作地点：直辖市或省会城市	0.092	0.052	0.035	1.753	0.080
	工作地点：非省会城市	0.093	0.067	0.028	1.387	0.165
	社保和公积金：有保险有公积金	0.422	0.037	0.232	11.363	**0.000** ***
	社保和公积金：有保险无公积金	0.227	0.040	0.112	5.671	**0.000** ***
	社保和公积金：无保险有公积金	0.300	0.118	0.035	2.554	**0.011** *
职业价值观	成就实现	0.064	0.012	0.071	5.277	**0.000** ***
	地位保障	-0.074	0.012	-0.083	-6.235	**0.000** ***
	家庭维护	0.065	0.012	0.073	5.329	**0.000** ***
	社会促进	0.006	0.012	0.007	0.541	0.588

续表

自变量		未标准化		标准化	t	显著性
社会资本	父亲学历：研究生及以上	0.147	0.154	0.014	0.955	0.340
	父亲学历：大学、大专及同等学力	0.066	0.038	0.028	1.758	0.079
	母亲学历：研究生及以上	0.163	0.218	0.011	0.749	0.454
	母亲学历：大学、大专及同等学力	0.069	0.040	0.028	1.732	0.083
	家庭经济状况：特困	-0.144	0.066	-0.030	-2.178	**0.029** *
	家庭经济状况：困难	-0.066	0.039	-0.025	-1.710	0.087
	家庭经济状况：一般困难	-0.034	0.034	-0.014	-0.980	0.327
学生情况	性别：男	-0.053	0.024	-0.030	-2.165	**0.030** *
教育培养	成绩	0.018	0.010	0.025	1.793	0.073
	专业社会需求程度	0.155	0.016	0.155	9.939	**0.000** ***
	专业知识满足程度	0.124	0.015	0.132	8.325	**0.000** ***
求职过程	投递简历数	0.000	0.000	-0.008	-0.452	0.651
	面试邀请数	0.000	0.001	0.002	0.132	0.895
	求职总花费	9.216E-07	0.000	0.015	0.896	0.370

注：* 表示显著性水平 $p<0.05$，** 表示 $p<0.01$，*** 表示 $p<0.001$。

（2）有显著性影响的结果说明。

学生的基本情况对高等职业院校大学生工作满意度的影响。男性的预期工作满意度均显著低于女性。

教育培养与就业服务对高等职业院校大学生工作满意度的影响。所学专业的社会需求对学生的工作满意度有显著影响；专业知识满足职业发展需要程度对学生的工作满意度有显著影响。

就业制度对高等职业院校大学生工作满意度的影响。受到鼓励灵活就业政策直接影响的学生工作满意度显著高于没有直接影响的学生；就业协议中，签劳动合同和自主创业的学生工作满意度显著高于签就业协议的学生，其他去向无显著影响；就业权益保障中，有社保或公积金的学生工作满意度显著高于没有社保或公积金的学生。

职业价值观对高等职业院校大学生工作满意度的影响。成就实现对学生工作满意度有显著影响；地位保障对学生工作满意度有显著影响；家庭维护对学生工作满意度有显著影响。社会资本对高等职业院校学生工作满意度的影响表现为，家庭经济状况为特困的学生工作稳定度显著低于评定为无的学生。

通过以上回归分析，从就业起薪、稳定度和满意度指标反映高等职业院校大学生就业质量状况，具体表现在以下几个方面。

首先，求职花费多少、签订劳动合同和自由职业的学生均对其起薪有显著的正向影响。男生、学习成绩高低、所学专业与社会需求和职业发展满足程度对学生工作稳定度有显著正向影响；女生、所学专业的社会需求、专业知识满足职业发展需要程度对学生的工作满意度有显著正向影响。

其次，就业制度对高等职业院校学生工作稳定度的影响。受到帮扶困难家庭的就业政策直接作用的学生工作稳定度显著高于没有受到直接影响的学生；户籍在直辖市或省会城市的学生工作稳定度显著高于户籍在乡镇或农村的学生，而户籍在非省会城市的学生工作稳定度显著低于户籍在农村的学生；拥有单位用人证明对学生工作稳定度显著高于签订就业协议的，其他去向无显著影响；有公积金或保险的学生工作稳定度均显著高于没有两者的学生工作稳定度。

再次，就业制度对高等职业院校学生工作满意度的影响。受到鼓励灵活就业政策直接影响的学生工作满意度显著高于没有直接影响的学生；签订劳动合同和自主创业的学生工作满意度显著高于签订就业协议的学生，其他去向无显著影响；有社保或公积金的学生工作满意度显著高于没有社保或公积金的学生。

研究表明，在就业制度的影响下，高等职业院校大学生就业率、起步年薪、获得福利保障、专业与岗位相关度和稳定度有所增长，但是专业对口率和学生的满意度没有显著改善；投递简历数、面试邀请数和求职总花费等都对获得稳定的工作有帮助，但是其中性别、家庭状况和父母的发展因素对高等职业院校学生获得稳定和发展前景的工作更有利。虽然在京内找到学用匹配的工作不容易，但是北京专业需求量大和起薪较高，依然为众多学生所看重。

第七章　高等职业院校大学生就业制度建设策略

改革开放以来，我国高等职业教育取得了长足的进步，就业制度体系也在逐步完善，但是在就业制度上，仍然存在非均衡状态，毕业学生还不能满足经济社会和自身发展的需要。因此，制度方面的演化将集中在制度安排的改进和非正式制度的完善上。[①] 政府、高职院校、用人单位携手共进，主动教会学生适应新业态、新岗位要求，必将推动高等职业院校大学生就业制度变革。[②] 一方面，政府加强宏观调控，消除制度壁垒，创造人才平等就业制度环境；另一方面，通过制度增量和存量的改革和调整，弥补制度供给不足。本章基于就业正式制度、非正式制度及实施机制三个要素，建设高等职业院校大学生就业制度，首先，通过制定单项就业法律法规，健全就业保障制度，建立国家资历框架制度，构建以满足学生就业与职业发展的就业正式制度；其次，倡导以契合经济社会与人的发展的就业非正式制度，全社会要大力支持技能人才、培育学生的职业精神和规划发展其职业生涯；再次，在就业制度实施机制方面，实施以政府主导、校企指导、社会督导，协同治理机制，实现就业制度供需均衡，促进高等职业教育与劳动力市场协调发展。

---

① 康永久．教育创新制度研究［M］．北京：北京师范大学出版社，2016：213.

② 教育部等六部门．现代职业教育体系建设规划（2014—2020）［Z］．教发〔2014〕6 号．2014－06－16.

第一节　构建以满足学生就业与职业发展的就业正式制度

以1996年《中华人民共和国职业教育法》和1997年颁布的《普通高等学校毕业生就业工作暂行规定》为标志，经过不断完善，我国初步形成了以《职业教育法》和《普通高等学校毕业生就业工作暂行规定》为基础，一系列就业行政法规为主要内容，相关就业规章和规范性文件为补充，地方性条例和文件为配套的就业法律法规体系框架，但是从实践看，制度建设仍然是制约发展的薄弱环节，不能跟随形势的发展。目前《职业教育法》已经颁布实施，只有更加注重理论创新、制度创新和机制创新的有机衔接，通过高等职业院校大学生就业制度增量和存量的改革和调整，弥补制度供给不足，实现就业制度均衡发展。

一、创新制度加快制定专项就业法律法规

（一）制定就业专项法，填补法律空白

现行我国法律中禁止就业歧视的范围覆盖较窄，由于没有法律明确禁止，在现实生活中有的歧视现象处于法律调整之外，反歧视法律制度缺失，专家呼吁制定反就业歧视法律制度。① 在大学生就业权益保障方面，我国现行反就业歧视规定分散，缺少程序和实施机制，不能适应社会发展的需要，② 如性别歧视的突出问题，有的专家建议针对基于婚育

---

① 蒲晓磊．有单位招聘只招男不招女，专家呼吁制定反就业歧视法律制度［EB/OL］．(2017－08－15)［2017－08－16］．http：//www. the paper. cn/newsDetail_ forward_ 1763129.

② 韩春光．高职学生就业权益保障影响因素调查分析——以北京地区为例［J］．职教论坛，2018（3）：160－164.

状况的歧视增设制度，对实施招聘性别歧视行为的用人单位进行惩罚性赔偿规定，防范用人风险和反对就业歧视，但无法可依。也有专家提出可以借鉴部分国家的反就业歧视规定，[①] 建立专门《反就业歧视法》，规定就业歧视的内涵、禁止歧视的范围、适用的阶段以及用人单位的职责等，从根本上解决就业歧视问题。

（二）加快制度创新和政策突破

政府尽快制定《职业教育促进法》《青年劳动保护法》《企业职业教育章程》《失业对策法》《技能鉴定法》和《企事业单位用人法》，并使之构成一个有机体系、打造完备的制度文化。[②] 其次，进行制度创新，实现政策性突破。如建立学生与企业用人的对接匹配制度和机制，包括改革劳动用工制度，构建可信承诺的实习、合同制度和建立技能资格认证体系。通过国家、企业、行业协会分工合作设定并执行技能资格的评估和认证程序，规范企业行为，保障企业参与产教融合，要改变学校“一头热”，必须进行制度创新和政策突破。2009 年和 2012 年，宁波市先后出台了职业教育校企合作促进条例和实施办法，2011 年北京市政府在交通行业制定了校企合作暂行办法，这些地方的制度创新首先实现政策的合法化，然后是政策的法律化，以立法的形式明确激励、保障、约束等措施，从法律政策支持、组织协调、信息服务和监督管理等方面给予引导和规范。

（三）加强互联网就业立法

依据互联网行业的法律法规，结合就业的特点，将政府、高等职业院校和行业企业等多元主体职能转变，协同治理进行制度化界定，建立三方无缝对接平台，推进网络双选服务，即时高效地传递招聘和求职信息，同时，加强问责和惩罚规定。政府和高等职业院校构建网络就业制

---

① 李薇薇，Lisa Stearns. 禁止就业歧视国际标准和国内实践［M］. 北京：法律出版社，2007：7.

② 何文辉. 职业教育发展的文化视角［J］. 教育发展研究，2006（11）：73 – 77.

度，依法治理网络空间，防范通过网赚形式，为不法企业进行虚假网络招聘（传销、校园贷、网络刷单、赌博彩票），维护就业学生的合法权益。

二、实行增量改革建立国家资历框架制度

国家资历框架（NQF）是实现职业教育和劳动力市场有效互通和衔接的纽带，是政府、行业企业、学校等多主体动态联结劳动力市场的媒介，有助于增加职业院校学生的就业机会，维护就业平等权。我国国家资历框架虽然已经写入“十三五”规划和新发布实施《职业教育法》，但是搭建国家资历框架的核心制度、运行机制、管理模式和实施主体等还在探索阶段，建立符合我国国情的国家资历框架迫在眉睫。

（一）减少和规范职业资格许可和认定事项

2013年以来，作为“放管服”改革的重要举措之一，国务院各部门先后分七批削减职业资格许可和认定事项，比例达到原总量的70%以上，持续降低就业创业门槛。2017年，进一步加强改革力度，[①] 第一，减少剩余184项取消职业资格许可和认定事项。这与我国《职业教育法》和《现代职业教育体系建设规划（2015—2020）》中，[②] 针对生命财产安全、公共安全和人身健康等职业和岗位的人员，强化先培训再就业、先培训再上岗的就业准入法规和政策保持一致。第二，实施国家职业资格目录清单管理，实行动态调整，未经过批准的不得设置或者变相开展认定。在公布的清单目录之内，除准入类职业资格外一律不得与就业创业挂钩。在公布的清单目录中，技能职业资格准入类为5项，水平评价类76项，59项为专业技术人员资格，通过减少职

---

① 人力资源社会保障部．进一步减少和规范职业资格许可和认定事项的改革方案［Z］．2017-01-05.

② 教育部等六部门．现代职业教育体系建设规划（2015—2020）［Z］．教发〔2014〕6号．2014-06-16.

业资格许可和认定，规范以职业资格设立门槛的问题，激发更多的学生就业创业。

（二）实行增量改革建立国家资历框架制度

第一，国家资格框架由标准体系、认证体系和转换体系组成。国家资历框架可以多级建构国家多部门证书，[①] 拥有“建通道”“促融通”和“降成本”的基本功能。[②] 职教 20 条提出“1 + X”，是学校学历教育和社会用人需求的对立统一，既是教育制度，也是就业制度。[③] 以资历框架构建推动职业资格证书制度建设。[④] 在实践层面，2019 年，我国启动“1 + X”职业资格证书制度试点，并公示首批试点的评价组织机构及待开发的证书标准，期望“1 + X”职业资格证书制度试点作为突破口，向国家资格框架构建迈出结实的步伐。第二，完善技术技能人才职业技能等级认定政策，并做好与职业资格的衔接。建立职业资格、职业技能等级与相对应的职称、学历比照认定制度。水平评价类技能人员职业资格尽快退出国家职业资格目录，由用人单位和社会组织依据国家职业标准、行业企业的规范、生产实践环节，开展社会化职业技能等级认定。第三，严格考培分离、鉴培分离制度，强化对职业资格设置实施的监管服务。

三、实行存量改革健全就业权益保障制度

在现有就业法律法规框架指引下，实行存量改革，确保现有高等职业院校大学生就业制度的延续性和稳定性，完善相关配套政策和细则，健全高等职业院校大学生就业权益保障制度。

---

① 姜大源．现代职业教育与国家资格框架构建［J］．中国职业技术教育，2014（21）：23 – 34.

② 肖凤翔，邓小华．国家资格框架要素论［J］．教育研究，2017（7）：37 – 43.

③ 孙善学．对 1 + X 证书制度的几点认识［J］．中国职业技术教育，2019（7）：72 – 76.

④ 吴南中，夏海鹰．以资历框架推进职业教育 1 + X 证书制度的系统构建［J］．中国职业技术教育，2019（16）：12 – 18.

（一）落实积分落户制度和居住证制度为主的户籍制度

现有的高等职业院校大学生就业制度，如规范清理影响职业院校毕业生公平就业、用人单位招收人员不得歧视职业院校学生等政策规定，[①] 有利于消除制度壁垒，创造人才平等就业制度环境。同时可以实行户籍制度改革，建立落户积分制度和居住证制度。[②] 省会及省会以下城市放开接收毕业学生户籍限制；人口500万以上的城市建立完善积分落户制度；北京、上海等特大型城市是就业热点地区，实施居住证制度，建立一套落户评定积分制度，满足用人单位对学生的年龄、专业等方面的要求，在这些城市就业的高等职业院校学生或者高技能人才，可以通过这一渠道实现落户。

（二）扶持和援助“弱势”学生群体走出就业困境

政府部门通过公共就业服务与倾斜政策措施，早期干预方案和补偿性方案相结合，针对性地开展精准就业对接，引导“弱势”大学生群体积极就业。第一，实行“一生一策”管理，提供“一对一”个性化的帮扶、职业培训、就业补贴服务。如划拨专项，通过就业培训、资助、岗位推荐重点帮扶特殊群体学生。第二，建立定期跟踪服务，及时了解离校未就业学生的需求状况，人力资源和社会保障等政府部门将办理失业登记并对有就业要求的学生纳入失业保险，[③] 为就业困难人员提供精准服务。

（三）防范学生就业违约风险

双向选择，自主择业就业制度，具体在落实过程中，主要体现在就业主体共同签订并遵守就业协议书。就业协议书具有民事合同效力，签署后如没有约定自动解除条款，不得擅自解除。因此，学生与用人单位

---

① 教育部六部门．现代职业教育体系建设规划（2015—2020）［Z］．教发〔2014〕6号．2014-06-16.

② 国务院．关于进一步推进户籍制度改革的意见［Z］．国发〔2014〕25号．2014-07-30.

③ 韩春光．高职学生就业权益保障影响因素调查分析——以北京地区为例［J］．职教论坛，2018（3）：160-164.

都要谨慎签署就业协议，防范违约风险。第一，更多地了解签约前后双方的公开信息。学生要了解接收单位的基本情况、岗位设置、薪酬待遇、聘用和培训制度，并做好应聘的准备；用人单位除了看学生的简历，要了解学生的品行、能力和态度，是否有留学升学的情况或者近期应聘面试情况，并做好招聘预案。第二，备注约定条款，包括将违约金额、责任认定、固定证据和解决争议等加以备注。第三，协商解决违约及自助救济。劳动监察部门等第三方监管部门发挥应有的协调、监督和保障的作用，共同防范学生违约风险。

第二节　倡导以契合经济社会与人的发展的就业非正式制度

非正式制度主要是人们在长期交往中自发形成并被人们无意识接受的行为规范，有其特定的功能，不是提高效率，而是具有合法性基础。① 其核心的内涵在于公平和正义，重点关注诸如思想、规范和文化之类的“较软的变量”。② 高等职业院校大学生就业制度变迁中，就业文化理念、职业价值观和社会资本都构成了高等职业院校就业环节的“较软的变量”，共同对学生就业和职业发展产生影响。目前，高等职业教育由规模扩张向质量提升转变，虽然职普教育和脑体劳动的制度仍有落差，对高等职业教育的传统偏见、观念歧视和价值否定等依然延续，劳动光荣还没有成为人人崇尚的价值导向，但是职业院校学生期待能就业到能发展，学技术技能到技艺精湛，形成服务于社会各行业的现代教育体系已经成为趋势，要切实消除对职业教育的偏见和就业歧视，全社会要大力支持技能人才，高职院校要培育学生职业精神，规划其职

① 康永久．教育创新制度研究［M］．北京：北京师范大学出版社，2016：220.

② Mark Blyth，Great Transformation：Economic Ideas and Institutional Change in Twentieth Century［M］．New York：Cambridge University Press，2002.

业生涯，切实转变人们对职业教育、劳动技术和技能人才的偏见。

一、就业文化理念：支持技能人才

以人工智能为标志的第四次工业革命对技能人才的需求，产业结构持续优化，产业转移不断强化、组织方式迅速发展、新型业态加速涌现，加快了职业和岗位的更迭变化，社会对技能人才的需求增长，也给高等职业院校大学生提出了新挑战。经过多年的努力，技能人才的工资待遇、权益保障和职业发展有很大的改观，但是技能人才的社会地位还很低下，仍是职业教育发展的关键性阻碍因素。[①] 全社会认可技能人才的劳动，支持他们的成长发展既是我国构建现代职业教育体系的起点，也是就业文化理念追求的重要目标。

（一）认可技能人才的劳动

第一，规范清理影响职业院校学生公平就业政策。[②] 用人单位聘用员工，不得对职业院校学生存有偏见和歧视，消除在城乡、性别、身份等限制，保障职业院校的学生在升学、求职、待遇、职业发展拥有平等的机会。第二，认可技能人才的劳动。国家制定了衡量各类人才的原则和标准，其中，明确技能型人才是我国人才队伍的重要组成部分，纳入整个国家的人才管理体系。[③] 技能人才和其他管理、专业技术人才的劳动，都是体面劳动（decent work），这种劳动体现了量与质的统一，[④] 量是提供就业机会，提高收入水平；质则是体现精神层面，被社会尊重、被公平对待，是劳动尊严的体现。他们的劳动既受国家的制度保障，同样应该得到社会的认可。第三，强化对技能人才的激励和褒奖。通过落

---

① 徐国庆．从分等到分类：职业教育改革发展之路［M］．上海：华东师范大学出版社，2018：44－53.

② 国务院．关于加快发展现代职业教育的决定［Z］．国发〔2014〕19号．2014－06－22.

③ 中共中央，国务院．关于进一步加强人才工作的决定［Z］．中发〔2003〕16号．2003－12－26.

④ 林燕玲．体面劳动——世界与中国［M］．北京：中国工人出版社，2012：146.

实技能人才奖励政策和激励方法，提高技能人才的社会地位和经济收入，[①] 完善技能人才培养、使用、考核、社会保障、人才交流和服务等政策体系，[②] 技能人才纳入享受国务院政府特殊津贴、技能比赛获奖人员晋升、优秀技能人才同大城市落户挂钩等，大力褒奖技能人才为社会做出的贡献，必将进一步提升他们的社会地位，使技能人才成为社会关注和人人敬仰的群体。

（二）支持技能人才成长发展

一是对大力支持培养技能人才成效显著、就业率高的职业院校；二是奖励开展校企合作，培养技能人才成效显著的企业，并给予税费减免和接收补贴；三是职业培训覆盖所有技能人员、全职业生涯和全过程衔接，贯通技能人才与专业技术人才职业发展通道，激发技能人才的积极性和主动性，增强其荣誉感和获得感，助推技能人才的成长发展。

构建现代职业教育体系和就业文化理念，只有从制度层面树立劳动最光荣、劳动最崇高、劳动最美丽、劳动最伟大的理念，尊重技能人才，提高他们的地位，认可他们的社会价值，最终才能构建有利于技能人才成长成才的良好环境。

二、职业价值观：培育职业精神

高等职业院校必须从职业认知教育、职业道德教育、职业体验教育，实施职业价值观教育，以工匠精神为核心，培育学生的职业精神。

（一）职业认知教育

对职业的基本认知是学生即将从事职业生涯的必备知识。高等职业院校需要创新课程教育模式，在新生入学阶段、专业学习阶段、毕业教

① 国务院．关于大力发展职业教育的决定［Z］．国发〔2005〕35 号．2005－10－28.

② 中共中央办公厅．关于进一步加强高技能人才工作的意见［Z］．中发〔2006〕15 号．2006－06－13.

育阶段、顶岗实习阶段，设定不同层次、不同阶段的培养目标，分年级分步骤实施，落实到全员职业生涯规划与个性化就业指导的课程建设中，如开设就业指导选修课，召开就业政策形势专题报告会，举行模拟招聘会及岗前就业培训等，相对应地融入思想政治课和专业课教学中，校园文体活动和社会实践活动中。这些方式是开展职业价值观教育的主渠道，课程的核心是职业生涯规划，通过职业兴趣考察、职业意识养成、职业技能实训到技能提升，引导学生从社会需要出发，认识新经济、新业态劳动的复杂性，新时代就业的多元化，加强学生对职业的热爱、工作岗位的责任感，加深其对未来职业的认知和企业文化的认同，切实改变轻视体力劳动的不良心态。

（二）职业道德教育

教育家黄炎培说，职业教育是很好的教育，在于其精神的陶冶，如果仅仅教学生职业，则是低级的器械教育。① 这种精神的陶冶就是职业道德的表现，是职业人必须具备的职业素养和遵循的行为准则，如责任感强、爱岗敬业、积极主动、忠诚可靠、勤奋努力、严谨细致、遵规守信、团结协作、乐于助人、勇于承担责任等。职业道德是职业院校学生的立业之本，表现为特定职业中的规章制度、工作规则、服务公约等。近年来，高等职业院校重视职业道德、职业精神、职业素养、团队合作等隐性能力的培养，将立德树人贯穿职业教育人才培养的全过程，教育学生立德是任何职业和行业真正赢得尊重和承认的根本，② 以培育工匠精神为主要目标，通过“工匠精神”进校园行动计划，③ 将“工匠精神”融入职业教育体系，从课程、课件、教育方法、人才培养设计等方面系统规划与开展。④ 使学生们认识到，“工匠”是为生存而求精，

---

① 中华职业教育社．黄炎培职业教育思想文萃［M］．北京：红旗出版社，2006：186.

② 杨满福．儒家价值观对职业教育发展的影响及其超越［J］．教育研究，2019（2）：104－112.

③ 教育部职业技术教育中心研究所．中国职业教育2030研究报告——发展目标、主要问题、重点任务及推进策略［J］．中国职业技术教育，2016（25）：16－21.

④ 莫荣．企业招工时最看重什么素质［EB/OL］．（2019－08－10）［2019－08－12］．http：//www.morong.cn/wapNews.asp？dataID＝761.

"精神"是为质量而执着，确立"尊重劳动、尊重知识、尊重技术、尊重创新"的观念，通过宣传高素质劳动者和技术技能人才的先进事迹和重要贡献，弘扬立德树人、精益求精和岗位成才的优秀职业道德，将工匠精神贯穿于整个高等职业教育全过程。

（三）职业体验教育

大学生职业价值观教育是一种意识形态的教育，需要通过一系列的实践体验才能形成稳定的价值观。当代学生生长在物质丰富的年代，没有经受过吃苦耐劳的艰辛，不了解行业企业，不了解社会现实，更不了解职业和劳动，他们虽然热情干事，却担心劳而无获；虽然期望满满，却惧怕困难；虽然渴望认可，却意志薄弱。因此，高等职业院校与企业合作开展职业体验教育，促使学生在学校养成科学的就业观念和职业价值理念。第一，高等职业院校定期组织学生开展参观考察、社会实践、顶岗实习等活动，校企合作开展职业价值观教育是重要的途径和形式，也是新时代对职业教育的要求。第二，企业全程参与学校培养目标、课程设计、教学实施和就业实习等职业教育人才培养；高等职业院校探索学徒制，开展校内实训和素质拓展，实施定期交流机制和专业建设协调机制，聘请行业企业技能大师、能工巧匠参与专业建设、组织教学和指导学生，了解劳动和职业领域中需要的技能，摒弃好高骛远、投机取巧的倾向。培养学生热爱劳动、诚实劳动的态度，培养关爱、坚韧、责任和幸福的品格，使学生的职业选择和目标期望更接近现实。部分高等职业院校与企业合作建立工程师学院，这种职业教育产教融合方式，实现校企协同育人，给予学生的则是实实在在的职业体验。

三、以学生为本：规划职业生涯

在制度转型的过程中，在意识中最初存在的并不是具体规则，而是一种价值和原则需要怎样转型的观念。[①] 大学生生涯所应完成的特殊发展任务，包括形成自我认同——我是谁？我将何去何从？发展自己的价值观——我相信什么？成为敢做事的人——我究竟能做什么？及成为独立的个体——我能独立思考、判断及行事吗？[②] 党的十八大以来，培养什么人、怎样培养人、为谁培养人成为教育的根本性问题，立德树人、人到哪里去成为高等职业院校大学生的成长主题，高等职业院校不仅需要加强就业指导，更需要在校全程全员开展专业化的职业生涯发展教育，实现从就业指导到生涯教育的转变。

（一）注重学生的职业生涯规划教育

现代职业教育体系倡导的价值取向是满足于个体全面的、可持续发展的需求，促进社会公平正义，服务于终身学习与学习化社会。[③] 高等职业院校大学生职业生涯规划教育要以学生为中心，将职业生涯规划教育与专业学习相结合。生涯辅导的方式有自助式活动、工作坊、生涯规划课程、团体及个别生涯咨询，[④] 高等职业院校需要有步骤地开展线上线下生涯规划课程和咨询服务。第一，在生涯规划课程上，教师要向学生传授职业信息，包括工资待遇和求职途径等，帮助学生选择适合的职业生涯发展方向，引导学生将兴趣与就业联系起来。第二，强化咨询服务。院校两级的职业生涯咨询室、辅导员工作室和朋辈资源均可以作为职业生涯规划的咨询载体，团体咨询方面，加强结构化或非结构化的辅导，有针对性对特定群体开展引导；个体咨询方面，通过性格测量、面对面访谈等对学生做出综合评价，开展精准的生涯咨询活动。职业技术教育与培训是包容的，不容任何形式的歧视。[⑤] 尤其是来自普通家庭、贫困、残疾学生在劳动力市场处于劣势，生涯教育更加关注这些弱势群

---

① 李晓新．经济制度变迁与法律规则［M］．北京：法律出版社，2016：211.

② 黄天中．生涯规划——理论与实践［M］．北京：高等教育出版社，2007：37.

③ 关晶．现代职业教育体系的现代性辨析［J］．中国高教研究，2014（11）：25－28.

④ 金树人．生涯咨询育辅导［M］．北京：高等教育出版社，2010：24－26.

⑤ 联合国教科文组织．关于职业技术教育与培训（TVET）的建议书［J］．职业技术教育，2016（12）：76－80.

体，帮助他们提供更多培训机会。一方面，帮助他们赢得在市场上竞争的机会，获取谋生的收入，保障基本生活；另一方面，支持他们参与社会，改善境遇，实现人生价值。

（二）普职融通促进学生职业生涯发展

我国《中共中央关于教育体制改革的决定》（1985）提出逐步建立职普相互沟通、结构合理的教育体制目标，中职学生升学限制在3%之内。2005年，建立职普教育立交桥的目标再次强调了相互沟通和互相对接，但是各地对口升学政策，仍然没有突破5%，高等职业院校学生很难通过正规教育进入普通高等教育体系，限制“专升本”“中达专”和“五连专”规模，这种教育形式集中体现在纵向上中高等职业教育缺乏衔接不紧密，横向上职业教育向普通教育缺乏融通和渗透，职普教育存在流通障碍，这种职业教育属于终结性教育，难以满足学生的学习与发展需求。

终身教育已经成为世界教育的新趋势，只有持续不断地学习，适应科技发展、生产方式和社会变革，才可能在遇到新的问题时得以顺利解决。因此，通过重视教育，进行终身学习和职业生涯发展规划，最终实现人的完满性，就如同一粒橡树的种子渴望成长为一棵橡树一样，若没有得到及时的满足和激励，则容易引致个体职业生涯的畸形发展。[①] 职业教育应当贯穿个体的发展全过程，由初等教育到高等教育都应该包含职业教育，实现多元化的发展，就要实现普通教育与职业教育相互沟通和互相融合。第一，建立职业教育与普通教育的沟通机制，改革现行课程和学籍制度，制定学分互认制度是关键。第二，在衔接上，适当扩大应届中职进入高职的比例或者5年制高职的比例，加快发展技术应用本科，逐步试点研究生层次的职业教育等措施。我国在发展现代职业教育规划，明确了职普融合发展，相互补位，培养的人才同样满足社会需

---

① 陈鹏．职业启蒙教育：开启职业生涯的祛昧之旅［J］．教育发展研究，2018（19）：21－27.

求，北京、上海、江苏等地进行了中高职衔接的探索，这种体系为高端技能型人才培养预留了接口。第三，坚持贯彻以促进就业为导向，高等职业院校围绕产业发展、市场需求安排教育教学，调整设置专业，发挥灵活机动的优势，建立技能人才培养、供给与就业联动机制，借助"接地气"的办学方式，主动向社会（社区）融合，培养社会认可度高的学生，实现高等职业教育的良性发展。

第三节　实现以供需均衡为目标的就业制度实施机制

高等职业院校大学生就业制度创新的关键是建立有效的实施机制，从形式机制和功能机制两个方面着手，实施政府主导、校企指导、社会督导的协同治理机制，促进就业制度供给、高等职业院校人才培养与劳动力市场协调均衡发展。第一，政府、高等职业院校、行业企业等就业主体协同治理，转变职能，提升指导服务质量。第二，高等职业院校精准定位，提升市场适应能力。教育结构（层级、类型和专业结构）应与经济结构（产业结构）相适应，提高学生的就业能力，增强高等职业院校对社会经济发展的适应性，加快培养服务区域发展的技能人才。第三，调整政策工具，激励高等职业院校学生对接行业，面向基层和中小企业充分就业。

一、协同治理：提升指导服务质量

建立全国统一的劳动力市场是实现高等职业教育与劳动力市场需求协调发展的必然要求。我国高等职业院校大学生就业制度及一系列鼓励学生就业的措施，一定范围打破了学生跨地区、跨行业就业的限制，为了实现学生的更充分就业更高质量就业的目标，政府需要将宏观调控手段与市场调节相结合，针对高等职业院校学生的特点，创新公共服务供给机制，充分发挥高等职业院校、行业企业的优势，实施政府主导、校企指导、社会督导机制，协同治理，提升指导服务质量。

（一）政府就业职能由管理控制向治理服务转变

20 世纪 70 年代后，世界各国政府机构改革的方向和目标由管制型政府向服务型政府转变，我国积极推动政府能力建设，促进依法治国方略的落实和政府治理能力的现代化。第一，政府管理技能本质上是控制技能，自上而下推行，发挥规划整合资源的作用，便于调动各层级部门、学校的积极性，弊病是政出多门，互相掣肘，容易出现职能缺位。第二，以“公民本位”为导向的政府治理模式更加重视“服务职能”。治理是各种公私机构管理事务的方法总和，[①] 其特点是协调，是持续的互动过程。国外基于“政府 2.0”的发展，强调公众更直接、更广泛地参与公共事务，为公共政策、治理和组织提供建设性意见。[②] 国内提出了行政改革的互联治理、服务整合和信息服务创新模式，突出“有限政府”职能，强调全局性的制度安排，突出共商机制。[③] 我国在社会治理中，政府职能由管理技能逐渐向赋权技能转变，政府成为合作行动的促进者，治理的原则是促进而不是限制，服务而不是控制，合作而不是竞争。[④]

第一，政府部门要加强高等职业院校大学生就业制度的顶层设计。从政策提案到实施，各个环节必须前后衔接，有机关联，相互印证。第二，政府部门的就业治理服务在于激发引导平衡各方利益主体，激发企业和高职院校的责任意识，督促其履行治理责任。同时，采用协调的技巧，使参与者在复杂的工具网络中合理分工，协同联动，既要避免出现互相推诿的现象，也要减少“政策梗阻”和“政策失真”，达至公共政

① UN Commission on Global Governance. Our Global Neighborhood [M]. Oxford University Press, 1995: 2.

② 张会平. 协作知识建构视角下虚拟社会管理创新 [M]. 北京：科学出版社，2016：5.

③ 肖凤翔，黄晓玲. 治理视角下我国职业教育制度发展回顾及未来展望 [J]. 职业技术教育，2015（16）：14 - 19.

④ 张乾友. 社会治理的话语重构 [M]. 北京：中国社会科学出版社，2017：30 - 180.

策的目标和绩效，一定意义上构成了公共政策执行在中国的经验。① 第三，在“互联网＋”就业时代，建设电子政府，以高等职业院校学生学籍、就业派遣和就业调研积累形成数据库，建立就业管理公共服务平台，推动就业基础数据的伴随式收集、智能化分析和信息化互通共享，形成覆盖面广、协同服务、全网互通的就业资源云服务体系，提高政府的工作效率和改进服务绩效。

（二）校企合作，强化就业指导，提高学生就业能力

要将规制人们的制度或者政策完整准确顺利地实施，沟通则是提高政策执行信息完备性的主要途径。② 让目标群体对政策有所理解，必须注意政策宣传。③ 高等职业院校以组织整体的形式参与劳动力市场，向社会推荐使用学生，成为沟通信息的窗口，联系用人单位的纽带。④ 紧跟经济社会需求和劳动力市场变化，加强就业指导、就业服务和就业推荐。同时，纵观世界的技能战略和生涯教育路线图，世界各国将行业企业参与教育，让学习者参与工作体验，提高人才培养的社会适应性作为重点举措，用人单位在校企合作育人中发挥着更加突出的作用。

第一，产教融合、校企合作、工学结合的模式是加强就业教育的重要途径。就业教育要同生涯教育相结合，规划职业发展路径。一方面，建立系统的就业教育课程体系，在就业课程中讲授国情民情教育内容，包括基层、中小企业和中西部地区状况，“三农”问题、社会主义核心价值观、生态文明等；学生到基层和中西部地区实地参观，举办专场宣讲会，帮助大学生分析地区不均衡造成的历史原因及解决问题的措施，宣传就业政策，疏通信息渠道，转变就业观念，鼓励学生到最需要的地区就业。另一方面，中小企业是高等职业院校学生顶岗实习实践的重要

---

① 贺东航，孔繁斌．公共政策执行的中国经验［J］．中国社会科学，2011（5）：61－79.

② 钱再见．现代公共政策学［M］．南京：南京师范大学出版社，2005：403.

③ 陈振明．政策科学——公共政策分析导论［M］．北京：中国人民大学出版社，2003：295.

④ 曲绍卫．大学竞争力研究——基于新制度经济学分析框架［M］．北京：教育科学出版社，2008：80.

阵地，选派企业经营管理人员担任导师，指导实习实践和求职就业，使学生规避风险，少走弯路；订单式培养，定向培养，适合企业所需的人才，优化企业人力资源结构；加强与高等职业院校的合作教育，开展“教学工厂”，获得符合企业要求并且较强能力的人力资源，助力企业的可持续发展，2017 年国家发布的深化产教融合的政策中，明确了企业在职业教育中的责任和权利，为现代职业教育发展校企合作提供了依据，促进校企合作培养人才。

第二，加强就业权益保障政策的宣传指导。高等职业院校通过就业教育主渠道，使毕业生准确了解就业政策、法律法规和用人招聘流程，提升对非法招聘行为的防范意识和求职渠道的风险意识。加强就业中性别差异和地区差异的指导，提供更为适宜女性的就业创业教育形式。“互联网 +”就业时代，在高等职业院校学生就业信息网或者就业公共服务管理平台开设专门的就业政策宣传频道，从线上提供就业政策的宣传服务，旨在进一步规范毕业生就业市场，严密防范传销、赌博彩票、培训贷、校园贷等形式的求职陷阱、虚假招聘和就业欺诈，维护大学生就业权益，提高就业质量，更好地营造求职环境。

第三，高等职业院校加强专业预警建设，建立就业质量报告制度。高等职业院校与教育、人力资源和社会保障部门联合第三方研究机构，通过对学生就业状况的跟踪调查，定期发布国家、省、校就业质量年度报告，深入分析各专业学生就业率、就业去向、求职过程、就业满意度，多维度展示学生就业和社会需求的基本状况、特点和趋势，引导高等职业院校依据《职业教育专业目录（2021 年）》，调整传统专业，适时设置新专业，提高专业结构与社会需求的匹配度，推动学校就业、招生和人才培养联动机制。

（三）激励第三方等社会组织机构，参与就业指导，加强监管督导

社会对高等职业院校的认可是通过学生就业的劳动力市场，作为需求一方，用人单位行使自主用工的职责，同时，必须遵守就业市场的用工制度和政策，招聘过程公开透明，防止暗箱操纵，欺诈招聘。现代职

业教育要求将职业教育引入市场机制，激励第三方社会力量监督就业政策执行。因此，应尽快建构政策执行监督机制，提升政策效力，势在必行。[①]

第一，要培育全国毕业生就业创业指导委员会和分行业就业创业指导委员会等第三方社会组织和机构，坚持目标一致、责任共担、专业咨询、信息公开的工作原则，通过市场调节主动参与就业管理和监控政策，弥补行政部门监管不严的局限性。

第二，明确行业协会等第三方力量的地位，制定监控的标准和制度，政策执行足以决定公共政策的成败，如果期望政策成功，必须建立完美的执行。[②] 全国毕业生就业创业指导委员会和分行业就业创业指导委员会等国家、省、校三级督导机构，完善职业教育督导评估办法，以《高等职业院校适应社会需求能力评估暂行办法》为依据，定期督导评估和专项督导评估相结合，识别在政策执行的模糊状况，是"政策变通"，还是"政策走样"，以保证政策的有效执行。[③]

第三，对第三方机构从业人员的专业、能力等进行建设，"好的监管者"比"强硬的警察"能取得更好的监管执行效果，这个监管者应当懂得何时容忍比严格的控制更有效，并且有足够的自由裁量权做出相应的监管调整。[④] 行业协会等第三方力量来自社会公众，自下而上的监督，做到有力、专业、有说服力，通过受理违反政策的投诉，调解解决争议，调查用人单位的行为，督查政策落实，防范政策中梗阻，打通"最后一公里"，提高实施效果。

第四，实现政策的民主化、科学化和法制化，防止"政策缝隙"

---

① 丁煌，汪霞．"关系运作"对地方政府政策执行力的影响及思考［J］．新视野，2012（6）：61－65.

② 李允杰，丘昌泰．政策执行与评估［M］．北京：北京大学出版社，2008：131.

③ 周佳．教育政策执行研究［M］．北京：教育科学出版社，2007：81.

④ Eugene Bardachard Robert A. Kagan. Going by the Book：The Problem of Regulatory Unreasonableness：A Twentieth Century Fund Report ［M］. Philadelphia：Temple University Press，1982：123－151.

和"政策空子"，要在制定政策出台前加强调查研究，咨询专家意见，结合听证和公示制度，杜绝政策漏洞。如一家大型网络服务平台推出"求职保真险"业务，用户举报用人单位的虚假职位可申请理赔，旨在补偿用户的损失的同时，共同抗击非法招聘。这种引入保险公司的第三方机构实行严格监管的方式，对虚假招聘和网络欺诈有一定的积极作用。

二、精准定位：提高市场适应能力

（一）职业教育结构与经济结构相适应是教育发展的客观规律

适应当前经济全球化、信息化和再工业化发展，高等职业院校培养的人才必须满足经济社会转型和产业结构升级的要求，提高制造业强国在国际上的竞争优势。第一，随着经济社会的进一步发展，科技和生产力加速进步，产业结构加快升级，目前要推动战略性新兴产业发展，与经济联系紧密的高等职业教育必将从数量上和质量上处于主体，成为主导。[①] 第二，我国高等职业院校人才供给不足与劳动力市场高技能人才高需求错位。根据人力资源和社会保障部 2020 年第二季度劳动力市场供求状况资料，市场对具有技术等级和专业技术职称劳动者的用人需求均大于供给，专业技术人员和高级技能人员用人需求缺口较大，表明劳动力结构中具有职业技能的人才偏少，职业教育已经成为产业结构转型缓慢的重要环节。第三，技能人才匮乏成为制约产业升级和建设制造业强国的突出因素。虽然我国目前有多种工业产品产量居全球第一，但是多数产品处在低端，资源消耗大，产品质量亟待改进，没有高技能劳动力提供人才支撑，再先进的科学技术和机器设备也很难转化为现实生产力，也无法实现产业升级。加强以促进就业为导向的现代高等职业教育体系的建设，提高学生的就业能力，增强高等职业教育的适应性，加快

① 周建松．高等职业教育可持续发展研究［M］．杭州：浙江大学出版社，2013：43.

培养服务区域发展的高技术技能人才是当务之急。

（二）调整高等职业教育结构以适应经济结构和产业结构发展

1. 层级结构调整

随着我国产业结构升级转型，制造业由低端向高端智能型转型，对高技能人才的需求快速增加，而且，我国专科层次高等职业院校学生工作多年有接受本科以上层次职业教育的需求。[①] 2014 年，我国加快发展现代职业教育政策明确提出职业教育将包括高中、专科、本科和研究生四个阶段的学位制度。[②] 2015 年，在《引导部分地方普通本科高校向应用型转变的指导意见》中提出地方普通本科高等学校向应用型高校转型，重点举办本科职业教育，规制了职业教育从高中到研究生的学位制度，畅通学生学业的升学路径，提升高等职业教育的吸引力，拓展职业教育学生职业发展空间。

2. 类型结构调整

高等教育培养人才类型的差异在于普通高等学校培养学术型人才和工程型人才，高等职业院校培养技术型人才，二者在功能、目的、知识、能力和岗位等方面有明显差别。加快发展现代职业教育，第一，需要探索建立“融通式”的职业教育体系，即普通教育与职业教育融通，职业教育与职业培训融通，职业教育与行业企业融通，其中关键是课程设置和学分互认，2019 年，我国启动 1 + X 职业资格证书制度试点，并公示首批试点的评价组织及开发的证书标准，以 1 + X 职业资格证书制度试点为突破口，是解决教育制度与就业制度、学历证书和职业资格证书相互分离的重要环节，向国家资格框架迈出了结实的步伐。第二，建立招生—培养—就业联动的贯通式模式，在学前教育、护理、健康服务、社区服务等领域分步骤实施，完善初中分流学生中开展高等职业院校贯通式的方法。

---

① 褚宏启．中国现代教育体系研究［M］．北京：北京师范大学出版社，2014：270 – 287.

② 国务院．关于加快发展现代职业教育的决定［Z］．国发〔2014〕19 号．2014 – 06 – 22.

3. 专业结构调整

高等职业教育培养技能型人才，其专业结构决定了人才培养的方向，是专业设置与产业结构的匹配性的直接反映。[①] 由于我国招生计划体制的惯性，高等职业院校仍然难以根据劳动力市场变化对学科专业结构进行及时有效调整和合理的资源配置，依据国家全面提高高等教育质量的政策，开展高等职业专业综合改革试点，对接新兴产业和紧密行业，结合制造业、战略性新兴产业、现代服务业相关专业和农林、水利、地矿、石油等行业相关专业以及师范类专业建设。第一，明确政府和高等职业院校在学科、专业发展过程中的权力和责任，将学科专业结构调整的权力和责任都进一步下移到高等职业院校。第二，各高等职业院校校招生和教学部门，适应经济社会发展趋势和产业政策导向，把握专业发展的前沿信息，对人才市场需求趋势进行预测，尽可能掌握劳动力市场的人才需求，依据《职业教育专业目录（2021 年）》，及时对专业进行动态更新、调整和设置，人才培养规划既要具有前瞻性，保质保量；又不能盲动，服从世界产业分工，人才培养分层次，有梯度。第三，通过每年发布高等职业院校毕业生就业质量报告和重点产业人才供需年度报告，定期跟踪调查，将就业规模、就业质量状况反馈到教育教学，招生、培养与就业统筹联动“一盘棋”，协同育人，最终目的促使学生学用匹配、学以致用，成为社会的有用之才。

三、调整工具：激励充分就业机会

高等职业院校大学生就业制度变迁过程中，采用激励学生就业的政策工具，既增强了政府机构的活力，又能提高组织制度的绩效。

（一）服务国家和地方需求，在联系紧密的行业就业

第一，优化就业制度，引导学生到联系紧密的行业就业。我国政府

① 谢一风，熊惠平．高端技能型专门人才培养模式研究［M］. 杭州：浙江大学出版社，2014：15.

通过制定经济社会发展规划，发布产业调整目录和学生就业信息，合理布局，突出重点，提升智力密集型产业集群效应，形成经济与就业的增长点。随着产业转型升级，面向先进制造业、战略性新兴产业、现代服务业、低碳经济和绿色产业，为毕业生就业提供了新空间。第二，高等职业院校灵活调整和设置专业，持续推进特色高水平专业群建设。根据地区功能定位和行业产业发展需求，提升服务地方行业产业发展的能力，成为高等职业院校生存发展的根本。高等职业院校依托国家、地区两级特色高水平专业（专业群）建设项目，加强专业建设和发展，撤销不适合地区发展定位、产业契合度低、社会认可度不高的专业，新增与产业结构、地区运行与发展、民生需求高度契合的专业点，将学生所学专业与地区功能定位相契合，与工作岗位相联系，合理配置人力资源，实现人岗匹配。第三，企业结合地区的发展规划，充分发挥功能优势，如联合地处工业园区、经济技术开发区的高等职业院校，共建高等职业教育综合改革试验区，加强产教融合和校企合作，通过订单培养技能人才，满足企业用人需求，推动企业可持续发展。

（二）服务基层，面向基层就业

基于城乡差距、东西部发展不平衡的二元劳动力市场的制度性分割，从落实就业地区分布来看，学生到农村和中西部地区就业的比例较低，各地就业机构要落实责任，积极引导学生面向基层就业摆上重要议程。第一，完善落实学生到基层就业政策。自 2005 以年，我国政府出台鼓励高校毕业生面向基层就业的政策，又陆续出台了如志愿服务西部、村官项目等面向基层就业项目政策，[①] 规定了学费代偿、财政补贴、升学优先录取、就业优先录用以及激励晋升优先评定等就业和职业发展的保障措施。同时，政府转变职能，加大在教育、医疗、农业、社区等领域，购买基层公共管理和社会服务开发就业岗位，开发更加适合高等职业院校学生的就业岗位。第二，高等职业院校加强基层就业教

---

① 房欲飞．大学生基层就业与人才培养制度［J］．当代青年研究，2012（9）：35－39.

育，提升就业指导服务能力。高等职业院校在校企合作培养人才过程中，设立国情民情社情方面的选修课，包括基层、中小企业、中西部地区、社区发展现状、“三农”问题、社会主义核心价值观、生态文明内容等；组织学生到基层、中小企业、中西部地区和社区实地参观、社会实践和实习实训，举办专场宣讲会，帮助大学生分析地区不均衡造成的历史原因及解决问题的措施，引导学生能了解基层，激励学生投身基层，磨炼意志，增强责任感，从而转变就业观念，选择到国家最需要的地区就业，更有益于他们的成长。

（三）发挥中小企业主渠道作用，积极接收高等职业院校学生就业

一个国家内，99%以上的企业是中小企业，每千人企业数量在40~60个，65%~80%的劳动力在中小企业就业，这是一个世界性的规律。[①] 20世纪80年代以来，美国80%的就业机会是中小企业创造的，德国80%的岗位是由不到20人的小企业创造的；日本自20世纪70年代第二、三产业新就业岗位中，93%来自小企业。[②] 实际上，我国99%以上的企业都是中小企业，几乎覆盖所有行业领域，2011年，全国60%的高等职业院校学生在中小企业就业，30%的学生在低于50人的小微企业工作，[③] 高等职业院校学生成为促进国家产业集聚、产业融合、产业转移、产业竞争中的主要力量。近年来，制造业、新兴产业、服务业和乡村振兴等领域，在高速铁路、现代物流、电子商务等快速发展的行业中，一线新增从业人员70%以上来自职业院校学生，[④] 职业院校学生成为中小企业发展、产业转型升级和城镇化的重要支撑。第一，政府高度重视中小企业接收学生，并给予接收企业相应的岗前培训费补

---

① 周天勇，张弥．就业：势态分析、根本出路与中长期方案［J］．中国人口科学，2003（4）：14－22.

② 孙双．破除壁垒障碍，扶持中小企业［N］．人民日报，2009－03－25（16）.

③ 中共中央组织部，人力资源和社会保障部．高技能人才队伍建设中长期规划（2010－2020年）［Z］．中组发〔2011〕11号．2011－04－29.

④ 刘奕湛，朱基钗．大国尚技——我国职业教育改革发展成就综述［EB/OL］.（2015－05－11）［2019－05－29］．http：//www.xinhuanet.com/politics/2015－05/11/c_1115249144.htm.

贴、社会保险补贴、享受小额担保贷款和贴息。第二，中小企业积极接收更多学生就业。在产业优化升级、发展新业态和培育新动能过程中，开发适合高等职业院校学生的技能型岗位，同时用好国家职业技能专项资金，强化培训，提升员工技能。总之，唯有发挥中小企业主渠道作用，落实保就业稳就业政策，才能促进高等职业院校大学生更加充分更高质量就业。

第八章 结 语

就业是重要的经济问题，也是各个学科探讨的学术问题。就业制度是影响就业的重要因素，也是教育学研究的主题。我国高等职业教育坚持以就业为导向，推动规模扩张和跨越性发展，高等职业院校数、在校生数和毕业生人数持续增长，其规模已占普通高等教育的一半左右，为适龄青年提供了进入高校学习并掌握就业技能的机会。与此同时，毕业学生出现就业难与劳动力市场招聘难并存的结构性矛盾，引发研究者对高等教育规模扩张与劳动力市场供需匹配的反思，由此兴起了对职业教育、劳动力市场和就业制度关系的研究，如职业教育的适应性，涉及教育制度与就业制度、人才供给与社会需求相互匹配，学历证书与职业资格证书相互契合的问题。就业制度如何保障毕业生权益，实现高质量就业，为技能型社会提供人力资源支撑，高等职业院校大学生就业制度建设成为迫切需要探讨的理论和实践问题。

我国已建成世界规模最大的职业教育体系，高等职业教育坚持以就业为导向，为适龄青年提供了进入高校学习并掌握就业技能的机会，高等职业院校学生成为支撑中小企业、发展区域经济、助推产业升级的主力军。在理论层面，制度变迁理论认为变迁是随着时间的更迭，制度创新、变革和转轨的方式，制度变迁指对制度框架的规则、准则和实施的组合做出的调整。组织理论认为，多重机制共同作用推动制度变迁。制度分析在过去一个世纪，一直在教育研究中扮演着重要的角色。本书聚焦就业制度与教育制度不相契合、学历资格证书与职业资格证书相互分离、就业制度不均衡的问题，探究如何通过就业制度优化促进学生就业和职业发展。就研究问题而言，是由历史延伸到现实的一个理论和实践问题，研究内容复杂性体现在制度变迁很少只有某一机制起作用，而是从政府、教育和市场多个层级行动者相互作用探寻的发展过程。可见，本书主要是探索性的解释研究。联系实际，近年来，稳就业保就业成为我国经济社会发展的重要目标，毕业生就业率有所增长，但是政府就业制度供给、高职院校人才培养与劳动力市场需求不相适应，就业制度与教育制度不相契合，学历资格证书与职业资格证书相互分离等问题，影响了学生就业率、就业质量和全面发展，制约着职业教育的办学质量和经济社会的稳定运行。

本书从高等职业院校大学生培养质量提升角度，聚焦教育制度与就业制度不相契合，学历资格证书与职业资格证书相互分离，就业制度非均衡的问题，探究如何通过制度建设促进学生的就业和职业发展，通过梳理高等职业院校大学生就业制度变迁和就业制度影响就业结果的国内外文献，对制度、就业制度和高等职业院校大学生就业制度内涵进行解析，在制度变迁理论、组织制度理论及已有的职业教育理论的基础上，构建高等职业院校大学生就业正式制度、非正式制度及实施机制三个要素的研究框架。考察了高等职业院校大学生就业正式制度、非正式制度及实施机制的历史变迁，分别梳理了三个要素对就业的影响，深入剖析就业制度的趋势。应用案例法和访谈法，描述了北京高等职业院校大学生就业正式制度、非正式制度及实施机制模式；提出基于正式制度、非正式制度及实施机制的高等职业院校大学生就业制度建设策略，旨在实现毕业生更充分和更高质量就业，推动高等职业教育健康持续地发展。

针对以上内容，本书研究观点如下：

第一，基于制度变迁理论、组织制度理论及已有职业教育理论的研究，本研究对高等职业院校大学生就业制度进行了解析，确定其要素与结构，认为高等职业院校大学生就业制度由高等职业院校大学生就业正式制度、非正式制度及实施机制三个要素构成，就业正式制度包括国家资历框架和就业保障制度，就业非正式制度包括就业文化理念、职业价值观和社会资本，就业制度实施机制包括形式机制与功能机制。

第二，高等职业院校大学生就业正式制度是国家权力机关为满足高等职业院校大学生就业的需要而建立的规则。我国改革开放以来，就业正式制度随着高等职业教育的恢复和发展，由计划分配逐渐过渡到自主择业，国家资历框架和就业保障制度对高等职业院校大学生就业产生影响，呈现了由保障不足到普遍保障，效率优先到兼顾公平和供给驱动到需求驱动的制度逻辑。

第三，高等职业院校大学生就业非正式制度是满足高等职业院校大学生就业需要，社会共同认可的行为规范，体现在价值观念、意识形态、传统文化和风俗习惯等方面，我国高等职业院校大学生就业非正式制度由社会需求为导向和人的需求为导向的历史变迁过程中，就业文化理念、职业价值观和社会资本对就业产生影响，体现为经济发展服务到以人民为中心发展，从单一的社会本位到社会与个人兼顾，从就业偏好到灵活就业的制度逻辑。

第四，高等职业院校大学生就业制度实施机制是制度内部各要素之间相互作用、彼此依存、调节供求关系的运行方式，确保就业规则得以实施的相关制度安排，是组织机构通过奖惩等实施的程序和运行方式，我国高等职业院校大学生就业制度实施机制由集权管制到分权治理的变迁过程中，政府、高等职业院校、企业等就业主体实施形式机制和功能机制对就业产生影响，呈现为从管制保障到指导服务的职能转变，自上而下和自下而上双向交替的实施方式和非均衡到监测，再到均衡的表现形态。

第五，首都北京是许多教育政策出台的发源地。作为职业教育发达区域，北京高等职业院校大学生就业制度改革对全国制度的设计与实施具有先行示范效应。首先，北京探索国家资历框架和就业保障制度，体现现代职业教育体系中人才培养与就业正式制度有效衔接；其次，从就业文化理念、职业价值观和以人为本方面，论证就业非正式制度对学生职业能力和职业素养影响；再次，通过实施行政计划机制、指导服务机制和监督服务机制，发挥北京高等职业院校大学生就业制度的激励、约束和保障的功能。

第六，通过正式制度、非正式制度及实施机制三个方面加强高等职业院校大学生就业制度建设。首先，通过制度创新加快制订专项就业法律法规；实行增量改革，建立国家资历框架制度；实行存量改革，健全就业保障制度，构建以满足就业和职业发展需求的就业正式制度。其次，倡导以契合经济社会和人的发展的就业非正式制度，支持技能人才，培育学生职业精神和规划职业生涯。再次，在就业制度实施机制方面，通过政府主导，校企指导，社会参与督导，各方协同治理机制，来提升校企指导服务质量、增强市场适应能力和激励就业机会，实现供需均衡，促进高等职业教育与劳动力市场协调发展。

本书旨在对高等职业院校大学生就业制度开展研究，书中有一些不足之处，需要在今后的研究中进一步地深入挖掘。

第一，校企合作、产教融合和工学结合是现代高等职业教育发展的方向，行业企业全面与高等职业院校深度合作，不仅可以推动技术技能人才培养，而且用人单位对毕业生就业状况的评价和反馈，可以反映学生培养质量、高等职业院校就业服务和就业市场的需求状况，在以后的研究中，需要增加用人单位对毕业生就业评价和反馈的信息数据和调查数据。

第二，高等职业院校大学生就业制度的分类只是借鉴制度变迁理论制度分类的一个探索。对于制度的严谨研究，我们才刚刚开始。对诺思等思想家所讲的人类社会制度变迁的理论解释，一方面要认真地学习，细心地思考，并虚心地接纳其言之成理的部分，另一方面也同样有必要抱着一个开放的心态去怀疑、去反思，甚至去争辩、去批评、去做进一步的探索。[①] 本研究只是应用制度变迁理论的一部分，进行了高等职业

---

① [美] 道格拉斯·C·诺思．制度、制度变迁与经济绩效 [M]．杭行，译．上海：格致出版社，上海三联书店，上海人民出版社，2014：16.

院校大学生就业制度思考，并接纳其言之成理的部分，同样进行了怀疑、反思和探索，在以后的研究中，可以结合其他理论进行更加深入的研究。

第三，高等职业院校大学生就业信息数据和调查数据是一个长期积累的持续的过程，其发挥作用还得从发展的角度挖掘其中的规律和变化趋势，本书只是针对近年北京地区高等职业院校大学生案例信息的分析，在以后的研究中，可以进行历年学生数据的对比分析，与其他地区高等职业院校大学生数据的对比分析，从中发现更为丰富的对高等职业院校大学生就业影响的趋势。

参考文献

中文文献：

[1] 安妮特·沙万，刘立新．当代德国职业教育研究——论职业培训型教育［M］．上海：上海外国语出版社，2018.

[2]［法］埃米尔·涂尔干．职业伦理与公民道德［M］渠东，付德根，译．上海：上海人民出版社，2006.

[3] 安锦．中国就业促进：政策与机制研究——以湖北省高校毕业生为例［M］．北京：经济科学出版社，2013.

[4] 边燕杰，张顺．社会网络与劳动力市场［M］．北京：社会科学文献出版社，2017.

[5]［美］伯顿·克拉克．高等教育系统——学术组织的跨国研究［M］．王承绪，译．杭州：浙江教育出版社，1994.

[6] 陈莹．论德国职业教育本质特征及其发展动力［M］．上海：上海三联书店，2015.

[7] 陈晓云．就业行为管理［M］．上海：上海人民出版社，2007.

[8] 陈振明．政策科学——公共政策分析导论［M］．北京：中国人民大学出版社，2003.

[9] 陈广汗．中国劳动力市场的结构与供求分析［M］．北京：社会科学文献出版社，2016.

[10] 陈谭．单位身份的松动——中国人事档案制度研究［M］．南京：南京大学出版社，2007.

[11] 程虹．制度变迁的周期——一个一般理论及其对中国改革的研究［M］．北京：人民出版社，2000.

[12] 崔玉平．高等教育制度创新的经济学分析［M］．北京：北京师范大学出版社，2002.

[13] 褚宏启．中国现代教育体系研究［M］．北京：北京师范大学出版社，2014.

[14]［美］道格拉斯·C. 诺思．经济史中的结构与变迁［M］．上海：上海三联书店，1991.

[15]［美］道格拉斯·C. 诺思．制度、制度变迁与经济绩效［M］．杭行，译．上海：格致出版社，上海三联书店，上海人民出版社，2014.

[16]［美］道格拉斯·格林沃尔德．经济学百科全书［M］．李滔等，译．北京：中国社会科学出版社，1992.

[17]［澳］戴维·德沃斯．社会研究中的研究设计［M］．北京：中国人民大学出版社，2008.

[18] 邓旭．教育政策执行研究［M］．北京：教育科学出版社，2010.

[19] 邓晓峰．基于企业家行为的制度演化研究［M］．北京：经济科学出版社，2010.

[20] 风笑天．社会学研究方法（第三版）［M］．北京：中国人民大学出版社，2009.

[21]［美］凡勃伦．有闲阶级论［M］．蔡受百，译．北京：商务出版社，2019.

[22] 顾明远．顾明远文集——比较教育导论比较教育研究（第五卷）［M］．北京：北京师范大学出版社，2019.

[23] 顾明远．中国教育大百科全书（第一卷）［M］．上海：上海教育出版社，2012.

[24] 顾明远．中国教育文化的基础［M］．太原：山西教育出版社，2018.

[25] 郝克明．教育·社会·未来：郝克明教育文集［M］．广州：广东教育出版社，2008.

［26］郝克明，汪永铨．中国高等教育结构研究［M］．北京：人民教育出版社，1988.

［27］郝克明，谈松华．走向21世纪的中国教育［M］．贵阳：贵州教育出版社，1997.

［28］郜风涛．中国经济转型期就业制度研究［M］．北京：人民出版社，2009.

［29］郭扬．中国高等职业教育史纲［M］．北京：科学普及出版社，2010.

［30］高宇．当代大学生就业价值观问题研究［M］．沈阳：辽宁大学出版社，2015.

［31］黄尧．职业教育可持续发展战略研究［M］．北京：高等教育出版社，2011.

［32］黄尧．职业教育学——原理与应用［M］．北京：高等教育出版社，2009.

［33］黄天中．生涯规划——理论与实践［M］．北京：高等教育出版社，2007.

［34］黄希庭，张进辅，李红．当代中国青年价值观与教育［M］．成都：四川教育出版社，1994.

［35］［美］加里·S. 贝克尔．人类行为的经济分析［M］．王业宇，陈琪，译．上海：上海三联书店，上海人民出版社，1995.

［36］金树人．生涯咨询育辅导［M］．北京：高等教育出版社，2010：24－26.

［37］康宁．中国经济转型中高等教育资源配置的制度创新［M］．北京：教育科学出版社，2006.

［38］康永久．教育创新制度研究［M］．北京：北京师范大学出版社，2016.

［39］李红卫．增强职业教育吸引力制度研究［M］．北京：光明日报出版社，2012.

［40］李进．新中国高等职业教育发展纪实［M］．上海：上海教育出

版社，2013.

[41] 李允杰，丘昌泰．政策执行与评估［M］．北京：北京大学出版社，2008.

[42] 李运华．就业权研究［M］．北京：中国社会科学出版社，2009.

[43] 李薇薇，Lisa Stearns. 禁止就业歧视国际标准和国内实践［M］．北京：法律出版社，2007.

[44] 李晓新．经济制度变迁与法律规则［M］．北京：法律出版社，2016.

[45] 李蔺田．中国职业技术教育史［M］．北京：高等教育出版社，1994.

[46] 刘昕．薪酬管理［M］．北京：中国人民大学出版社，2011.

[47] 刘来泉．世界技术与职业教育纵览——来自联合国教科文组织的报告［M］．北京：高等教育出版社，2002.

[48] 卢现祥．西方新制度经济学［M］．北京：中国发展出版社，1996.

[49] 卢现祥．新制度经济学（第二版）［M］．武汉：武汉大学出版社，2011.

[50] 卢现祥．寻找一种好制度——卢现祥制度分析文选Ⅱ［M］．北京：北京大学出版社，2016.

[51]［美］莱斯特·M. 莎拉蒙．政府工具——新治理指南［M］．北京：北京大学出版社，2016.

[52]［法］劳伦斯·罗兰—伯格．走出西方的社会学——中国镜像中的欧洲［M］．胡瑜，译．北京：社会科学文献出版社，2014.

[53]［美］劳伦斯·纽曼．社会研究方法：定性和定量的取向（第五版）［M］．郝大海，译．北京：中国人民大学出版社，2011.

[54] 林毅夫．财产权利与制度变迁［M］．上海：上海三联书店，上海人民出版社，1994.

[55] 林毅夫．再论制度、技术与中国农业发展［M］．北京：北京大学出版社，2000.

[56] 林燕玲．体面劳动——世界与中国［M］．北京：中国工人出版社，2012.

[57] 赖德胜，孟大虎．中国大学生失业问题研究［M］．北京：中国劳动社会保障出版社，2008.

[58] 赖德胜，孟大虎，李长安等．2011 中国劳动力市场发展报告——包容性增长背景下的就业质量［M］．北京：北京师范大学出版社，2011.

[59] 联合国教科文组织．反思教育：向“全球共同利益”的理念转变？［M］．联合国教科文组织总部中文科，译．北京：教育科学出版社，2017.

[60] 琳达·克拉克，克里斯托弗·温奇．职业教育：国际策略、发展与制度［M］．翟海魂，译．北京：外语教学育研究出版社，2011.

[61]［加］迈克尔·豪利特，M·拉米特．公共政策研究——政策循环与政策子系统［M］．庞诗等，译．北京：三联书店，2006.

[62] 闵维芳，岳昌君，丁小浩．高校毕业生就业问题与对策研究［M］．北京：人民大学出版社，2017.

[63] 闵维方，丁小浩，李文利．专科与本科毕业生在劳动力市场上的比较优势［M］．北京：教育科学出版社，2006.

[64] 闵维方，文东茅．学术的力量——教育研究与政策制定［M］．北京：北京大学出版社，2010.

[65]［美］马丁·卡诺．教育经济学国际百科全书［M］．闵维芳等，译．北京：高等教育出版社，2000.

[66]［德］马克思．资本论第一卷［M］．北京：人民出版社，2018.

[67] 马克思，恩格斯．马克思恩格斯全集［M］．北京：人民出版社，1995.

[68]［德］马克斯·韦伯．新教伦理与资本主义精神［M］．阎克文，译．上海：世纪出版集团，上海人民出版社，2010.

[69] 马叔平，邢晖．职业教育与就业准入制度互动关系研究［M］．北京：中央文献出版社，2008.

[70] 莫荣. 中国就业发展报告（2019）[M]. 北京：社会科学文献出版社，2019.

[71] [美] 梅瑞迪斯·高尔，沃尔特·博格. 教育研究方法（第六版）[M]. 徐文彬，侯定凯，范皑皑等，译. 北京：北京大学出版社，2016.

[72] 宁骚. 公共政策 [M]. 北京：高等教育出版社，2000.

[73] 裴娣娜. 教育研究方法导论（第三十七版）[M]. 合肥：安徽教育出版社，2013.

[74] [法] 皮埃尔·布迪厄. 文化资本与社会炼金术 [M]. 包亚明，译. 上海：上海人民出版社，1997.

[75] 钱再见. 现代公共政策学 [M]. 南京：南京师范大学出版社，2005.

[76] 曲绍卫. 大学竞争力研究——基于新制度经济学分析框架 [M]. 北京：教育科学出版社，2008.

[77] 祁占勇. 职业教育政策研究 [M]. 北京：教育科学出版社，2018.

[78] 日本世界教育史研究会. 六国技术教育史 [M]. 李永连，赵秀琴，李秀英，译. 北京：教育科学出版社，1984.

[79] 邵和平. 北京职业教育改革与发展历史回眸（1978－2010）[M]. 北京：高等教育出版社，2014.

[80] 桑锦龙. 教育转型与专科毕业生就业 [M]. 北京：社会科学文献出版社，2008.

[81] 孙毅颖. 技术技能人才培养——北京高等职业教育回溯 [M]. 北京：高等教育出版社，2015.

[82] 孙善学. 职业教育分级制度理论与实践 [M]. 北京：高等教育出版社，2018.

[83] 石伟平，匡瑛. 职业教育 [M]. 北京：科学出版社，2018.

[84] 石中英. 教育学的文化性格 [M]. 太原：山西教育出版社，2007.

[85] 沈聪伟．高校毕业生就业状况统计及监测研究［M］．北京：北京航空航天出版社，2019.

[86] 唐世平．制度变迁的广义理论［M］．沈文松，译．北京：北京大学出版社，2016.

[87] 武毅英．转型期的大学生就业问题与对策［M］．广州：广东高等教育出版社，2009.

[88] 王忠生．中国金融监管制度变迁研究［M］．长沙：湖南大学出版社，2012.

[89] 王全旺．区域高等职业教育与劳动力市场适切性研究［M］．北京：人民日报出版社，2015.

[90] 王晓杰．基于生存照顾的就业保障研究［M］．北京：中国法制出版社，2013.

[91] 王扬南．努力让每个人都有人生出彩的机会［M］．北京：高等教育出版社，2019（9）：62.

[92] 汪洪涛．制度经济学：制度及制度变迁性质解释［M］．上海：复旦大学出版社，2009.

[93]［美］威廉·N. 邓恩．公共政导论策分析［M］．北京：中国人民大学出版社，2010.

[94] 辛鸣．制度论——关于制度哲学的理论建构［M］．北京：人民出版社，2008.

[95] 谢一风，熊惠平．高端技能型专门人才培养模式研究［M］．杭州：浙江大学出版社，2014.

[96] 徐国庆．从分等到分类：职业教育改革发展之路［M］．上海：华东师范大学出版社，2018.

[97] 邢晖．职业教育发展论纲［M］．北京：高等教育出版社，2004.

[98] 项贤明．泛教育论——广义教育学的初步探索［M］．太原：山西教育出版社，2004.

[99] 杨伟国．转型中的中国就业政策［M］．北京：中国劳动社会保障出版社，2007.

[100] 杨晓慧．高校毕业生就业状况监测研究［M］．北京：人民出版社，2011.

[101] 杨中超．教育扩张对代际流动的影响研究［M］．北京：中国社会科学出版社，2017.

[102] 杨德才．新制度经济学［M］．南京：南京大学出版社，2016.

[103] 袁方，王汉生．社会研究方法教程［M］．北京：北京大学出版社，2007.

[104] 袁庆明．新制度经济学教程［M］．北京：中国发展出版社，2014.

[105]［美］约翰·杜威．民主主义与教育［M］．北京：人民教育出版社，1990.

[106]［英］约翰·梅纳德·凯恩斯．就业利息和货币通论［M］．陆梦龙，译．北京：中国社会科学出版社，2009.

[107] 于光远．经济大辞典［M］．上海：上海辞书出版社，1992.

[108] 叶春生．二十年的实践与探索——高等职业技术教育论文集［M］．北京：高等教育出版社，2004.

[109] 张凤有．高校毕业生就业创业课题成果汇编（2012）［M］．北京：中国财政经济出版社，2014.

[110] 张会平．协作知识建构视角下虚拟社会管理创新［M］．北京：科学出版社，2016.

[111] 张乾友．社会治理的话语重构［M］．北京：中国社会科学出版社，2017.

[112] 张继焦．市场化中的非正式制度［M］．北京：文物出版社，1999.

[113] 张一名，张再生．高校毕业生就业稳定性研究［M］．北京：经济科学出版社，2014.

[114] 张社宇，李运萍等．中国职业教育制度分析——基于教育公平的视角［M］．北京：高等教育出版社，2015.

[115] 张五常．经济解释［M］．北京：商务印书馆，2000.

[116] 邹吉忠．自由与秩序：制度价值研究［M］．北京：北京师范大学出版社，2003.

[117] 中华职教社．黄炎培教育文集（第四集）［M］．北京：中国文史出版社，1995.

[118] 中央教育科学研究所．陶行知教育文选［M］．北京：教育科学出版社，1981.

[119] 中华职业教育社．黄炎培职业教育思想文萃［M］．北京：红旗出版社，2006.

[120] 中国就业培训技术指导中心，劳动和社会保障部职业技能鉴定中心．中国就业培训鉴定工作词典［M］．北京：中国劳动社会保障出版社，2007：23.

[121] 周佳．教育政策执行研究［M］．北京：教育科学出版社，2007.

[122] 周建松．高等职业教育可持续发展研究［M］．杭州：浙江大学出版社，2013.

[123] 翟海魂，柳靖．规律与镜鉴——发达国家职业教育问题史［M］．北京：北京大学出版社，2019.

[124] 转型期中国重大教育政策案例研究课题组编．缩小差距——中国教育政策的重大命题［M］．北京：人民教育出版社，2005.

[125] 郑金洲．教育文化学［M］．北京：人民教育出版社，2005.

[126] ［美］彼得·奥尔，桑德林·凯斯．工业化国家的灵活性与稳定性的问题［J］．中国劳动，王亚栋，编译，2005（8）：37－39.

[127] 陈蔚．高职院校学生工作价值观与实习满意度的关系研究——以浙江旅游职业学院为例［J］．教育发展研究，2017（13）：37－41.

[128] 陈丹，何应林，杨金梅．高职院校学生职业指导课程需求调查与分析［J］．职业技术教育，2010（1）：46－50.

[129] 陈鹏．职业启蒙教育：开启职业生涯的祛昧之旅［J］．教育发展研究，2018（19）：21－27.

[130] 陈鹏．大职教观视野下现代职业教育体系的构建［J］．教育研

究，2015（6）：70－78.

［131］陈良焜，杨钋．我国高职毕业生内部就业优势的经济计量分析［J］．北京大学教育评论，2010（10）：85－105.

［132］陈颐．简论以制度为学科对象的社会学［J］．社会科学研究，1988（3）：66－70.

［133］程虹，窦梅．制度变迁阶段的周期理论［J］．武汉大学学报（哲学社会科学版），1999（1）：74－78.

［134］丁煌，杨代福．政策工具选择的视角、研究途径与模型建构［J］．行政论坛，2009（3）：21－24.

［135］丁煌，汪霞．"关系运作"对地方政府政策执行力的影响及思考．现代公共政策学［J］．新视野，2012（6）：61－65.

［136］丁小浩．我国专科与本科毕业生在劳动力市场上的相对位置和比较优势分析［J］．北京大学教育评论，2004（2）：43－49.

［137］方伟．明确工作方向与基本遵循推动实现更高质量就业［J］．中国高等教育，2014（21）：50－53.

［138］方永平，项小仙，蒋联海．有效培养技能型人才，确保高职生有高就业率［J］．中国高等教育，2005（2）：14－15.

［139］房欲飞．大学生基层就业与人才培养制度［J］．当代青年研究，2012（9）：35－39.

［140］顾雪英．论高校职业指导的递进式目标［J］．教育与职业，2001（12）：7－9.

［141］关晶．现代职业教育体系的现代性辨析［J］．中国高教研究，2014（11）：25－28.

［142］韩春光，许艳丽．高职学生就业质量因素影响调查分析［J］．中国职业技术教育，2018（33）：56－64.

［143］韩春光．高职学生就业权益保障影响因素调查分析——以北京地区为例［J］．职教论坛，2018（3）：160－164.

［144］韩春光，许艳丽，王智丽．高校毕业生到中小微企业就业政策执行分析［J］．中国高等教育，2017（2）：54－55.

[145] 韩丽丽，高永生，刘勋．破解高职毕业生就业难问题的着力点[J]．教育理论与实践，2015（27）：34－35.

[146] 贺东航，孔繁斌．公共政策执行的中国经验[J]．中国社会科学，2011（5）：61－79.

[147] 侯兴蜀．新中国成立70年来北京职业教育发展的回顾与思考[J]．教育与职业，2019（10）：39－45.

[148] 胡劲松，欧阳恩剑．职业教育校企合作的法律制度建构——法律制度生成理论的视角[J]．教育研究，2018（1）：74－82.

[149] 郝天聪，石伟平．就业导向，还是生涯导向？——职业教育发展两难抉择的破解之策[J]．教育科学，2017（4）：59－65.

[150] 何文辉．职业教育发展的文化视角[J]．教育发展研究，2006（11）：73－77.

[151] 教育部职业技术教育中心研究所．中国职业教育2030研究报告——发展目标、主要问题、重点任务及推进策略[J]．中国职业技术教育，2016（25）：16－21.

[152] 金盛华，李雪．大学生职业价值观：手段与目的[J]．心理学报，2005（5）：650－657.

[153] 姜大源．职业教育：供给与需求辨[J]．中国职业技术教育，2008：4.

[154] 姜大源．关于建立“国家职业教育局”的建议[J]．中国职业技术教育，2013（31）：92－93.

[155] 姜大源．现代职业教育与国家资格框架构建[J]．中国职业技术教育，2014（21）：23－34.

[156] 姜吾梅，余友飞．高职毕业生就业权益法律保护研究[J]．教育与职业，2011（29）：94－96.

[157] 贾金玲．当代大学生职业价值观的分析与思考[J]．教育与职业，2005（32）：26－28.

[158] 贾虹，孙若颖．高职院校学生职业价值观调查研究[J]．教育与职业，2014（5）：101－103.

[159] 赖德胜．劳动力市场分割与大学毕业生失业［J］．北京师范大学学报（人文社会科学版），2001（4）：69－76.

[160] 李伟，石伟平．智能制造背景下高职人才培养目标新探：基于技术哲学的视角［J］．教育与职业，2017（21）：5－9.

[161] 李炜，岳昌君．2007 年高校毕业生就业影响因素分析［J］．清华大学教育研究，2009（2）：88－95.

[162] 李光宇．论正式制度与非正式制度的差异与链接［J］．法制与社会发展，2009（3）：146－152.

[163] 李善乐．哪些因素影响大学毕业生的满意度——基于调查数据的分析［J］．中国青年研究，2017（5）：97－104.

[164] 李均．我国高等职业教育法规与政策探析［J］．职业技术教育，2003（04）：13－15.

[165] 李秀峰．制度变迁动因的研究框架——探索一种基于新制度主义理论的整合模型［J］．北京行政学院学报，2014（4）：8－14.

[166] 林毅夫．论制度和制度变迁［J］．中国发展改革，1984（4）：8－11.

[167] 林嘉．论我国就业歧视的法律调控［J］．河南社会科学，2006（5）：16－20.

[168] 刘晓．近三十年来我国职业教育制度研究的回顾与思考［J］．职教论坛，2010（22）：46－50.

[169] 刘海志．高职院校毕业生签订就业协议书应当注意的法律问题［J］．职教论坛，2009（8）：63－64.

[170] 柳新元．制度安排的实施机制与制度安排的绩效［J］．经济评论，2002（4）：48－50.

[171] 凌文栓，方俐洛，白利刚．我国大学生的职业价值观研究［J］．心理报，1999（3）：342－348.

[172] 联合国教科文组织．关于职业技术教育与培训（TVET）的建议书［J］．职业技术教育，2016（12）：76－80.

[173] 路德维珂·科拉罗，胡咏梅，梁文艳．国际组织教育政策监测

与评价体系的架构及其对中国的启示［J］. 比较教育研究，2011（2）：70－75.

［174］马莉萍，刘彦林. 高校毕业生基层就业——从中央政策到地方政策［J］. 北京大学教育评论，2015（4）：31－45.

［175］马瑄. 高校就业协议中用人单位与毕业生法律关系解构［J］. 黑龙江高教研究，2019（8）：97－99.

［176］宁玉红，刘威，王显廷. 基于中国国情的德国汽车机电师培养教学方案的改造设计研究［J］. 中国职业技术教育，2012（12）：70－75.

［177］裴智民，朱平. 高职院校订单培养“扬利避弊”机制研究［J］. 中国职业技术教育，2016（22）：63－65.

［178］潘海生，宋亚峰，王世斌. 职业教育产教融合政策框架建构与困境消解［J］. 吉首大学学报（社会科学版），2019（4）：69－76.

［179］冉云芳，石伟平. 高职院校毕业生就业稳定性及其影响因素的实证研究［J］. 职教论坛，2014（16）：44－49.

［180］荣利颖，邓峰，郭建如. 我国高等教育规模扩张政策的实施效果研究［J］. 中国行政管理，2018（12）：78－82.

［181］苏丽峰，陈建伟. 产业结构调整背景下高等教育人才供给与配置状况研究［J］. 中国人口科学，2016（8）：2－15.

［182］孙善学. 对1＋X证书制度的几点认识［J］. 中国职业技术教育，2019（7）：72－76.

［183］孙绵涛，康翠萍. 教育机制理论的新诠释［J］. 教育研究，2006（12）：22－28.

［184］孙玫璐. 就业导向的职业教育——当今我国职业教育的发展的阶段新选择［J］. 职教论坛，2004（5）：13－15.

［185］唐明. 高职毕业生就业稳定性现状及提高对策［J］. 职教论坛，2013（23）：93－95.

［186］文东茅. 我国高校扩招对毕业生就业影响的实证分析［J］. 高等教育研究，2005（4）：29－34.

［187］翁杰，周必彧，韩翼祥. 中国大学毕业生就业稳定性的变

迁——基于浙江省的实证研究［J］. 中国人口科学，2003（3）：33－42.

［188］王友航．从促就业的政策到保就业率的对策——对高校毕业生“被就业”现象的分析［J］. 高校教育管理，2011（1）：40－44.

［189］王希坤．双证书制度——深化高等职业技术师范教育改革的探索［J］. 教育与职业，1999（6）：10－13.

［190］王海东，王全珍．我国国家资历框架体系建设研究综述［J］. 中国职业技术教育，2018（34）：30－34.

［191］王雁琳．从供给驱动到需求驱动：职业教育和培训的制度变迁［J］. 教育与经济，2013（4）：42－46.

［192］王道俊．知识的教育价值及其实现方式问题初探——兼谈对杜威教育思想的某些认识［J］. 课程·教材·教法，2011（1）：14－32.

［193］王玉龙，郑亚莉．职业教育高质量发展的问题诊断与路径选择［J］. 中国职业技术教育，2020（13）：58－63.

［194］吴松强．完善高校就业困难群体毕业生的就业援助体系［J］. 思想理论教育，2012（4）：63－67.

［195］吴南中，夏海鹰．以资历框架推进职业教育 1＋X 证书制度的系统构建［J］. 中国职业技术教育，2019（16）：12－18.

［196］吴竞．基于胜任力模型的企业人力资源招聘体系建设探析［J］. 人才资源开发，2019（3）：76－77.

［197］夏仕武．试论中国高校毕业生就业政策的价值变迁［J］. 国家教育行政学院学报，2011（1）：48－52.

［198］肖凤翔，邓小华．国家资格框架要素论［J］. 教育研究，2017（7）：37－43.

［199］肖凤翔，黄晓玲．治理视角下我国职业教育制度发展回顾及未来展望［J］. 职业技术教育，2015（16）：14－19.

［200］徐国庆．智能化时代职业教育人才培养模式的根本转型［J］. 教育研究，2016（3）：72－78.

［201］徐涵．就业导向的职业教育反思［J］. 教育与职业，2006（15）：5－8.

[202] 邢晖．大职教观下的北京职成教发展趋势 [J]．职教论坛，2002（9）：10－14.

[203] 杨金土．职业教育的“现代”理念 [J]．中国职业技术教育，2006（7）：5－7.

[204] 杨金土．以人为本的职业教育价值观 [J]．教育发展研究，2008（1）：65－68.

[205] 杨素红，杨钋．应届本专科毕业生的起薪院校差异研究 [J]．复旦教育论坛，2014，12（2）：67－98.

[206] 杨瑞龙．论我国制度变迁方式与制度选择目标的冲突及其协调 [J]．经济研究，1994（5）：40－49.

[207] 杨蕊竹，孙善学．我国国家资格框架制度形成路径研究 [J]．中国人民大学教育学刊，2016（4）：5－28.

[208] 杨满福．儒家价值观对职业教育发展的影响及其超越 [J]．教育研究，2019（2）：104－112.

[209] 杨伟国．大学生就业选择与政策激励 [J]．中国高教研究，2004（10）：84－86.

[210] 岳昌君．中国高校毕业生就业满意度的影响因素分析 [J]．北京大学教育评论，2013（4）：85－86.

[211] 余华，黄希庭．大学生与内地企业员工职业价值观的比较研究 [J]．心理科学，2000（6）：739－740.

[212] 于施佳，张跃明，胡觉亮．高职学生职业价值观与职业成熟度 [J]．职教论坛，2017（8）：30－34.

[213] 阎凤桥，毛丹．影响高校毕业生就业的社会资本因素分析 [J]．复旦教育论坛，2008（4）：56－65.

[214] 闫广芬．研究生教育的理性思考 [J]．学位与研究生教育，2005（12）：1－6.

[215] 约阿西姆·明希．关于德国的职业教育政策及其研究 [J]．任永秋，于爱民，译．中国职业技术教育，2004（24）：14.

[216] 徐长发．新时代劳动教育再发展的逻辑 [J]．教育研究，2018

(11)：12 -17.

[217] 张健．审视中国职业教育制度建设的扛鼎力作 [J]．中国职业技术教育，2016 (12)：89 -91.

[218] 张瑶祥．高职院校“好就业、难招生”现象分析——基于社会分层视角 [J]．教育研究 2013，34 (5)：90 -95.

[219] 张孝理，龙跃君，陈宏图．影响高等职业教育吸引力的制度分析 [J]．中国高教育研究，2010 (6)：69 -70.

[220] 张曙光．论制度均衡与制度变革 [J]．经济研究，1992 (6)：31 -37.

[221] 张翼．家庭背景影响了人们教育和社会阶层地位的获得 [J]．中国社会科学院研究生院学报，2010 (7)：82 -92.

[222] 张学英，耿旭．1 + X 证书制度下的课证融合研究：基于英国 BTEC 的思考 [J]．职教论坛，2020 (10)：47 -51.

[223] 曾湘泉等．变革中的就业环境与中国大学生就业 [J]．经济研究，2004 (6)：87 -95.

[224] 曾湘泉，汪雯．入世后中国技术工人面临的问题与对策 [J]．经济理论与经济管理，2002 (12)：46 -50.

[225] 周天勇，张弥．就业：势态分析、根本出路与中长期方案 [J]．中国人口科学，2003 (4)：14 -22.

[226] 周雪光，艾云．多重逻辑下的制度变迁——一个分析框架 [J]．中国社会科学，2010 (4)：132 -151.

[227] 祝军，杨平．大学生基层就业项目：参与意愿与满意度 [J]．北京大学教育评论，2015 (4)：3 -17.

[228] 林毅夫．关于制度变迁的经济学理论：诱致性变迁与强制性变迁 [A]．刘守英等译．财产权利与制度变迁——产权学派与新制度学派译文集 [C]．上海：上海三联书店，1991.

[229] 蒋阳飞．我国就业公平及其制度保障研究 [D]．长沙：中南大学，2010.

[230] 许申．高职与一般本科就业差异分析 [D]．北京：北京大学，

2011.

[231] 叶忠. 教育与就业的不确定性 [D]. 武汉：华中师范大学, 2004.

[232] 北京市教委，北京市计委. 关于北京市按新的管理体制和机制举办高等职业技术教育的通知 [Z]. 京教计〔1999〕20 号. 1999.

[233] 北京市教育委员会. 关于在我市部分职业学校进行与国际职业资格证书接轨试点有关工作的通知 [Z]. 京教职成〔2001〕45 号. 2001 - 12.

[234] 北京市教育委员会. 关于扩大国际职业资格证书试点职业学校范围的通知 [Z]. 京教职〔2002〕32 号. 2002 - 10.

[235] 北京市教委，北京市交通委. 北京市交通行业专业职业教育校企合作暂行办法 [Z]. 教职成函〔2011〕54 号. 2011 - 07 - 01.

[236] 北京市人民政府办公厅. 北京市贯彻国务院高校毕业生就业工作文件实施意见 [Z]. 京政办发〔2013〕28 号. 2013 - 06 - 19.

[237] 北京市人力资源和社会保障局，北京市教育委员会，北京市财政局. 关于做好普通高等学校毕业生求职创业补贴发放工作的通知 [Z]. 京人社毕发〔2018〕44 号. 2018 - 02 - 28.

[238] 北京市人民政府办公厅. 北京市职业技能提升行动实施方案 (2019 - 2021 年) [Z]. 京政办发〔2019〕18 号. 2019 - 09 - 27.

[239] 北京市人力资源和社会保障局，北京市教育委员会，北京市财政局. 关于应对新冠肺炎疫情影响促进高校毕业生就业工作的若干措施 [Z]. 2020 - 07 - 03.

[240] 国务院. 关于改进高等学校毕业生分配办法的意见 [Z]. 1962 - 04 - 26.

[241] 国务院. 关于恢复和办好全国重点高等学校的报告的通知 [Z]. 国发〔1978〕27 号. 1978 - 02 - 17.

[242] 国务院. 中共中央关于教育体制改革的决定 [Z]. 1985 - 05 - 27.

[243] 国务院. 高等学校毕业生分配制度改革方案 [Z]. 1989 -

03 - 02.

［244］国务院．关于大力发展职业技术教育的决定［Z］．国发〔1991〕55号．1991 - 10 - 17.

［245］国务院．关于大力推进职业教育改革与发展的决定［Z］．国发〔2002〕16号．2002 - 08 - 24.

［246］国务院．2003 - 2007年教育振兴行动计划［Z］．国发〔2004〕5号．2004 - 03 - 03.

［247］国务院．关于大力发展职业教育的决定［Z］．国发〔2005〕35号．2005 - 10 - 28.

［248］国务院．关于进一步加强就业再就业工作的通知［Z］．国发〔2005〕36号．2005 - 11 - 04.

［249］国务院．进一步支持小型微型企业健康发展的意见［Z］．国发〔2012〕14号．2012 - 04 - 19.

［250］国务院．关于加快发展现代职业教育的决定［Z］．国发〔2014〕19号．2014 - 06 - 22.

［251］国务院．关于进一步推进户籍制度改革的意见［Z］．国发〔2014〕25号．2014 - 07 - 30.

［252］国务院．关于做好当前和今后一段时期就业创业工作的意见［Z］．国发〔2017〕28号．2017 - 04 - 13.

［253］国务院．关于印发国家职业教育改革实施方案的通知［Z］．国发〔2019〕4号．2019 - 01 - 24.

［254］国务院．关于印发"十四五"就业促进规划的通知［Z］．国发〔2021〕14号．2021 - 08 - 23.

［255］国务院办公厅．关于进一步深化普通高等学校毕业生就业制度改革有关问题意见的通知［Z］．国办发〔2002〕19号．2002 - 03 - 02.

［256］国务院办公厅．关于做好2003年普通高等学校毕业生就业工作的通知［Z］．国办发〔2003〕49号．2003 - 05 - 29.

［257］国务院办公厅．关于深化产教融合的若干意见［Z］．国办发〔2017〕95号．2017 - 12 - 19.

[258] 国务院办公厅. 关于应对新冠肺炎疫情影响强化稳就业举措的实施意见 [Z]. 国办发〔2020〕6号. 2020-03-20.

[259] 国务院办公厅. 关于支持多渠道灵活就业的意见 [Z]. 国办发〔2020〕27号. 2020-07-28.

[260] 国家计委，教育部，劳动人事部. 关于1983年全国毕业研究生和高等学校毕业生分配的报告 [Z]. 1983-07-14.

[261] 国家发改委，网信办，人社部等. 关于支持新业态新模式健康发展激活消费市场带动扩大就业的意见 [Z]. 发改高技〔2020〕1157号. 2020-07-14.

[262] 国家教委，财政部. 普通高等学校本、专科学生实行贷款制度的办法 [Z]. 1987-07-31.

[263] 国家教委. 加强普通高等专科教育工作的意见 [Z]. 教高〔1991〕3号. 1991-01-06.

[264] 国家教委. 普通高校毕业生就业工作暂行规定 [Z]. 京教学〔1997〕6号. 1997-03-24.

[265] 国家教委，国家经贸委，劳动部. 关于实施职业教育法加快发展职业教育的若干意见 [Z]. 教职〔1998〕2号. 1998-03-16.

[266] 教育部. 专科学校暂行规程 [Z]. 1950-08-14.

[267] 教育部，国家计委. 关于加速发展高等教育的报告 [Z]. 1983-04-28.

[268] 教育部，国家计委. 试行按新的管理模式和运行机制举办高等职业技术教育的实施意见 [Z]. 教发〔1999〕2号. 1999-01-11.

[269] 教育部. 关于以就业为导向深化高等职业教育改革的若干意见 [Z]. 教高〔2004〕1号. 2004-04-02.

[270] 教育部等七部门. 关于进一步加强职业教育工作的若干意见 [Z]. 教职成〔2004〕12号. 2004-08-16.

[271] 教育部. 关于全面提高高等职业教育教学质量的若干意见 [Z]. 教高〔2006〕16号. 2006-11-16.

[272] 教育部. 关于加快高等职业教育改革促进高等职业院校毕业生

就业的通知［Z］. 教高〔2009〕3 号 . 2009 - 02 - 26.

［273］教育部等六部门 . 现代职业教育体系建设规划（2014 - 2020 年）［Z］. 教发〔2014〕6 号 . 2014 - 06 - 16.

［274］教育部 . 关于充分发挥职业教育行业指导作用的意见［Z］. 教职成〔2011〕6 号 . 2011 - 06 - 23.

［275］教育部 . 关于做好全国普通高等学校毕业生就业数据报送工作的通知［Z］. 教学厅函〔2014〕49 号 . 2014 - 12 - 12.

［276］教育部 . 关于深化职业教育教学改革全面提高人才培养质量的若干意见［Z］. 教职成〔2015〕6 号 . 2015 - 07 - 29.

［277］教育部等四部委 . 关于加快发展残疾人职业教育的若干意见［Z］. 教职成〔2018〕5 号 . 2018 - 07 - 04.

［278］教育部 . 关于应对新冠肺炎疫情做好 2020 届全国普通高等学校毕业生就业创业工作的通知［Z］. 教学厅函〔2020〕2 号 . 2020 - 02 - 28.

［279］教育部办公厅 . 关于开展 2020 届高校毕业生全国网络联合招聘——24365 校园招聘服务活动的通知［Z］. 教学厅函〔2020〕2 号. 2020 - 02 - 28.

［280］教育部，财政部，中国人民银行，银保监会 . 关于调整完善国家助学贷款有关政策的通知［Z］. 教财〔2020〕4 号 . 2020 - 07 - 14.

［281］劳动保障部办公厅 . 关于再就业政策考核指标几个具体问题的函［Z］. 劳社厅函〔2003〕227 号 . 2003 - 04 - 18.

［282］人事部，教育部，财政部，劳动保障部，国务院国有资产监督管理委员会，国防科工委 . 关于建立高校毕业生就业见习制度［Z］. 国人部发〔2006〕17 号 . 2006 - 02 - 27.

［283］人力资源社会保障部 . 进一步减少和规范职业资格许可和认定事项的改革方案［Z］. 2017 - 01 - 05.

［284］人力资源社会保障部，教育部，国务院扶贫办 . 关于进一步加强贫困家庭高校毕业生就业帮扶工作的通知［Z］. 2020 - 07 - 15.

［285］人社部，教育部，财政部，商务部，国资委，共青团中央全国

共商联．关于进一步加强就业见习工作的通知［Z］．人社部函〔2020〕66号．2020－07－08.

［286］人力资源社会保障部，财政部，共青团中央．百万青年技能培训行动方案［Z］．2020－07－31.

［287］人力资源社会保障部，财政部，教育部．关于扩大院校毕业年度毕业生参加职业技能培训有关政策范围的通知．人社部发〔2021〕31号．2021－05－24.

［288］中共中央，国务院．中国教育改革和发展纲要［Z］．中发〔1993〕3号．1993－02－13.

［289］中共中央，国务院．中国中长期教育改革和发展规划纲要（2010－2020年）［Z］．中发〔2010〕12号．2010－07－08.

［290］中央委员会．关于建立社会主义市场经济体制若干问题的决定［Z］．1993－11－14.

［291］中共中央，国务院．关于进一步加强人才工作的决定［Z］．中发〔2003〕16号．2003－12－26.

［292］中共中央，国务院．关于深化教育改革全面推进素质教育的决定［Z］．中发〔1999〕9号．1999－06－13.

［293］中共中央办公厅．关于进一步加强高技能人才工作的意见［Z］．中办发〔2006〕15号．2006－06－13.

［294］中共中央办公厅，国务院办公厅．关于推动现代职业教育高质量发展的意见［Z］．2021－10－12.

［295］中共中央组织部，中共中央宣传部，中共中央统战部，人事部，劳动和社会保障部．关于高技能人才享受国务院颁发政府特殊津贴的意见［Z］．国人部发〔2008〕24号．2008－03－10.

［296］中共中央组织部，人力资源和社会保障部．高技能人才队伍建设中长期规划（2010－2020年）［Z］．中组发〔2011〕11号．2011－04－29.

［297］中共中央组织部，人力资源社会保障部，民政部，中央文明办，教育部，财政部，国家卫生健康委．关于引导和鼓励高校毕业生到城

乡社区就业创业的通知［Z］. 人社部发〔2020〕53 号 . 2020 - 07 - 14.

［298］北京市教育委员会 . 北京地区高校毕业生就业质量年度报告［R］. 2019.

［299］北京市教育委员会 . 北京高等职业教育质量年度报告（2020）［R］. 2020.

［300］文东茅，丁小浩，岳昌君等 . 制度变革与大学毕业生就业行为研究报告［R］. 2008.

［301］国际劳工组织 . 消除就业及职业的歧视公约［R］. 1958.

［302］国际劳工组织 . 世界非标准性就业：理解挑战、塑造未来［R］. 2016.

［303］联合国教科文组织 . 关于技术与职业教育的建议［R］. 1963.

［304］卜玉辉 . 打造中国令人尊敬的高职院校——北京劳动保障职业学院国家骨干高职院校建设成果巡礼［N］. 中国教育报，2014 - 03 - 14（8）.

［305］孙双 . 破除壁垒障碍，扶持中小企业［N］. 人民日报，2009 - 03 - 25（16）.

［306］北京高等职业教育质量报告［EB/OL］.（2020 - 03 - 25）［2020 - 04 - 16］. http：//jw. beijing. gov. cn/bjzj/gdzyreport/gdreport/201812/P020191230788934868224. pdf.

［307］北京高等职业教育质量报告［EB/OL］.（2020 - 03 - 25）［2020 - 04 - 16］. http：//jw. beijin g. gov. cn/bjzj/gdzyreport/gdreport/201707/P020191230788529468520. pdf.

［308］北京高等职业教育质量报告［EB/OL］.（2023 - 02 - 02）［2023 - 02 - 16］. http：//jw. beijing. gov. cn/bjzj/gdzyreport/gdreport/202201/P020220913546096123681. pdf.

［309］代丽丽 . 就业歧视花样翻新：有些单位看颜值、挑星座、限籍贯［EB/OL］.（2017 - 08 - 15）［2017 - 08 - 16］. http：//www. thepaper. cn/newsDetail_ forward_ 1763653.

［310］高职教育已成高等教育半壁江山［EB/OL］.（2016 - 06 - 29）

[2020 - 07 - 10]. www. http://moe. gov. cn/jyb _ xwfb/s5147/201606/t20160629_ 270038. html.

[311] 教育部 . 2020 年教育统计数据 [EB/OL]. (2021 - 08 - 30) [2021 - 08 - 31]. http://www. moe. gov. cn/jyb_ sjzl/sjzl_ fztjgb/202108/t20210827_ 555004. html.

[312] 教育部. 2021 年教育统计数据 [EB/OL]. (2023 - 01 - 15) [2021 - 01 - 16]. http://www. moe. gov. cn/jyb_sjzl/moe_560/2021/quanguo/202301/t20230104_1038067. hml.

[313] 鲁昕 . 推动教育结构科学调整让每个孩子都成为有用之才 [EB/OL]. (2017 - 11 - 17) [2020 - 05 - 11]. http://old. moe. gov. cn//publicfiles/business/htmlfiles/moe/moe_ 176/201211/144865. html.

[314] 刘奕湛，朱基钗 . 大国尚技——我国职业教育改革发展成就综述 [EB/OL]. (2015 - 05 - 11) [2019 - 05 - 29]. http://www. xinhuanet. com/politics/2015 - 05/11/c_ 1115249144. htm.

[315] 莫荣 . 企业招工时最看重什么素质 [EB/OL]. (2019 - 08 - 10) [2019 - 08 - 12]. http://www. morong. cn/wapNews. asp? dataID = 761.

[316] 蒲晓磊 . 有单位招聘只招男不招女，专家呼吁制定反就业歧视法律制度 [EB/OL]. (2017 - 08 - 15) [2017 - 08 - 16]. http://www. thepaper. cn/newsDetail_ forward_ 1763129.

外文文献：

[1] Baker. R. , Education for Employment: Programmatic Propositions [M]. Auburn, Al: Center for Vocational Education, Auburn University, 1984: 9.

[2] Becker. G. Human Capical. 2nd edn [M]. New York: Colombia University Press, 1975.

[3] Cantor J A. Cooperative Apprenticeships: a School - to Work [M]. Lancaster: Technomic Publishing Company, 1997.

[4] Eugene Bardach ard Robert A. Kagan. Going by the Book：The Problem of Regulatory Unreasonableness：A Twentieth Century Fund Report [M]. Philadelphia：Temple University Press，1982：123 – 151.

[5] Frank Parsons. Choosing a Vocation [M]. Houghton Mifflin，1909.

[6] Higer Education and Employment Services. Highereducation：quality and diversity in the 1990's [M]. Canberra：Australian Government Publishing Service，1991：6.

[7] Mark Blyth，Great Transformation：Economic Ideas and Institutional Change in Twentieth Century [M]. New York：Cambridge University Press，2002.

[8] UN Commission on Global Governance. Our Global Neighborhood [M]. Oxford University Press，1995：2.

[9] Ulrich Teichler. Higher Education and the World of Work：Conceptual rameworks，Comparative Perspectives，Empirical Findings [M]. Published by：Sense Publishers，2008.

[10] Streeck W. Social Institutions and Economic Performance：Studies of Industrial Relations in Advanced Capitalist Econmies [M]. London：1992.

[11] Spring，Joe L H. The Sorting Machine [M]. New York：David Mckay，1976.

[12] Allen J，Boezerooy P，Weert ED，et al. Higher Education and Graduate Employment in the Netherlands [J]. European Journal of Education，2000，35 (2).

[13] Becker，G. S. The Economic Way of Looking at Life [J]. Journal of Political Economy，1993，101 (3)：383 – 409.

[14] Bland Milton R. Work values and job satisfaction [J]. Journal of Applied Psychology，1969，53 (6)：456 – 459.

[15] Coleman. J. Social Capital in the creation of human capital [J]. Amecial Journal of Sociology，1988 (94)：95 – 121.

[16] Deissinger，Thomas，The Evolution of the Morden Vocational Train-

ing Systems in England and Germany: a Comparative View [J]. Compare: a Journal of Comparative and International Education, 1994, 24 (1): 17 -36.

[17] Fernandez R M, Castilla E J, Moore P. Social Capital at Work: Networks and Employment at Phone Center [J]. American Journal of Sociology, 2000 (5): 1288 -1356.

[18] Funk, Lothar. Strategic Policy to fight Germany's Unemployment Problem [J]. International Journal of Manpower, 2001, 22 (6): 508 -525.

[19] Hallinan M, Williams R. Students'Characteristics and the Peer - influence Process [J]. Sociology of Education, 1990, 63 (2): 122 -132.

[20] Hanifan, Lyda J. The Rural School Community Center [J]. Annuals of the American Academy of Political and Social Science, 1916 (67): 130 -138.

[21] Herr, E. L. Super, slife - span, life - spaoaceapprchandits out - look for refinement [J]. The Career Development Quarterly, 1997 (45): 238 -246.

[22] Heijke, Hans and Koeslag, Mieke. The Labour - Market Position of University Enal Education and Higher Vocational Education In Econmics and Business Administration: A Comparison [J]. Education Economics, 1999, 7 (3): 259 -276.

[23] Lippman S A, McCall J J. The economics of job Search: A Survey [J]. Economic Inquiry, 1976, 14.

[24] Levin, J. S. The Revised institution: The Community College Rmission at the end of the Twentieth Century [J]. CommunityCollege Review, 2000 (2): 1 -25.

[25] Martin, I., Carey, J., DeCoster, K. A National Study of the Current Status of State School Counseling Models [J]. Professional School Counseling, 2009, 12 (1): 378.

[26] Mckitrick R. Scienceand Environmental Policy - making: Bias - Prooting the assessment process [J]. Canadian Journal of Agricultural Economics,

2005 (4): 275 - 290.

[27] OECD. The Thematic Review of the Transition from Initial Education to Working Life [J]. Japan Country Note. 2000 (3): 19 - 20.

[28] Pope M. A brief history of career counseling in the United States [J]. The career development quarterly, 2011, 48 (3): 194 - 211.

[29] Robst J. Education and job match: The relatedness of collegemajor and work [J]. Economics of Education Review, 2007, 26 (4): 397 - 407.

[30] Smith E, Smith A, Hampson I. How Closely do Australian Training Package Qualifications Reflect the Skills in Occupations? an Empirical Investigation of Seven Qualifications [J]. International Journal of Training Research, 2015, 13 (1): 49 - 63.

[31] Super, D. E. A theory of vocational development [J]. Theory & Practice of Vocational Guidance, 1953, 8 (5): 13 - 24.

[32] Slimane H addadj and Dom inique Besson, How US Steel Companies are A ddressing the Skill Shortages that They Meet [J]. Journal of European Industrial Training. 1998 (22): 301 - 308.

[33] Alba - ramreza, blzquezm. Types of job match, overed - ucation and labour mobility in Spain [C]. //Buchel F, Degripa. Mertens. Overeducation in Europe: Current issues in theoryand policy. Cheltenham: Edward Elgar Publishing, 2003: 65 - 92.

[34] Greinert W.. The German philosophy of vocational education [C] // Clark, L.. & Chrisopher W. (eds.). Vocational education: international lapproaches, developments and systems Oxon: Routledge, 2007: 55.

[35] Moerbeek, Ultee, Flap. That's What Friends are For: Ascribed and Achieved Social Capitalin the OccuuPational Career [C]. The Eur. soc. Network Conf. London: 1995.

[36] Vational Education Act of 1963 [C] //James W. Hillesheim, George D. Merrill. Theory and Practice in the History of American Education: A Book of Reading. University Press of America, Inc., 1980: 398.

[37] Andersson Joona, P., Datta Gupta, N., Overeducation am ongImmigrants in Sweden: Incidence, Wage Effects and State – Dependence [R]. IZA Discussion, 2012.

[38] Campbell, C. A.. Sharing the vision: The national standards for school counseling programs [R]. Alexandria, VA: American School Counselor Association, 1997.

[39] Dieter Euler/Eckart Severing, Durchassigkeit zwischen beruflicher und akademischer Bildung [R]. Politische Forderungen der Initiative, Chance Ausbildung, 2015.

[40] European Commission. Apprenticeship supply in the member states of the European Union Luxembourg: Publications Office of the European Union [R]. 2012.

[41] Hillag J Pollard, E., Employabaility: developing a framework for policy analysis, DFEE Research Report [R]. 1998.

[42] Hogarth, T., Wilson, R. Skills Matter: A Synthesis of Research on the Extent, Causes, and Implications of Skill Deficiencies, Institute of Employment Research [R]. University of Warwick, 2001.

[43] Hannan, Damian. F. David Raffe, Emer Smyth. Cross – National Research on School to Work Tansitions: An Analytical Framework [R]. 1996.

[44] Hyslop – Margison, E. J An Assessment of the Historical Arguments in Vocational Education Reform [R]. Journal of Career and Technieal Education. 2001 (17): 2001.

[45] ILO. Decent work. Report of the Director General [R]. Geneva: 1999.

[46] ILO. Resolution on statistics on economically active population, employment, unemployment and underemployment [R]. 1982.

[47] ILO. The Youth Employment Crisis: A Call for Action [R]. 2012.

[48] ILO. Recommendation Concerning Human Resources Development: Education, Training and Life Learning [R]. Hugo Barretto Ghione, 2004.

[49] OECD. Global Employment Trends [R]. 2011.

[50] OECD. The Thematic Review of the Transition from Initial Education to Working Life [R]. USA Country Note, 1999.

[51] Ramgopal Agarwala and Zafar Dad K han. Labor Market and Social Insurance Policy in Ind ia: A Case of Losing on Both Competitiveness and Caring [R]. The International Bank for Reconstruction and Development, The World Bank, 2001, Stock No. 37168, http://siteresources. World bank. org/ WBI/ Resources/ wbi37168. pdf.

[52] Stone. III, J. R and Aliaga, O. Career and Technical Education. Career and pathways, work based – learning: change participation. 1997 – 1999 [R]. National Research Center – for career and Technical Education in University of Minnesota, 2003.

[53] Sharpe A. and Gibson J.. The apprenticeship system in Canada: trends and issues [R]. Ottawa: CSLS, 2005.

[54] Snedden, D. Fundamental distinctions between liberal and vocational education [R]. NEA Proceedings, 1914.

[55] Taylor A. Pathway for Youth to the LabourMarket: an Overview of High School Initiatives Ottawa Canadian Policy Reserch Network [R]. 2007.

[56] Trow, M. Problems in the transition from elite to mass higher education. Policies for higher education. The General Report of the Conference on Future Structures of Postsecondary Education [R]. 1974.

[57] United nations. Measuring the quality of employment in the EU – country pilot reports [R]. 2010.

[58] United States. One Hundred Third Congress. School – to – Work Opportunities Act of 1994 [R]. 1994.

[59] World Education Forum. The Dakar framework for action—education for all: meeting our collective commitment [R]. 2000.

[60] Department for Workand Pensions Youth Contract. [EB/OL]. (2012 –01 – 19) [2012 – 10 – 12]. http: / /www. dwp. gov. uk/youth – con-

tract/key - initiatives/.

[61] NACE. Studentsurvey [EB/OL]. (2012-10-12) [2017-05-05]. http://www.naeeweb.org/home.Aspx.

[62] DCSF and DIUS. Draft Apprenticeships [Z]. London: DCSF and DIUS, 2008: 1.

[63] SFA. The Skills Funding Agency's funding rates and formula (Version 2) [Z]. SFA, 2014: 18.

附录 A　高等职业院校大学生就业制度访谈提纲

一、访谈时间

2019 年 11 月至 2020 年 11 月。

二、访谈对象

高等职业院校负责学生就业工作的相关人员、教育研究机构的专家教授，具体如表 A-1 所示。

表 A-1　　访谈对象简介表

序号	编码	性别	年龄	身份	访谈方式	院校
1	A1	女	45	就业指导中心教师	网络访谈	北京某高职院校
2	A2	女	35	就业指导中心教师	网络访谈	北京某高职院校
3	A3	男	58	学生处负责人	网络访谈	北京某高职院校
4	A4	女	51	学生处负责人	网络访谈	北京某高职院校
5	A5	男	36	就业指导中心主管	网络访谈	北京某高职院校
6	A6	男	38	就业指导中心主任	网络访谈	北京某高职院校
7	A7	男	40	职教所副研究员	面谈	北京某教育研究机构
8	A8	男	45	就业指导中心主任	网络访谈	北京某高职院校

续表

序号	编码	性别	年龄	身份	访谈方式	院校
9	A9	女	52	继续教育中心主任	网络访谈	北京某高职院校
10	A10	男	32	高教所助理研究员	面谈	北京某教育研究机构
11	A11	男	47	教育学院教授	面谈	北京某高校
12	A12	女	34	职教学院副教授	面谈	北京某师范院校
13	A13	男	37	教育学院副教授	面谈	江苏某师范高校
14	A14	男	45	副研究员	面谈	国家某社会科研机构
15	A15	男	35	副研究员	网络访谈	国家某教育行政机构

三、访谈目的

这次访谈主要是想了解高等职业院校大学生就业制度及其实施状况，访谈仅供研究之用，诚恳地希望得到您的协助，请提供真实的情况和想法。

四、访谈内容

（一）就业制度的了解程度

1. 您对高等职业院校大学生就业制度主要内容有了解吗？您是否了解国家职业资格框架制度（双证书制度）、特殊群体的就业保障制度、“三不一高”（不转户籍、不转档案、不派遣和收费高）、户籍制度、就业协议制度等？

2. 您怎样看国家职业资格框架制度（双证书制度）？您怎样看待职教20条中在2022年启动职业院校、应用型本科高校“学历证书+若干职业技能等级证书”制度和国家资历框架试点，学历证书和职业技能等级证书所体现的学习成果的认定、积累和转换？

3. 您认为当前的高等职业院校大学生就业制度的保障包括哪些？包括困难职工家庭毕业生、女毕业生、残疾人毕业生和少数民族等“弱势”毕业生群体的就业保障制度及其就业的保障是否健全？

4. 您觉得高等职业院校大学生就业制度本身存在哪些不足？原因是什么？如何看待“三不一高”（不转户籍、不转档案、不派遣和收费高），如何看待职教20条中积极推动职业院校毕业生在落户、就业、参加机关事业单位招聘、职称评审、职级晋升等方面与普通高校毕业生享受同等待遇？

（二）就业制度的实施情况

1. 您对目前国家实施的高等职业院校大学生就业制度怎么看？政府、高校和企业各自的责任是怎样的？对就业的影响程度怎样？能否举例？

2. 您认为影响就业制度实施的因素有哪些？能否举例？

例如，包括就业法律制度是否健全；就业组织机构（政府部门、学校、中介组织）是否合理；实施主体的意识和态度、传统文化的影响、职业教育的理念、学生的职业价值观和社会资本（潜规则；盲目从众心理影响；缺乏就业信仰，过于功利；依靠社会关系就业）就业督导是否有力等。

3. 您怎样看待就业制度实施中出现的问题？能否举例？

例如，包括现行高等职业院校大学生就业制度能否满足毕业生的需求；制度宣传是否到位；制度制定的力度怎样？高等职业院校大学生就业制度实施规范是否建立起来；高等职业院校大学生就业制度利益主体多元，是否难以调和；高等职业院校大学生就业制度实施（执行）偏差是否影响高等职业院校大学生就业制度实施效果；是否对有利的制度实施，对不利的回避；用其他措施来替代相关制度，是否存在造假；实施方式是否机械教条；高等职业院校大学生就业制度实施中民主制度是否健全；高等职业院校大学生就业制度实施的协商机制是否健全等；对高等职业院校大学生就业制度是否实施监测，是否缺乏对制度实施

（执行）的监控。

4. 在我国，哪种保障机制更有利于高等职业院校大学生就业制度实施（执行）？能否举例。您认为在行政命令机制、指导服务机制、监督服务机制、参与互动机制方面更有利？

5. 为了就业政策的高效执行，您认为要建立什么样的约束机制？能否举例。

6. 为了就业政策的高效执行，您认为要建立什么样的激励机制？能否举例。

附录 B　困难群体毕业生就业调研座谈会邀请函和记录

一、关于召开高等职业院校毕业生就业调研工作研讨会的邀请函

尊敬的老师：

为深入了解毕业生就业创业调查工作和就业创业指导服务工作开展情况，深入分析当前毕业生就业形势，进一步做好高等职业院校毕业生就业创业调研服务工作，拟于近日举办调研工作研讨会，诚邀贵校负责调研工作的老师（限 1 ~2 名）莅临参加。有关研讨会安排如下：

会议时间：14:00—16:00

会议地点：北京高校毕业生就业指导中心

会议议题：

（1）分享学校毕业生就业创业调研工作开展的具体做法及遇到的主要问题，对全市毕业生就业调研工作的建议；

（2）对 2020 年调研及报告撰写等相关合作工作的意见和建议；

（3）学校开展个性化就业指导服务工作的具体做法，进一步探讨对特殊群体、困难群体毕业生就业精准性帮扶的方式方法。

二、就业困难毕业生就业座谈记录

座谈会中有关困难群体毕业生就业精准性帮扶的方式方法内容如表

B－1所示。

表B－1　就业困难毕业生就业座谈记录

序号	编码	性别	访谈方式	座谈内容
1	B1	女	座谈	今年我校毕业生共1205人，其中困难群体毕业生196人，学校依据困难群体七类，做到一人一策，做好帮扶台账。每周在学校OA上发布就业快讯，即时更新困难群体帮扶情况，主要包括学生姓名、是否落实工作、未落实原因、帮扶措施、帮扶老师；每次学生工作会议上通报学校就业信息，着重强调困难群体帮扶情况。没落实工作的原因在于找到工作晚，还未签合同；学生家境富裕，本身不想就业，家长也不支持就业
2	B2	女	座谈	搭建就业数据平台，在就业创业指导课上，让学生扫描二维码，学生信息导入就业信息平台，针对专升本未考上群体，在学生信息库做标记，按专业精准推送就业信息
3	B3	女	座谈	困难学生由二级学院来做；如果没有做到位，学校就业指导中心来接手继续做，根据相关专业和残疾或困难状态直接找企业来解决就业问题
4	B4	女	座谈	我们将经济、学习、能力、身心困难的学生均纳入困难群体帮扶中。经济困难的学生会有国家、学校及相关政府部门的资金支持；能力和身心方面主要是学校的老师来负责，开设心理健康课程、每周固定时间做心理咨询。各级领导及辅导员班主任也会高度重视，采取一对一的形式关注有问题的学生。过去有严重病史的，及时联系家长，进行就医。在就业方面会优先困难群体学生，提前做好心理建设，引导学生认清就业形势及外部环境，减少他们的挫败感。另外教委和残联对残疾学生也有很好的帮扶政策，区县民政部门一对一为残疾学生落实就业单位，提供了很大的帮助

续表

序号	编码	性别	访谈方式	座谈内容
5	B5	男	座谈	学院出台《离校未就业毕业生帮扶行动方案》《进一步做好“四困生”帮扶工作的实施方案》，建立就业工作台账，摸清底数，建立帮扶联系卡，联系记载帮扶责任人、联系电话、帮扶措施、帮扶进展、帮扶效果等信息，深入分析每一位贫困毕业生的状况，按照统一规范、集中管理、动态更新的要求，实时监控困难生的就业动态，不断调整策略，推动毕业生就业分类指导，做到“一生一策”“一生一档”的精准帮扶措施，切实做好贫困生的就业工作，最终实现贫困生100%就业
6	B6	男	座谈	实行“一对一”的残疾学生就业指导管理服务。摸清、调查各系的残疾人新生数量和毕业生数量，跟踪每一位残疾人毕业生的就业动态，为他们提供就业服务和就业援助：包括帮助他们了解就业形势，合理调整求职预期，并积极向社会团体、企事业单位推荐学院残疾人毕业生

附录C 困难群体毕业生（已就业和未就业）访谈提纲

一、访谈对象

困难群体毕业生。

二、访谈时间

2019 年 11 月至 2020 年 11 月。

三、访谈目的

我是北京高校毕业生就业指导中心老师，近期开展 2019 年毕业生就业的回访工作，希望了解毕业后你的就业状况，诚恳地希望得到你的协助，请提供真实的情况和想法。

四、访谈内容

（一）已经就业毕业生

1. 你目前的就业状态是已就业还是未就业？
2. 你现在已就业，从未就业到就业这个过程中你感觉最重要的决定因素是什么？是个人能力？是运气？还是家人朋友协助？或是招考补录等；如果是依靠你的个人能力就业的，就业单位最看重的是你哪方面的能力（比如口语表达、专业技能、科研成果、团队能力）？

（1）工作后，你对目前的工作满意吗？

为什么满意这个工作，是薪酬？是工作环境？还是这项工作前景不错？如果你对这个工作不满意，在哪些方面感觉不好？

（2）你自己感觉做这份工作是否稳定？想过近期换工作吗？为什么要换工作？是否有明确的方向了？

（3）求职过程中，你曾得到学校哪些方面的就业指导或帮助？比如就业课程、就业咨询、职业生涯规划、就业信息提供，学校是否帮助推荐过就业岗位？

（4）你是"家庭困难"毕业生吗？就业后是否一定程度上缓解家庭经济压力？每月会给父母一些钱吗？目前的工作收入能否养活自己？是否还需要向父母要钱？每月除掉基本开支外，是否还有一些剩余？经济压力大不大？平时主要有哪些开支？

（二）未就业毕业生

1. 你目前的就业状态是已就业还是未就业？

2. 你现在处于"未就业"状态，具体是在求职中，还是签约中，还是拟升学、出国、备考或者暂无就业意愿？

（1）如你准备升学，计划报考什么学校？考试准备得怎样？如果初次考研未果，是否准备二战？

（2）如你准备出国，计划申请哪个国家的学校？外语考试、签证、联系学校和其他方面准备得怎样？

（3）你目前暂时不就业，是怎么想的？家庭父母支持你吗？

3. 你想就业但是还没有就业，遇到过什么困难吗？思考过是什么原因造成的吗？

（1）是因为在校期间考试成绩吗？还是挂科较多？没有拿到学位？

（2）是因为没有达到用人单位的所要求的综合素质，是应聘时交流沟通能力不足？还是自身的心理因素（自卑、自负）？还是性别因素，或者形象因素（身高、容貌）？

（3）或者学习专业的原因，比如学习了冷门专业，学校设置的课程不合理？导致所学专业与市场需求不相匹配？

（4）还是因为个人定位不准，如就想在北京，其他地方一律不考虑？或者男女朋友就在某个城市，其他城市不考虑，造成就业地域狭窄？

（5）或者随着国家技术进步，产业升级，感觉原有的岗位都满了，已经没有多少需求岗位可供选择了？

4. 当然，未就业原因很多，这些都只是一些方面，你认为还有一些其他因素吗？是因为预期的原因吗？是高于还是低于预期？是否需要调整预期？

5. 求职过程中受到过就业歧视吗？主要表现在哪些方面？

6. 在求职中，是不熟悉求职环节，在求职中碰壁？希望如何调整和改进？

7. 近期你有其他计划吗？有没有找找熟人帮忙推荐工作？就业中是否需要学校提供就业方面的帮助？对学校就业服务工作，有什么意见、建议？

附录D 高等职业院校大学生就业制度影响结果调查问卷

同学，您好！为了了解就业制度对就业结果的影响，就业政策对职业选择的作用，我们开展此次调查。您的答案仅供研究之用，绝对保密，请放心填答。

谢谢您对本次调查的支持！

一、基本情况

1. 您的生源地区为：____________。

（1）直辖市或省会城市（2）非省会城市（3）乡镇或农村

2. 父亲的教育程度是：____________；母亲的教育程度是：____________。

（1）研究生及以上（2）大学/大专及同等学历（3）高中及同等学历（4）初中（5）小学及以下（6）文盲或半文盲

3. 父亲的工作单位是：____________；母亲的工作单位是：____________。

（1）党政机关（2）高等院校（3）科研院所（4）其他事业单位（5）国有企业（6）民营/私营企业（7）外资企业（独资、合资、合作）（8）部队（9）基层公共部门（10）自主创业（11）无业/失业/半失业（12）其他

4. 学校对您经济状况的评定为：____________。

（1）特困（2）困难（3）一般困难（4）无

5. 您目前的毕业去向：

（1）签署三方协议（2）签订劳动合同（3）单位开具用人证明（4）自由职业（如不挂靠任何单位的演员、画家、作家等）（5）志愿者（西部志愿者，国家汉办选拔的对外汉语教师志愿者等）（6）参军入伍 ⇒ 选（1）至（6）选项的同学，接下来请回答第二、三、四部分的题目。

（7）求职中 ⇒ 选（7）选项的同学，接下来请回答第二部分的题目。

（8）自主创业 ⇒ 选（8）选项的同学，接下来请回答第二部分的题目。

（9）国内升学（10）出国（境）留学（11）拟升学，不就业（12）拟出国，不就业（13）暂不就业 ⇒ 选（9）至（13）选项的同学，接下来请回答第二部分的题目。

二、教育培养与就业服务

1. 您的学习成绩在专业排名属于如下哪个范围？

（1）前10%（2）11%～30%（3）31%～50%（4）51%～70%（5）71%～90%（6）后10%

2. 整体而言，您认为自己所学专业的社会需求程度是：

（1）很少（2）比较少（3）一般（4）比较多（5）很多

3. 整体而言，您认为通过专业学习获得的知识，在多大程度上可以满足职业发展的需要：

（1）很少（2）比较少（3）一般（4）比较多（5）很多

三、求职过程

1. 从开始求职到现在，您投递过________份求职简历（含网投）；共接到过________个单位的面试邀请。

2. 到目前为止，您用于求职的总花费（如置装费、交通费、资料费等）大约为：________元。

3. 您对学校提供的下列就业教育及服务的参与情况及满意程度如何？（在相应栏内画√）

	参与情况		满意程度				
	参加过	未参加过	很满意	满意	一般	不满意	很不满意
（1）校园招聘会/宣讲会	1	0	5	4	3	2	1
（2）就业信息服务（信息网、微信公众号等）	1	0	5	4	3	2	1
（3）职业测评	1	0	5	4	3	2	1
（4）就业指导课程	1	0	5	4	3	2	1
（5）就业指导讲座、工作坊与活动	1	0	5	4	3	2	1
（6）团体职业辅导	1	0	5	4	3	2	1
（7）个体职业咨询	1	0	5	4	3	2	1
（8）困难帮扶	1	0	5	4	3	2	1
（9）学校/院系就业推荐	1	0	5	4	3	2	1
（10）就业实习/实践	1	0	5	4	3	2	1
（11）就业相关政策咨询	1	0	5	4	3	2	1
（12）签约手续、就业派遣等服务	1	0	5	4	3	2	1

4. 您在选择工作时，下列因素的重要程度如何？（在相应栏内画√）

工作能使我……	很不重要	较不重要	一般	较重要	很重要	工作能使我……	很不重要	较不重要	一般	较重要	很重要
（1）有高于一般水平的年薪	1	2	3	4	5	（9）享受高地位的个人空间	1	2	3	4	5
（2）施展个人的能力和特长	1	2	3	4	5	（10）周围人羡慕我	1	2	3	4	5
（3）方便照顾父母	1	2	3	4	5	（11）实现个人的抱负和目标	1	2	3	4	5

续表

工作能使我……	很不重要	较不重要	一般	较重要	很重要	工作能使我……	很不重要	较不重要	一般	较重要	很重要
(4) 提高我国该行业的世界竞争力	1	2	3	4	5	(12) 带给人激情	1	2	3	4	5
(5) 容易晋升到高地位	1	2	3	4	5	(13) 改变目前令人担忧的社会现状	1	2	3	4	5
(6) 磨炼个人能力	1	2	3	4	5	(14) 感到受重视	1	2	3	4	5
(7) 为社会发展创造价值	1	2	3	4	5	(15) 发挥自己的创造性	1	2	3	4	5
(8) 和未来配偶在一起	1	2	3	4	5	(16) 和家庭生活不相冲突	1	2	3	4	5

四、就业结果

1. 您已落实的就业单位在：__________（省、自治区、直辖市）

而且是：（1）直辖市或省会城市（2）非省会城市（3）乡镇或农村

2. 您已落实的就业单位属于哪个行业？（单选）

（1）农、林、牧、渔业（2）采矿业（3）制造业（4）电力、热力、燃气及水生产和供应业（5）建筑业（6）批发和零售业（7）交通运输、仓储和邮政业（8）住宿和餐饮业（9）信息传输、软件和信息技术服务业（10）金融业（11）房地产业（12）租赁和商务服务业（13）科学研究和技术服务业（14）水利、环境和公共设施管理业（15）居民服务、修理和其他服务业（16）教育（17）卫生和社会工作（18）文化、体育和娱乐业（19）公共管理、社会保障和社会组织（20）国际组织（21）其他

3. 您已落实的就业单位类型属于：________。(单选)

(1) 机关 (2) 科研设计单位 (3) 高等教育单位 (4) 中初教育单位 (5) 医疗卫生单位 (6) 其他事业单位 (7) 国有企业 (8) 三资企业 (9) 其他企业（民营/私营等）(10) 部队 (11) 农村建制村 (12) 城镇社区 (13) 其他

4. 您所学专业与即将从事工作的相关程度是：________。

(1) 很不相关 (2) 不相关 (3) 一般 (4) 相关 (5) 很相关

5. 您在已经落实的就业单位，享受保险和公积金的情况是：________。

(1) 有保险，有公积金 (2) 有保险，无公积金 (3) 无保险，有公积金 (4) 无保险，无公积金

6. 您在已落实的单位转正后实际年薪（包括各类奖金与现金奖励），大约是：________万元/年（人民币）。

7. 您对目前已落实工作的整体满意度是：________。

(1) 很不满意 (2) 不满意 (3) 一般 (4) 满意 (5) 很满意

8. 您预期在本单位工作的时间是：________。

(1) 1年以内 (2) 1~3年 (3) 3~5年 (4) 5年及以上

9. 您最终落实的工作是否得到过重要他人的帮助？

(1) 是 (2) 否

他/她与您的关系是？(答“是”的人作答)

(1) 父母 (2) 亲属 (3) 老师 (4) 朋友 (5) 同学/校友 (6) 其他熟人

他/她在哪个类型的单位工作？

(1) 党政机关 (2) 高等院校 (3) 科研院所 (4) 其他事业单位 (5) 国有企业 (6) 民营/私营企业 (7) 外资企业（独资、合资、合作）(8) 部队 (9) 基层公共部门 (10) 自主创业 (11) 无业/失业/半失业 (12) 其他

他/她在所属单位的职位属于：________。

（1）普通职员（2）中层管理者（2）高层管理者

他/她帮助您的方式是：（可多选）

（1）直接安排岗位（2）直接安排面试（3）介绍其他有帮助的人（4）提供相关信息（5）就业指导

（6）其他（请注明）：

10. 以您个人的经历而言，以下大学生就业政策对您的职业选择有直接作用的是：（单选）

（1）没有直接作用（2）鼓励高校毕业生灵活就业的相关政策（3）帮扶困难家庭高校毕业生落实就业的相关政策（4）高等学校毕业生应征入伍

后 记

著名政治学家弗朗西斯·福山说："我们视各式制度为理所当然，但对其来龙去脉却一无所知。"当我探寻高等职业院校大学生就业制度的"来龙去脉"时，才深刻体会到其中的原因、问题和规律，是那样的博大和深邃。就业制度的理论和实践能否相互验证，使我陷入选择困境，久久不能决断；论证文稿常常因为推翻重来，热情与耐心也一次次地被挫折所取代，但是"技进乎道"的"工匠精神"激励着我，为生存而求精，为质量而执着，探究的过程不仅是知识与智慧的挑战，更是意志和身心的考验，对产品和技术的精雕细琢，不也是学术研究追求的真谛吗？

本书能够最终付梓完成，特别要感谢导师许艳丽教授，在研究选题、框架构思、文稿修改等各个环节近乎苛刻地把关，给予了许多指导性建设性的建议。感谢天津大学教育学院庞学光教授、周志刚教授、肖凤翔教授、闫广芬教授，感谢国务院国家督学黄尧教授，北京大学教育学院岳昌君教授、郭建如教授，感谢北京教育科学研究院的孙毅颖研究员、杨振军研究员、赵新亮研究员，江苏师范大学陈鹏教授，感谢天津大学的郭达、刘晓莉、王岚、李文、吕建强、蔡璇同学在学习上的大力支持和热情帮助，共同学习的目标、交流切磋的画面，永远珍藏在我的记忆深处。

感谢北京高校大学生就业创业指导中心，不仅给予了在职教育的时间和成长的机会，也为我的理论研究提供了翔实的材料和客观的数据支持，提供了学术研究"来源于生活"验证的实践场所。

感谢我勤劳善良果敢的父亲母亲，默默承担了全部生活的压力，抚养四个子女长大成人，直到我成为人父后，才体会到这份人间的真情，像泉水流淌在心中，那样温馨，彰显力量。感谢敢于担当的淑敏，善解人意的萌宝，一直激励着我踔厉奋发，勇毅前行。十年磨剑，滴水石穿，我们为各自的学业忙碌，共同的伴学之旅，每一次学业上的进阶，都化为我们成长的动力和坚韧的信念，锲而不舍，学无止境，这是读书的真境界。

感谢接受访谈的专家、学者、老师和同学，使我获得宝贵的一手资料，成为本书实证研究的重要依据。感谢本书所引文献的作者，他们的观点和结论给予了本书很多启发和参考。此外，限于自己的知识结构、能力水平和视野所限，书中一定有许多不足之处，恳请读者朋友提出宝贵意见。

韩春光

2022年10月